孙小宝/著

不一样的十年

孙小宝自传

时代文艺出版社

图书在版编目（CIP）数据

不一样的十年：孙小宝自传 / 孙小宝著. —长春：时代文艺出版社，2016.1

ISBN 978-7-5387-4882-6

Ⅰ. ①不… Ⅱ. ①孙… Ⅲ. ①孙小宝－自传 Ⅳ. ①K825.78

中国版本图书馆CIP数据核字（2015）第217717号

出品人 陈 琛
产品总监 郭力家
责任编辑 刘 兮
封面摄影 徐 克
装帧设计 孙 利
排版制作 隋淑凤

不一样的十年：孙小宝自传
孙小宝 著

出版发行 / 时代文艺出版社
地址 / 长春市泰来街1825号 时代文艺出版社 邮编 / 130011
总编办 / 0431-86012927 发行部 / 0431-86012957 北京开发部 / 010-63108163
网址 / www.shidaicn.com
印刷 / 北京市通州兴龙印刷厂
开本 / 710mm × 1000mm 1 / 16 字数 / 253千字 印张 / 15.5
版次 / 2016年1月第1版 印次 / 2016年1月第1次印刷 定价 / 38.00元

图书如有印装错误 请寄回印厂调换

目录

引　子

1992年夏，这时我家从农村搬到德惠县城郊区已经有几年了，正与分家另过的哥哥合住在残破不堪的三间草房里。日子过得只能用“勉强维持”来形容，虽没到揭不开锅的地步，但记忆中却有过“无隔夜之粮”时。有一个时期，全家就指着地里刚刚成熟的苞米、土豆来维持生命。

贫穷导致十几岁的我脑海中时常会蹦出各种奇异的想法，憧憬某天得到亲戚的帮助、提携，从此一步登天，因而坐在家里时总情不自禁地向院门口张望；渴望走路时突然捡到巨款，从此一夜暴富，所以每天上学放学路上都会左顾右盼，甚至不走大道专门在路边林带、壕沟里溜达，双脚不住地踢着残枝败叶——幻想发生奇迹，一脚踢出块狗头金来。

那时我家的草房里，每到夜深都会传出轻微的、不规则的、如老旧钟表的秒针走动时发出的咔咔声。母亲说，一般老房子里多半会埋有金银财宝，福大命大之人会降住它，那咔咔声就是金子在“走路”、寻找有福之人时发出来的。母亲还给我讲了个故事：

从前有户人家，每到更深人静的时候，就会听见自家屋内传来若有若无的公鸡叫声。一天晚上，八岁的小儿子半夜起来小解，迷蒙中发现地上有一束金光，耳边还伴随着公鸡的叫声。好奇心使孩子不但没有害怕，反而冲着金光一下扑过去。家里人听见声音掌灯一看——嗬！孩子怀里赫然抱着一只金光灿灿的大公鸡！

我能从母亲讲故事的语气中听出，她对此事坚信不疑，甚至还有些期盼。自那以后，我总渴望有一天我家也能发生这样类似的惊喜。

这天晚上，家里就我和母亲两人。睡下之后，细微的咔咔声依然。半夜，忽听一阵窸窣的声音由地下传来，我突然有种预感——我家要发财了！

就在我心跳突突、欣喜若狂的时候，就听母亲用很大的声音在喊我：“老儿子，快打灯！”本来就没睡的我，听见母亲的叫声，伸手到炕沿下摸着灯绳抬手一拽——灯亮了。

我翻身坐起定睛一看——

只见母亲穿着衬衣衬裤跪倒在炕头墙边，双手捏着一只布鞋，塑料底冲外死死地顶在边墙炕席上。在鞋底子与炕席中间，一只比鞋底子还长、小黑眼睛滴溜溜乱转的大灰耗子正在惊慌失措地吱吱乱叫。

我的希望瞬间破灭了。

母亲见我愣在那儿不动了，赶紧又把声音提高了几个分贝，“你看啥呢？打呀！”

我顿了一下，回过神急忙四下找家伙。环视了一圈儿，啥也没看到。略一迟疑，突然看见母亲手里的鞋，于是赶紧趴在炕沿上从地下拿起了另一只，用鞋底子照准被挤在墙上不能动弹的耗子脑袋啪啪就是两鞋底子。

也该着这耗子命不该绝，紧张时刻，我这两鞋底子没打着耗子，全打在母亲手上了。

母亲感觉疼痛，手一松劲，大灰耗子哧溜一声滑出了鞋底子，临跑之前，回头就是一口，母亲的左手刹那被咬出了两个小窟窿，暗红色的血随后就淌了出来。

母亲又疼又气，一边下地找东西包手，一边大声地数落我：“完蛋！废物！十六了都，打个耗子都不会，你能干啥？”

秋天，家由山下低洼处搬到了山上国道边，在与建材市场一道之隔处，开了个小卖店。

这个小卖店，小得都有些可怜。不大的小屋，从中间用货柜一分为二，前边是个柜台和一小块空地儿，后边是一个仅能容纳四个人睡觉的小炕，炕旁边是一家人的生活用具。

三间草房归了哥哥，姐姐在那之后不久也出嫁了，父亲除了照看小卖店，空闲时在建材市场打零工，母亲不知因为什么毅然放弃从小在她母亲那继承来的信仰转皈了基督教……在这个时候，我历经风里雨里的九年校园学习生涯也亮起了红灯——初中没毕业，我辍学了。

辍学之后的我无所事事，每天除了没心没肺地吃喝玩睡外，就是帮助父母打理那个小得不能再小、营业额累累见少、连三口人温饱都要供给不上的小卖店。不敢想象，照此发展下去，我的未来会是怎生模样……

第一章　学艺拜师

我很怀念这段经历，更感谢我的恩师——王志敏。现在学戏的学员，永远都不可能再有我这样的经历了。

1. 借钱学艺：父亲认为我能唱二人转

秋后的一天，艳阳高照。我在外边疯够了回家。

刚一进门，父亲就把我叫到货架子后边的小黑屋里，“咱们德惠评剧团招收二人转学员，学好了能‘转正’，明天我带你去面试。”

其实这个招生广告我看见了，但没在意。那时候我觉得“二人转”这门艺术离我的生活实在是太遥远了，我无论如何也想不到，当身边的同龄人接班的接班，下海的下海，求学的求学，学手艺的学手艺，最不济也弄个回家务农，而父亲却为我选择了一个与任何人都不一样的职业。

多年以后母亲告诉我，其实父亲早已经认定，我将来是要吃这碗饭的。

我从小就对说唱表演感兴趣。母亲说，在我还不懂事的时候，听见外边扭大秧歌的锣鼓声就站不住，会随着节奏不由自主地手舞足蹈；明白事理后，谁家办喜事请鼓乐棚来，我听见唢呐声就迈不动步，宁可不吃饭，也要站那儿一遍一遍不厌其烦地听；八九岁的时候，家里录音机里播的二人转磁带，我跟着旋律都能唱下来……

父亲也一直对我的这个特长引以为傲。只要是家里来客人，酒喝到差不多的时候，父亲肯定会得意地把我叫到他们跟前，“来，让我老儿子给你们唱一段，听听口腔儿[①]。”

在我十三岁那年的一天，父亲还领我去拜望了一位曾在我们大队集体户下乡的老演员。那天我是连扭带唱，还表演了一段我的拿手绝活儿：读报纸。陌生报纸，无论多长，我都会毫不结巴地流利读下来——除非遇到不认识的字。可惜，那老艺人说我年纪太小，还没到变声期，不知道嗓子能不能“占”住，叫我大一大再来。这样父亲才遗憾作罢。

这次不用说，肯定是父亲心有不甘，想让我沿着他为我设计好的道路继续前进。感谢父亲，在我人生最关键的十字路口为我指明了通往无限可能的方

① 口腔儿：嗓音。

向。今天看来，这个方向实在是太正确了。

不过那时我是排斥这次面试的。因为当时正值我的变声期，感觉自己唱起来很难听，到高音还吃力。但父亲定好的事，我也不能反驳。

第二天上午，父亲领着我来到了坐落在德惠县中央街上的评剧团大楼。当时负责面试的人没在，只有一男一女在办公室里边聊天。我父亲说明来意之后，他俩就让我给他们唱一段。

我唱了一段《猪八戒拱地》。那时虽说正值变声期，嗓音不高，但毕竟五音全，唱得也很有味道。唱完之后他俩都夸我唱得好，还说肯定能被录取。

不一会儿，负责面试的人来了，我又给他唱了一段《回杯记》，那人听后没说什么，只是叫我父亲留下联系方式，然后回家等消息。

没过几天，通知书来了。上边注明了正式考试的日期，并让我准备指定的演唱曲目。

正式考试那天，评剧团五楼的考场门口人满为患，连四楼走廊里都挤满了人——有男有女，有老有少；有像我这样自己一个人来的，有家里亲戚朋友陪伴来的；有单人表演的，有男女搭档演的；甚至还有化着妆、打扮得像街边扭大秧歌的，自带乐队伴奏的……这样一个行业，我想不到会来这么多人。看来竞争还真是激烈。

可惜因为考场的门是关着的，不知道他们唱得啥样。

在我前边上场的，是个二十岁左右的小伙儿，据"趴门缝儿的"描述，这小子临唱之前还借机翻了一个后空翻。

轮到我上场时，我立定站稳，先唱了指定歌曲《十五的月亮》，之后又唱了一大段的《回杯记》。坐在考场周边的评委们听后都给出了自己的意见，有几个还夸我唱得不错。我能感觉到他们的评价如面试时那对男女一样，是发自肺腑的。

听着他们的赞美我心里很高兴，自以为考上肯定没问题，因此出了剧团，就美滋滋地回家等信儿去了。

大约过了十天，剧团领导派人来把我父亲找去了。当时我还挺纳闷儿，按理说，要么通知考上了，要么就悄默无声自消自灭了，没录取谁还通知你？让我父亲去是什么意思？

下午，父亲回来了，我与母亲凑到他身边听结果。

父亲满脸凝重地说:“你没考上。”

我听后没言语，母亲也没接话。

父亲接着说:“那书记说了，如果实在想学的话也可以，就是每个月得比考上的学员多花五十块钱。”

我听完一愣，“什么意思？”

“那书记说，这叫‘议价’的！”父亲面无表情地回答。

在此之前我只知道有议价粮店，原来学唱戏也是可以“议价”的。

我问父亲:“咱们念吗？”

父亲想都没想，脱口而出:“念！”

看来他的确已经认准我能干这行了。

可认准归认准，钱从哪儿来啊？自打我家搬到德惠以后，生活水平是直线下降，就差没要饭了。虽说有个小卖店在那支着，但所有的货物加起来也就五百多块钱。我上学要先交三个月的学费，别的学员每月一百，我得一百五,三个月就是四百五十块。这么多钱对当时的我家来说，简直就是“抄家”了。再说，咋的也不能把小卖店兑出去啊，全家还得指望它过日子呢！

万般无奈，父亲领着我开始四处筹钱。

我记得那时的天气已经很冷了，地上的泥水一到下午就冻成冰碴儿，黑乎乎一片，又脏又滑。父亲穿件黑棉袄，领着我步行先到市场上找到我哥，让我哥给想想办法。我哥当时天天蹲在露天市场上卖鞋，每天能挣个十块八块的，仅能糊口，也没有余钱。但眼下情非得已，最后他舍脸在几个朋友那给我借了点儿钱。

我与父亲揣着哥哥给借的钱往家走。一路上，只要碰到熟人，站下聊上一会儿，末了父亲都会用低三下四的语气近乎哀求:“孩子上学，急用钱，你看能不能给串点儿，过些日子就还。”那时给我的感觉，父亲不像是在“借”。

晚上回到家，父亲又托人捎信儿给我姐夫，让他无论如何给想想办法，并下了最后狠话——实在不行就三分利“抬”。

姐夫家在松花江农村，以种地为生，眼下也没有钱。突然他想起来，他母亲是军烈属，每年政府会给一百多块钱抚恤金，当年的正好还没取，于是就赶紧骑着自行车去到乡里。不巧他到的时候人家已经下班了，姐夫在医院的门诊部里蹲了一宿，第二天早上政府民政刚开门，他就取出那一百多块钱，坐着跑线小客把钱送来了。

父亲接过钱，很是感慨。他神情黯淡，把哥哥给借的，加上这几天小卖店的营业额，连同姐夫给送来的，统放在一起攥在手心，在小黑屋里的炕沿上闷声坐了好久好久。

开学那天早晨，父亲把钱揣在我的兜里。临行时本应有千叮咛万嘱咐，但他只字未提，只是用有些期盼的目光看着我。

之后母亲又额外给了我二十块钱生活费。母亲说："这些钱是一个礼拜的，等花没了，赶上星期天你再回来取。感谢神！家里一次实在是拿不出那么多了！"

我含着眼泪点点头，心中只有一个念头：尽快学有所成，赚钱报答二老！

2. 议价学员：频遭打击幸遇明师指点

我记得开学好像是在那年10月的二十几号，我用自行车驮着行李，带着父母的期盼来到了德惠县评剧团。在四楼的学员宿舍，我看到了和我一起考上的十九名学员，加上我正好是二十名，十男十女。

学艺生涯就此开始。

起初日子过得还是很开心的。第一次过集体生活，感觉新鲜、兴奋。大家每天同时起床、洗漱、吃饭、练功，连睡觉都是统一时间的——宿舍晚上九点关灯。

但很快我就郁闷了。

我发现那十九个人当中居然有五音不全的，而且还不止一个！——五音不全咋"考"上的？

学的课程也很少，都是一些基础知识。——这得猴年马月能学有所成啊？

老师也没有名角。——除了两位外聘的，都是评剧团本团的演员。

开课没几天，我更郁闷了。

一天上形体课，老师让所有同学都蹲下。她围着大家走了一圈儿，最后来到我跟前，低头看了看我的脚，说："不点子[①]最不适合做演员！"

我不知道我毛病出在哪儿，便用疑惑的眼睛看着老师。

老师接着说："你扁平足，蹲不下。蹲下脚后跟就自己抬起来。"

我回头看看，嗬！可不是嘛！蹲下脚后跟就离地，脚后跟着地就蹲不住——直接就坐地上。

同学们都嬉皮笑脸地围着我，像看耍猴似的。

老师看着满脸窘态的我，一脸木然，随口又扔下一句："你这样的，当兵都不合格！"

我不记得那天我是怎么熬到下课的，我也不知道老师说这番话的具体含义，总之，一个权威的定论从此就如千斤巨石一般横亘在我心头——我不适合做演员。

这个压力使我每天昏昏沉沉度日，忘记了第一次离家住校的烦恼，也不再把"这一个星期的生活费怎样算计着花能熬到周末而不挨饿"等问题放在心上了。

就这样熬到了年底，又一个更严重的问题摆在了我面前。

有一天上课，老师让我们跟着他"大""大"地喊，说这是找共鸣，说用丹田气打到上牙膛能产生鼻腔、脑腔共鸣，是歌唱演员"必须"学会的。就这样连着喊了几天，最终老师得出一个结论——不点子的嗓子没有共鸣音，行话称"云遮月"。

从小到大，在表演歌唱方面，我耳朵里听到的大都是赞美之音。本想一两个月学会、转正、上班、挣钱，没想到刚开始就出现了这么多事！这接二连三的打击，让我怎么能适应得了啊？

年后开学，团里发下通知，宣布所有学员将在几个月之后再进行一次考试。这次是考吉林省戏曲学校德惠分校，男女各取三名。考上的继续学习，三年毕业以后，团里负责接收，中专干部待遇。

我至此才恍然大悟，我说当时怎么那么多人前来考试，原来跟这个有关。

三年学费是一万两千元，考不上的自动退学。

这消息一发出，同学们都开始更加努力地学习。那时人的心理不像现在，

---

① 不点子："小不点儿"系作者的外号。老师也称其"不点子"。

现在你就请我进专业团体我也不进哪！那时候不行，当时谁能进团那就是国家正式职工了，意味着以后生活有保障了。而且人家说得明白，干部待遇，什么意思？就是评选干部就有你一份，多大的吸引力啊！

可我知道，我不会考上的，别说男女各取三名，男生里边取六名都轮不上我。我嗓子天生没亮音，还扁平足蹲不下，我是个不适合做演员的人。而且我还知道，就算再给我读“议价”的机会，家里也拿不出这笔钱来——此时连生活费家里拿得都很吃力了。

几个月之后就面临淘汰回家的我，顶着同学们的嘲笑，每天苦练技工，把“大”“大”从早晨喊到半夜，幻想着有一天嗓子会突然亮了起来。这时候，一位老师注意到了我。

他就是前边提到的两位外聘老师中的一位。

此人是二人转专业作曲，当年德惠县剧团参加会演的很多剧目都是他谱的曲。他对二人转艺术本身也很有研究，我如今懂得的很多这方面的知识，都是当年听他在课堂上讲的：

二人转是流行于东北、河北以及内蒙古东部地区的一种地方戏曲的名称。自草创至今，据说已有二三百年的历史了。

二人转的表演形式主要分为三种：男女两位演员在舞台上说唱结合、载歌载舞，在人物中跳进跳出，这种叙事的表演方式叫“二人转”；一位演员，或男或女，说唱结合，载歌载舞，适当地在人物中跳进跳出，这种叙事表演方式叫“单出头”；若干演员，扮演固定人物，载歌载舞，没有跳进跳出，类似于京评剧的表演方式叫“拉场戏”。

二人转起初不叫“二人转”，叫“蹦蹦儿”，也叫“双玩艺儿”。新中国成立后国家把一些民间闲散艺人收录到正规剧团，才正式命名为“二人转”。也就是从那时候起，二人转发展成了两支。

……

他身材高大微胖，走路时上身前倾。脚下一双皮鞋，好像经年不怎么打油，鞋尖两侧都磨得有些泛白。

面色偏黑，眼睛不大，说话之前总是先笑几声。这笑声不是“呵呵”，也不是“嘿嘿”，发的是“嗨”的音，开口就是四个——嗨嗨嗨嗨。

两颗门牙有些外倾，之间有明显缝隙。天赐笑面，憨态可掬。讲起课来风趣幽默，各种段子随口就来，课堂氛围总是异常热烈，我天天都盼着上他的课。

一次他在黑板上写字，突然停下来回身对我们说：“有这么一个老师在黑板上写字，之后对台下的学生们说：‘大家把老师写的字抄在你们的作业本上。’话音刚落，前排一个学生哭了。老师赶紧问：‘你为什么哭啊？’学生哽咽着说：‘老师，你那黑板上的字太大，我这格里也搁不下啊！’”

他不似有些老师，在某些问题上不懂装懂。他说实话，会婉转含蓄地透露很多内幕，让学生自己思考，放松心态，比如专业剧团的现状、科班是在什么情况下成立的等等。

不知道他在哪儿听说了我的情况，在一次课后他把我留下，告诉我说：“你不用上火，也不要那么在意其他老师对你的评价。我觉得你还没进入到这个行里来，还没有真正了解二人转这门艺术。这样吧，改天我领你去看一场戏，你就明白了。”

这天下午，上完最后一节课，老师偷偷把我叫出来让我跟他走。老师在前边走，我跟在后边，一前一后来到了德惠县文化宫。

晚上六点左右，天已经黑了。文化宫门口灯火通明、人头攒动，大广播喇叭里循环不断地传来一个女人尖尖的声音：“今天晚场六点半，文化宫曲艺厅特邀东北三省著名转星 ××× 和 ××× 前来献艺，欢迎大家观看……”我以前打此路过几回，均是白天，没见有什么特别，想不到此地晚间会如此热闹。

老师领着我来到剧场门口，跟把门收票的人打了声招呼，没买票就把我送进去了。

我独自找个角落坐下，心情忐忑地等着这生平的第一次剧场观摩。

没有演出铃，也没人告诉要开始了，一切都是没有预知的。

起先约有三四个人，陆续地从观众席前舞台一侧的台阶登上。隐约中可以看见后侧幕布形成一个幕浪，那是有人走过的缘故。

接着舞台灯亮了，刺眼的强光之后是模糊的昏黄。台上的景片简单陈旧，剪成花篮的样式孤独地“游荡”在绿幕之前。台面上裸露着地板，暗紫色的油漆斑驳，舞台中心最甚。

之后是刺耳的音响回声，一个矮个子男人走上台来分别拍了拍立在舞台中间的两架麦克风，“喂”“喂”地喊了两嗓子，然后径直走到台边上的一张桌子旁坐下。他低头抬腕看了一下表，之后从桌面上拿起一根小棍子，照准挂在桌子一侧的锣面，棍落锣响——演出开始了。

随着锣鼓声，从幕后走出一个演员。只见他走到台前，先是围着舞台边缘转圈，接着伸腰、踢腿、翻跟头、下叉……当时就把我看蒙了！这是什么？

一通伸胳膊抬腿之后，他走到麦克跟前：

小子生来胆量大，
别人打架我害怕，
隔壁摔碎个二大盆，
吓得我三天没说话！

每次说话中间的停顿之处，都伴随着几声锣鼓。

我可真有点儿迷糊了！录音机里不是这么演的啊？录音机里一般开始都是音乐，然后就是起唱了，这怎么开头就来这么一出？有点儿像电视里演的京剧武生上场，只是穿的衣服没有京剧的看着正规、顺眼、好看。

我正在猜测这是怎么回事，女演员出场了。我以为这回该唱了吧，没想到不但没唱，两人像说相声似的，你一言我一语开始了调侃。

我好像突然明白了，因为他们说的俏皮话我在磁带里也听到过，只是没有这二位说得直接、好笑。

接下来就惬意了，了解了他们的用意，我完全沉浸在了演出之中。我随着他们低昂的动人曲调，时而紧张，时而松弛。台上的演员就好像了解我的内心一样：我笑到顶点，他们就及时打住开始演唱，几句优美的旋律就让我心旷神怡；我听戏倦怠，他们马上就找个时机止住唱词，三两句话逗得我捂着肚子直拍大腿。我开怀大笑，突然间忘记了沉积多日——应该是多年的压抑，我甚至忘记了我是谁，忘记了我也是学这个的。

一场三对演员，表演的形式大同小异，却令我开心至极，把我脑海中对二人转的印象彻底击了个粉碎。特别是最后出场的一对演员，那幽默的表情、丰富的语言，比我在磁带里，不，在电视上见到的大牌笑星，有过之而无不及！

整场演出对我的触动实在是太大了！我从小喜欢表演说唱，但没有对哪个曲种特别感兴趣。自打看了这场戏之后，我爱上了二人转。

第二天上午课后，老师来到我的书桌前，“嗨嗨嗨嗨，昨晚看得怎么样啊？”

我都不知道怎么回答了，连着说了好几个“太好了”。

老师看看周围，压低了声音说：“你不要为蹲不下而上火，那位老师所指的是京剧演员，蹲不下，有些动作做不了，但二人转用不到那些。再说，即便用到也可以躲着走，用别的动作代替。”

我很感激地看着他。他又接着说：“嗓子有没有亮音也不重要，应该说是各有所长。有些唱腔，就适合你这样的嗓子，太亮了，反而还不好听。嗓子不亮堂在过去没有麦克的年代可能会吃点儿亏，但如今已经没人会在乎这个了。”

我当时都不知道说什么好了。我觉得老师就应该这样：给学生解惑！

他见我听进去了，就又继续说道：“你还小，有些事情你不懂。我只能告诉你，你干不了专业的，你家庭条件也不允许，不如多下点儿功夫，往民间发展吧！我觉得那里才是你的天下，而且我还相信你在那个舞台能发挥得更好！”

我含着眼泪点点头——这才是我的“老师”！自此我下定决心，往民间发展。

我把想法向身边一个关系要好的同学表达了。可没想到，他的反应会那么强烈，言语会那么坚定，“不行，要饭也不能走小剧场去啊！掉价！丢人！”

我极其不解，这怎么会丢人呢？付出劳动，得到回报，怎么就掉价了呢？但不管怎么说，我意已决。不过通过怎样的途径才能进入民间，我那时还不知道。我的想法是：暂时先把余下的学期念完，但愿剧团领导能发现我的长处，进而减免我的学费，让我也能有进团当演员、当干部的机会。或者是我突然个子长高，容颜变美，嗓音变亮……

时间过得很快，转眼，考试的日子就到了。同学们都摩拳擦掌，准备披挂上阵了，而我却还在为报名费的七十多块钱发愁呢。虽然我知道，就算考上了家里也拿不出这笔钱来，但我也想证明一下自己，毕竟学了这么长时间了。

最后我是搭档一个女同学，以陪考的身份参加的考试，之后我一声不响地收拾了行李，含着眼泪依依不舍地离开了评剧团大楼。我不知道等待我的将是什么，我只知道我转了一圈儿，好像又回到了原点。

从科班回家那天，恰逢农忙铲地时节。

父亲见我扛着行李进屋，他神情低沉，声音很小地对我说："回来了？"

我答应了一声："嗯。"

"跟我铲地去吧。"

我没说话，扛起锄头默默地跟在父亲身后。

走到野地的深处，四下无人时，父亲突然停下脚步，慢慢转回身，用有些哽咽的声音对我说："老儿子，爸没能耐，咱家实在是供不起了！"说着话他皱紧眉头……

我只觉得有什么东西顶在了喉咙处，嗓子一紧，泪水瞬间滑落。

这个情景我终生都不会忘记。我能理解父亲心中对儿子的愧疚和自己英雄无助的悲凉。

经过几次的变故，我比以前成熟懂事了许多。虽然表面上还是每天照常帮助母亲打理那个小卖店，但私下里却开始和自己较劲了。

我有一个小录音机，为了学习，我不分昼夜地把耳机挂在耳朵上，反复不断地听着我仅有的几盘二人转磁带。当中有一盘内容是小帽儿集锦，最后让我听得磁粉都快磨没了。

那段日子我几乎每天都去文化宫看戏，希望在看别人表演时从中得到熏陶。

写到此，得感谢一下我的母亲。虽然在我学戏这件事情上母亲没起到主导作用，但与她背后的支持也是分不开的。就拿这看戏票钱来说，当时家里应该说是极其困难的，但我每次开口，母亲从来没有回绝过。

后来常来常往混熟了，收票的知道我是学员，就不再向我要票了。也就是在那时候，我观看了许多当年在东北比较火爆的二人转演员的表演，从他们那里学会了很多戏词、说口和表演技巧。我也有心想拜个师傅拉帮我一把，可问了几个演员，因我交不起学费，人家都是不收。

就这样，我晚上看戏学艺，白天找个没人的地方自己练习。

建材市场后的火车道两边都是大片的林地，平时极少人行，宽敞、寂静，因而那里成了我最初的舞台。我把自行车骑到树林的深处，一棵棵参天大树成了我的观众。先练说口唱腔，后练跟头身段，累了就躺在树下背词。

没人教，我自己硬摔，学会了翻跟头；背诵的戏词，也深深地刻在了我的脑海里，随时提起，张嘴就来。

这段时光我一辈子都忘不了。

那时我最怕被人问起我的职业。说我是演员，还没登台唱过戏；说我没工作，左邻右舍还都知道我学唱二人转了。我从小就是一个自尊心特强的孩子，可越是这样的性格，内心所受的煎熬就越多于常人。着急，上火，这就引起了我更大的磨难——牙疼。

我牙不好，着急上火就疼，这段时间是我牙疼最厉害的时候。以往都一边疼，或左或右，这回是两边都疼，腮帮子肿得像含块糖似的。除了正常打针吃药之外，还用了很多偏方，咬胡椒粒、烧镇痛片，还含过大烟葫芦。但通通都不管用。后来我自己想了一个缓解疼痛的办法——用凉水漱口。随身携带一瓶凉水，隔两分钟漱一次口，麻烦是麻烦，但好使。

吃饭更是个问题，什么硬东西都吃不了，稍碰一下，我就得疼哭老半天。母亲看在眼里，急在心里，一天三顿地给我熬粥喝，为了解决咸淡问题，母亲就在煮好的粥里放少许精盐。

睡觉就更要了亲命了。牙疼是越到晚上越严重，想睡觉比登天还难。一到晚上，我就开始折腾。屋里屋外来回跑，跑累了用脑袋顶着墙，顶一会儿再往上撞，然后再出去跑，跑累了再回来撞。往返来回，一直到累得实在跑不动了，在天快亮之时我才能迷迷糊糊地睡上那么一小会儿。

人常说："牙疼不算病，疼起来要人命。"我是深刻体会过这句话的。假如当时身边有一把上膛的手枪，我会毫不犹豫地冲自己开火。

3. 穷途末路：姐夫搭桥拜师王志敏

大约在 6 月中旬，事情出现了转机。

我姐夫有个亲叔伯三哥，是位二人转民间艺人。在全家人都为我一筹莫展之际，姐夫想起了他。

我姐夫说："不行我就领你去拜他为师吧，求他拉帮你一把。我们两家住前后院，二大爷二大娘也都很喜欢我，小时候总在他家玩，我带你去兴许他还能给点儿面子。”

我听见此话当然是一百个同意了，在此之前我已经在文化馆问过不少演员，人家都不收我。父亲听完更是没意见。这些日子为了能给我拜上个师傅，他是求亲访友，送礼请客，其中有一个演员饭都吃了，也答应收我了，可饭吃完之后人就消失了，拜师的事当然也没有下文了。

穷途末路，漂来一根救命稻草，哪里还有选择的余地啊！

这天一早，晴空万里，我背着一个装满了我全部家当的蓝色背包，姐夫骑着一辆紫红色老式的幸福摩托车，拉着我踏上了拜师的征程。

一路上，心情不错，微风徐徐，牙疼也减轻了不少。

我们从后弯子出发，先来到岔路口镇拜访了一位熟人，在那儿打听到了姐夫三哥家的具体位置。然后又经一路打听，大约在中午时分，赶到了他家。

这是一个典型的东北农家小院。三间红砖房，中间开门。前后有园子，边上还有仓房。

我与姐夫下了摩托，进到屋里，只见一个十六七岁的小女孩儿领着大概两三岁的一对双在炕上玩。经过交谈得知，姐夫他三哥去谈下乡唱戏的事了，有可能就直接走了不回来了。

姐夫急了，我的心也提到了嗓子眼儿：这不行啊！直接走了，我拜谁去啊？

姐夫赶紧又问小女孩儿他三哥去了哪个朋友家，住在哪儿。女孩儿一指前边模模糊糊的大山说：“听说就在山根底下那屯子。”

我和姐夫听后一刻没敢停留，出门上了摩托车，直奔山下。人常说，望山跑死马，好在我们骑的是摩托。

农村，除了土路还是土路，偶尔有那么一两公里的沙石路，因年久失修，也都是光见石头不见沙子了。一路磕碰，一路颠簸，好不容易“颠”到了地方，进屯子找到他朋友家一打听，却说他刚走，去朝阳了。我俩又急忙跨上摩托追到朝阳。一问，又说他回家了。当我俩骑上摩托车二次返回他家时，天已经黑透了。

刚一进院，一个中等身材、撇着八字脚的男人就迎出来了。大家说着话往屋里走，这时候我们才发现由于摩托车跑得时间太长了，钥匙拔下来了，发动机却腾腾腾腾地不灭火。

进屋之后，见到了三嫂。这是一个三十出头的女人，高个子，神色中透着精明干练。

寒暄几句之后，姐夫也不含蓄，开门见山说明来意："这是我小舅子，在咱们德惠评剧团小科班学了几个月。眼下家穷，念不起了，想来拜三哥三嫂为师，求你们给拉帮一把。"

话音刚落，一脸严肃的三嫂就来了一句："这样的能唱戏吗？"

姐夫满脸尴尬，"那啥，呵呵，那个，这小子长的模样、个头儿稍差点儿，但唱得还行，要不让他唱一段你俩先听听。"说着话，示意我唱。

我站在他们家地当间儿，连身上的挎包都没摘，赶紧挑拿手的唱了一小段。

三哥坐在炕沿上，听我唱完点点头，肯定地对我姐夫说："他能干这行。"

但随后他话锋一转，"但是老兄弟，你高抬三哥了，三哥自己都还没学明白哪，能教他啥呀？啊？"

我姐夫一听赶紧接话："你别的，三哥，你唱得啥样我也听到过，谦虚啥呀！再说这孩子在剧团已经学半拉架儿了，眼下就差没上过台，你愿意教就教他点儿，不愿教哪，你就带着他，能让他自己上台唱就行，中不？"

三哥叹了口气，"唉！老兄弟，你也知道三哥这些年。早年刚结婚时和你三嫂一年四季地在外漂泊唱戏，自有了这俩龙凤胎小崽儿之后，你三嫂就不唱了，就我自己到城里去走剧场占园子①。我唱得本来就一般，现在你三嫂不唱了，我还没有固定搭档，自己一个人在外边就够困难的了，哪还有能力再带徒弟啊！"

能看出来，三哥是个实在人，说的也都是实在话。但姐夫还想最后再努努力。既然已经来了，咋的也不能就这么回去啊！

姐夫看了看我那要哭的神情，也叹了口气，"这样，三哥，你就看在老弟的面子上，你和三嫂费费心先带他一段。你放心，我代他向你保证，将来能上台那天，肯定不能忘了你。要实在不是这块料呢，那就让他回去，他自己也知道咋回事就行了，你看行不，三哥？"

三哥点上根烟，双腿不住地在炕沿下晃悠。喷云吐雾了好一会儿，才不紧

---

① 占园子：到城里走剧场。

不慢地说："这样吧！老兄弟，你这大老远来求三哥，三哥也不好意思撅你面子，那我就先带他一段时间看看，行就行，不行你也别怨三哥。三哥就这么大能耐了！"

还好，勉强算是松口了，但看三嫂的神情似乎还是不大愿意。我跪在地上庄重地给三哥磕了三个头，就算正式拜师了。

按理说，一番磨难终于拜上师傅了，应该高兴才对。可我不知怎么了，没有高兴的感觉，反而鼻子一阵阵发酸，想哭。

我师傅叫王志敏，是一位极普通的民间艺人。我姐夫领我去他家的时候，正赶上他们那儿当地有人要组团下乡，特地把他从城市的剧场里请了回来，因而我才有幸拜他为师。也是命中注定我们爷儿俩有这个师徒的缘分吧！

我师娘叫曲兆清，也是一位民间二人转演员，只是跟我师傅结婚以后就逐渐淡出了舞台。

他家三间房，一名两暗。师傅师娘领着金龙金凤住东屋，我和他家老大小庆住西屋。因我和小庆年龄没差几岁，还都是男孩儿，所以基本每天晚上，师傅师娘都得喊个几遍，我俩才能止住疯闹。

如今回想起来，那小院感觉就像世外桃源一般。特别是晚上，前后窗全部打开，凉风习习，比如今的空调舒服百倍有余。偶尔还能闻到前后园子里随风飘过的不知名植物的清香味，恬淡惬意，令人心旷神怡，不胜眷恋。

我师娘非常勤快，把家里样样都安排得井井有条。在他们家，我师娘是男人，我师傅是女人。用我师娘的话说："你师傅除了唱戏，啥都不行！"——我这没有泄露师傅家的"政治机密"吧？

我这人天性懒惰，眼睛里还没活儿，因而刚开始到他家那几天，做贼心虚，总感觉师娘似乎有些瞧不上我。神经总绷着一根弦，脑海中不时闪现师娘打发我回家时的表情和语气。

在师傅家待了大约半个月之后，我跟随师傅师娘随当地的一个小团开始了下乡之旅。

"下乡"是二人转民间艺人流动演出的一种方式。我小时候生活过的乡里几乎每年都有这样的演出，虽然没亲眼见过，但早就有所耳闻。也听到过不少关于演员的传言，说演员们的待遇都老高了，鸡鸭鱼肉随便造，还说有的演员用啤酒洗脸，说是能美容。

当年心里非常羡慕，如今自己也干上这行了，内心也有怀疑：不知道这生活能否像传言那样奢侈？

第一天到一个公社，吃饭时就把我给镇住了！传言的确不虚，啤酒洗脸没看见，这杀猪宰羊倒是真的。

我家里不富裕，这样的佳肴过年也不一定能吃到，因而吃中午饭的时候，我就现“原形”了。当菜肴上满之后，负责服务演员的大师傅端着饭盆问：“饭好了，都谁要？报名！”

我看着满桌子的美味，已经忍不住了，一边拿筷子在菜盘子里翻腾，一边端着饭碗大喊：“我要饭！我要饭！”

当时满桌子演职人员全都瞪着眼睛看我，那我也没在意，还在一边大口吞咽一边盯着好吃的。用我师娘的话说：“眼珠子都快掉菜盘子里了！”

饭后我被师娘领出屋子劈头盖脸一顿训斥，印象深的是那句：“什么要饭？嗯？你要饭花子啊？嗯？”

还有那句：“你这样，人家笑话你师傅师娘，知道不？没礼貌！以后你说话啥的给我注意点儿，再有一次，你就别学了，回家吧！”

——呵呵，让大家见笑了。

之后也就明白了，无非就是个礼貌问题，什么演员没到齐不准上桌子了，不许翻菜盘子了，学徒的要为老演员服务了，快吃尽早下桌了之类的。我从小就脸小，不爱让人说，自此我就注意了。虽然偶尔也犯错误，但都是在其他方面，文明礼貌上再也没有过。

因是第一次跟班，所以看什么都新鲜。以前都是在台下看，如今可以到后台了，服装、乐器都可以摸一摸、碰一碰，那心情就甭提了，真感觉像刘姥姥进大观园一样。

特别是他们演员、乐队之间谈话用的行话，既像胡子黑话，又像间谍对暗号，让我听得是一头雾水，感觉神秘还好玩。

他们管唱叫“条”，说叫“刚儿”，好称“缓”，坏称“各乙”，乐队叫“文场”，演员叫“条丁”，男演员叫“毛儿”或“毛子”，女演员叫“片儿”或“片子”，一名男演员和一名女演员合起来称“一副架”，没有搭档的就叫“单毛儿”“单片儿”或者“单毛子”“单片子”，讲笑话叫“说口”，笑料叫“包袱”，滑稽动作表情叫“相儿”，演出地点叫“地儿”，头天演出叫“进地儿”，走了叫“下地儿”，长时间在一个剧场演出叫“坐地儿”，出去找演出场所叫“打地儿”，没有地方演出叫“没地儿”——以此类推，睡觉叫“困龙”，吃饭叫“安根”，油叫“漂花子”，盐叫“海沙子”……反正一应生活、行走坐卧、吃喝拉撒，外加天上飞的、地上跑的、水里游的、草棵里蹦的，一切皆可以用行话“刚儿”。那感觉，太神奇了！

当时我们这个小团体一共十二个人，三副半架，三道文场，外加团长和我。我每天就跟在他们屁股后，像“念攒子”——傻子似的，整天哈哈个没完，从早到晚。

我师傅虽然在我之前没教过徒，但在这方面却显得很有经验。

刚开始跟班的时候，师傅让我跟着其他人打杂跑腿，装台卸台，给他打洗脸水、叠衣服啥的——这是为了不白吃饭。

后来他每次唱完正戏之后，在快结束时就把我叫上台，让我唱个歌、跳个舞什么的——这是在锻炼我的胆量。

师傅说不能让我直接就上台唱戏，怕一个小时顶不下来，得一点儿一点儿，慢慢磨炼。啥时候上场不紧张了，再正式登台。

偶尔师娘还会带着我唱段小帽儿。这种近似于男女对唱的民歌小调，是二人转演员在唱正戏之前演唱的，主要是起到调节气氛的作用，也是为演员在唱正戏之前舒展一下身段、开一开嗓儿。小帽儿短小精悍，里边还可以加说口，正适合我这样的学员表演。

我们演出一般都是白天一场，晚上一场，最怕碰到的是热天和雨天。正是七八月份，而且都是露天演出，天太热了观众坐不住，下雨天还没法演。所以一旦碰到这种情况，就两场合成一场在晚间演。

那时候我最喜欢的就是两场合一场演。因为演员时间上赶不过来，所以全团的人都得忙活起来，这样我就有机会跟着上台表演，有的大型拉场戏还会让我演两个角色。虽然累点儿忙活点儿，但真真地学到了很多东西。

这一时期看啥都是新鲜的，学起来也特别有乐趣。我看了很多以前不知道、没见过、在录音机里也没听过的拉场戏，还跟着演了很多拉场戏里的人物。师傅说我运气好，刚学戏就碰到了这样可遇不可求的好机会。

不过，下乡演出极其辛苦。

天热的时候，观众都打着伞或躲在树荫下看戏，演员却不可以，天再热都得挺着。所以每个演员下完乡之后，身上都得被晒掉好几层皮。

晚上演出能凉快点儿，但这各种小飞虫让人受不了。舞台上灯一亮，一层一层的小飞虫就迎着亮光上下翻飞。一不小心撞到嘴里一个，就得呕上老半天。扑火死掉的化作一缕缕的蓝烟，如阴魂不散般弥漫在舞台的各个角落，熏得演员睁不开眼睛，呛得嗓子火辣辣的难受。好在我那时只是偶尔上场，几分钟就下来。但师傅师娘就不同了，每场戏最低都得唱一个小时。

另外，晚上演出演员自己得格外小心。农村一些淘气讨厌的半大孩子时不时地搞恶作剧，往台上扔砖头。他扔完倒没事了，倒霉砸到你，你就得休息好几天，耽误挣钱不说，还没地儿说理去。我们这个团其中一个演员就是遭遇了这样的情况，中途无可奈何地退团了。

小孩子打个哈哈凑个趣也情有可原，一些欺软怕硬的地痞、流氓、二流子这时候也跟着来凑热闹，欺负外来人，勒索点儿吃喝、弄点儿烟抽啥的。每到这个时候，师傅师娘就领着我往后靠，让团长出面与他们交涉。

这就是行走江湖的难处。从此也能看出，哪行哪业都不容易，团长也不是谁都能当的。

下乡虽说比平时要多挣钱，但却不能保证天天有演出，时不时地就会出现空场。比如上个大队从周一唱到周三，下个大队从周五唱到周日，那么周四就出现空档了。这样的空档有时候能弥补上，可以找个乡镇剧场卖票，大家都有收入，最次也能弄个食宿钱。但大多时候就是空着。

按理说，这时候是学徒表现的机会，请师傅师娘吃个饭了、住宿找个好旅店了之类的。可我那时候身无分文，心有余而力不足，不但不能请师傅师娘吃住，相反他们还得负责我的。

我师傅心里不愿意，但脸上还能过得去；我师娘性情直来直去，所以有时候我就会从她脸上看出些许不悦的神情。

我理解师傅师娘。那时候日子过得都不富裕，谁都想教个家庭条件好、能借点儿光的徒弟，谁想带个累赘啊？我白教你艺术，还得供你吃喝，哪有这样的道理啊？本来我的里外衣服都是师娘负责给洗就够一说的了！呵呵！

自打跟着师傅师娘出来，也的确是看出不容易了。人家团长不愿意演员带徒弟，多个人吃饭不说，住宿也是个问题。

在我印象中，那时候平民百姓家我们很少住，能感觉出他们不欢迎我们。究其原因，我想还是传统思想在作怪，自古至今唱戏的就被认为是下九流、低人一等。

有一次，我们在一个大队演出。头一天散了戏之后，大队书记安排我们住的地方。一个看样子好像特别喜欢我们这行的观众向书记自告奋勇，非得拉着我师傅去他家住。

我记得那天下了戏天色已经很晚了，吃完夜饭都半夜一两点钟了。那观众家住在屯子边上，路途很远。他在前边领路，我和师傅师娘深一脚浅一脚地在后边跟着。

到了地方一看，那观众家里人已经都睡下了。我们先敲开了他家的门，然后进到屋里。没想到，那人家的媳妇开灯一看她丈夫把唱戏的领家里来了，当时就急了，当着我们的面一边大声数落她丈夫一边极不情愿地给我们拿被铺床。那个尴尬劲儿，就别提了，我们师徒三人就差找个地缝钻进去了。

走还走不了，都后半夜了，不走就这场面你说谁能受得了啊！师傅师娘互相使了个眼色——行啊！将就一宿吧！

就这样，那家媳妇连摔带打地给我们铺了两床被子，扭身就关灯睡觉去了。

我们师徒三人黑灯瞎火地摸黑上了炕。师娘自己盖一床被，我和师傅合盖一床被。那家的被也不知道怎么做得那么小，一个人盖还好，两个人盖两头漏风。当时的季节，下半夜天气已经很凉了，不盖被子很冷的。我可着我师傅盖，我师傅紧着给我盖，这一互让不要紧，结果谁都没暖和着。那一夜把我冻的，翻来覆去一宿都没怎么合眼。好不容易熬到了天亮，我们早起给人家叠好了被子，狼狈地逃了出去。

其实也不怪人家瞧不起我们，个别演员的素质的确不敢恭维，几条烂鱼腥了一锅汤。我曾亲眼见到过几个演员在老百姓家里抽烟、喝酒、大声喧哗，还有大半夜不睡觉打麻将的，吃人家、喝人家、临走时还偷人家的。有的男女演员也不自觉，龌龊肮脏，做出一些下贱的甚至难以启齿的事。

有句话说得好，想让别人尊重你，首先你得尊重你自己。

大多数的时候，我们都住学校，方便还不扰民。但住在学校里也有不如意的地方，这蚊子多得让你受不了。那年月演员们经济都不宽裕，大家谁都没有蚊帐，所以每天早上起来之后，基本上人人都是一身大红包。

也就是从那时候起我落下了一个毛病，喜欢蒙头睡觉。

4. 初登舞台：跟老年人唱戏胡说八道

大约在跟班之后一个月，我们辗转来到了一个名叫夏家店的地方。

演上几天之后，师傅领着我找到了团长。

师傅和他商量，“你看能不能让我徒弟上台唱一场？”

团长脑袋摇得像拨浪鼓似的，“不行，不行。这万一演砸了，人家村里不给钱咋办？这大队是我找人讲情人家才答应咱唱的，我不指望能多演几天，但最起码得把预定的演够啊！”

师傅见团长口风挺死，就接着说：“你要担心，那就这样，小宝子唱戏的时候，我在台边上看着，万一演出中出现什么情况，那我就直接上去把这场戏给顶下来。我保证不会扔台上，这样行不？”

团长看看我师傅又看了看我，沉思了好一会儿。我知道他是在琢磨其中的利害关系：答应吧，他怕我真的演砸了；不答应吧，我师傅是他这团的主要演员，他还得指着我师傅给他出力呢！

最后他咬咬牙对我说：“行吧！看在你白给我演了那么多角色的面子上，我就让你上去试一场！”

我听完之后那心情就别提了，比如今让我上中央电视台春节晚会都高兴。

可我虽然期盼，却也有些胆怯。期盼是心里着急，非常向往舞台，从学戏开始，我脑袋里始终就一个想法——尽快登台，挣钱养家；胆怯是因为即将第一次登台唱戏，一个小时，怕万一演砸了撅了师傅面子，严重的话还得包赔人家损失。

其实要说起登台，我并不陌生。自打跟班以来，基本每场我师傅都让我上。而且不光跟班这阶段，我在中学时就经常上台，那时我是班级的文艺骨干。假如再往前追溯的话，可以一直“追”到我上小学时。

那是在我十二岁那年的六一儿童节，为了庆祝节日，各班级由老师组织娱乐活动。

我们班主任很腼腆，勉强给我们讲了个小故事，然后就让同学们轮流上台表演节目。没想到轮到我时，我往讲台上一站，可就控制不住了，唱歌、跳舞、讲笑话，在同学们的热烈欢迎下我把我那时所会的彻底表演了一遍。那气氛，一点儿也不照我今天的任何一场演出差。

事后，校长听说了，代表学校奖励了我两个算草本。现在算来，这应该是我人生中第一次登台吧——虽然只是老师讲课用的讲台。

话再说回来。第二天中午，师傅告诉我："今天下午让你唱戏！"

这把我乐的，屋里屋外台上台下地来回窜跶。团里一个演员跟我开玩笑："你今晚洞房啊？美成这样！"

在没开演之前，师傅领着我找到即将要陪我唱戏的老太太，跟她说了很多好话，恳请她在台上无论如何要多多"兜"着我点儿。师傅告诉我说，一般成手都不愿意带学员唱戏，一是怕挨累，二也是担心出现舞台事故不好收场。

我们当年一场演出里包含三档二人转，行内称第一码为"开场码"，二码为"贴轴"，三码称"压轴"，也称"大轴"。

在印象中我一直认为整场戏中第一码戏唱得最不好，逻辑思维也是按先次后好这么排序的，于是我跟师傅说："师傅，我唱头一个吧！"

师傅说："不行，唱第二个，第一个不好唱。"

我说："不是第一码戏最不好吗？我第一次上台可不就得唱第一个吗？"

我师傅没好气地瞪着眼睛看着我："谁说第一个戏最不好了？严格地说你得有压轴水平才能唱开场码，知道吗？你唱第二个！"

话说下午演出，第一码戏的演员刚刚上台，师傅就把我叫到了屋里，开始给我化装。

他让我先洗净脸，然后把肉色底彩先挤在自己的手心下方，再双手互相拍蘸。调匀之后，师傅让我坐在他的面前，他用调好的底彩在我的脸上均匀拍打。打出个假脸之后，师傅再用他的食指蘸点儿红油彩，在我的眼眉下方眼皮上连着下眼睑斜着一直抹向鬓角，用化妆笔蘸红油彩把眼眉描成剑眉，感觉像要立起来似的，然后扑蘸秋月粉定妆。

之后，师傅再用化妆笔蘸黑油彩在事先已经画好的红眼眉上细致地描出黑色的剑眉，在眼皮上方勾出黑色的眼影，用无名指蘸黑油彩在我的两鬓边打出鬓角，将大红油彩抹在我的嘴唇上。

最后，师傅用小拇指蘸上红油彩，在我的眉心正中点了一个小红点儿。

这一整套结束之后，我拿过镜子一看，嘿，的确不一样了，像换了个脸似的。我自己很满意，感觉确实比没化装之前好看。

我师傅说："就你这盘儿（脸），这招了（眼睛），也只能画成这样了。"

屋里的演员听完全都笑了，我也跟着笑。

化完装之后，师傅又嘱托了我几句。他说演员化完装之后就开"天眼"了，不能到处瞎看，运气不好的话，会看到一些平时看不到的"不干净"的东西。

听他说完，我总感觉心里毛毛的，眼睛不由自主地四下张望，又怕又好奇。

师傅还说："无论在什么地方，演出完立刻就要把装卸了，千万不能带着装可哪儿溜达。"大概也是怕看见什么东西之类的吧！

之后他又对我说了一些初登舞台应当注意的事项，我一边听着师傅的叮嘱，一边穿上他的彩衣（那时我自己还没有演出服）。

一切打扮妥当之后，我老早地就来到了台边候场。农村一些半大孩子，围在我身前身后指手画脚，对我不住地评论，他们把我当成新来的演员了。

我此时是又兴奋又紧张，感觉心脏都要跳出来一样，心里暗暗合计：从学戏至今苦练了小一年了，今天终于要一显身手，这生平头一场戏我一定要好好表现一下。上去先翻几个跟头，然后再讲几个笑话，对，我就讲最好玩的那个……

正胡琢磨呢，第一场的演员下来了。台上的锣鼓声一阵比一阵急，我明白那是在催我上场呢，可此时我的双腿却不听使唤了，迈不动步了。

师傅在我身后大声催我："上啊！"

我说："我不敢啊！"

正在我犹豫的时候，突然就觉得有什么东西顶了我的腰一下，借着冲劲，身子不由自主就跑到了台上。事后我不止一次问师傅他是不是踹了我一脚，师傅至今都没承认。

到了台上，我睁开眼睛往下一看——我的妈呀，全是人啊！那脑袋怎么都那么老长呢？这景象怎么跟我练胆儿时看到的不一样呢？但既然上来了，那就演吧。我硬着头皮，说话声都哆嗦了，把我这么长时间学会的垫场笑话，一股脑儿生搬硬套地全都说出来了。那时候也不管观众听没听懂，笑还是不笑了。感觉就像要告别舞台，以后再也唱不着了似的。

随后我把那老太太叫上来，乱七八糟地就是一顿说口。当时脑海里也没有什么脏口啊、铺垫啊、连贯啊的概念，想起啥就说啥。

说完口之后先唱小帽儿。老太太起的《大将名五更》，我一边跟着扯尾巴，一边上蹿下跳，前翻后蹦。下戏之后团里演员评论："这孩子是不是疯了？"

小帽儿之后接唱正戏。

二人转的正戏就好比如今的流行歌曲，一首歌曲普及开来，所有歌手都会唱，因为词曲是一样的。但也有不同，二人转的时间长，曲牌演员可以根据自身嗓音条件或对戏词的理解自行安排，快慢悲欢自己掌握。

我们接唱的正戏是《双锁山》。这是一段小闹戏，有说有笑，有打有闹。因这戏是我在科班时就已经背得滚瓜烂熟的，所以我很顺利地与老太太从头唱到尾，一句没忘。

唱完正戏，我看还有时间，观众也挺乐和，就接着又唱了两首歌曲，跳了一段舞蹈，之后"自我感觉良好"地结束了我的初次演出。

下了台，我都要虚脱了。紧张，天气还热，汗水把彩衣都湿透了。

回到住地，我脱衣卸装，师傅黑着脸问我："你都演些什么玩意儿啊？啊？"

我本来还挺兴奋，乐得都合不拢嘴了，师傅这么一说，我又不知道毛病在哪儿，当时就愣那儿了。

师娘赶紧在一旁安慰我："哎呀！第一次登台，挺好的，好歹没扔台上，观众没往下轰你，这就不错了，再磨炼磨炼就好了，啊，别上火。"

师傅见屋里人多也就没再说我。散戏之后，师傅把我叫出来，给我总结了一下这场演出的成败得失。

总的来说演出是失败的，原因有以下几条：

一、紧张，语速过快，快得都语无伦次了。

二、唱戏没节奏，用我们行话说就是"掉板儿"，整场戏几乎都没在板儿上。

三、讲的笑话不适合我，都是大人说的口，没大没小，没礼貌，跟老年人唱戏胡说八道。

事后我才知道，那老太太下了戏之后给我师傅好顿损，还半真半假地问我师傅：“你会不会教徒弟？”

但从这场演出中倒也看出了我的一个长处：台缘极好，相当好了，怎么演观众都不烦，仿佛我天生就是吃这碗饭的。

师傅说：“有台缘就好办，怕就怕一出场观众就烦，这就难办了。祖师爷没给“饭门”，再勤学苦练也出息不到哪儿去。”

这场演出之后，我就又回到了练胆儿的阶段，我师傅再也没提让我演出的事。我也在默默地等待着第二次登台表现的机会。

5. 大难不死：膝盖周围都成血葫芦①了！

时近中秋，小团解散，师傅给我放假让我回家休息几天。节后我又回到师傅家。

正是秋收时节，我白天帮师傅干些力所能及的农活儿，晚上闲暇时间继续学习。

如今想来，我那时候的确是给我师傅增添了不少麻烦。往年收完庄稼之后，我师傅会去城市的剧场里演出。那年因为有我的缘故，他只好留在家里。而且那年代带徒弟到剧场吃住都很麻烦，再说我师傅还不是一副架，也不是名演员，他一个人本来就很不容易，再带个徒弟就更困难了。

我师娘对这件事，不用说，肯定还是不愿意的。可就这样半途而废地把我撵回家去心还不忍——师娘嘴直但心地却非常善良。

我不知道师傅师娘是否在一起商量过，我只知道他们最后的决定是：暂时先带着我在农村“上活儿”，之后看我的表现再做打算。

“上活儿”，有的地方也叫“上买卖”。在东北农村，生活的基本都是汉族

① 血葫芦：形容血肉模糊。

人。我们汉族自古就崇尚礼乐，婚丧嫁娶更是离不开。流传至今，意义虽已有所偏离，但大多人家大事小情还是要请鼓乐棚来，图个喜庆热闹。富裕的人家不但请鼓乐，还要请演员搭台唱戏。喜事就唱喜庆的曲目，丧事就唱悲段子。还有的丧事也唱喜庆的，名曰“喜丧”。我们把我们出席的这些婚丧嫁娶的活动，统称“上活儿”。

我跟着师傅师娘上完第一个活儿，就把这种演出方式了解了个大概。

它与下乡基本都属于“野台子戏”的范畴，但比较起来，无论是演出方式还是受重视程度，都要比下乡低一个档次。这从称呼上能发现端倪——行内管在农村红白喜事上演出的二人转演员称为“滚地包子”。

上活儿的头儿不叫团长，叫“掌柜的”。打个比方说，谁家有红白喜事，找到你，你再找几个人，凑到一起，那么你就是这个活儿的掌柜的。

掌柜的负责和东家——办事的人家沟通，完事负责给大家发钱。我们把这钱叫份子钱。怎么分呢？东家一共给的钱数除以人数，一个整份子钱就出来了。像我师傅这级别的拿一个整份，像我这样的学徒不给份子。有的时候这个活儿人比较少，东家给的钱多点儿，那就给学徒半个份子。上了年纪的老前辈和我们上活儿，要给一个半到两个份子。这是江湖规矩。

上活儿比下乡吃喝还要好，不论是喜事还是丧事，顿顿吃席。有的地方每天还给每人一盒烟。要是碰见非常喜欢我们这行的人家，那就更不用提了，好吃好喝好招待不算，临走时还给多拿点儿钱。演出的时候多卖力气还给打赏钱。

我师傅虽说在城市剧场里不是那么有名，但在我们上活儿那片他可是位响当当的红角，到哪儿都前呼后拥的。我这当徒弟的自然也跟着沾了不少光。

有一次，我师傅跟人家大落忙的[①]说：“我徒弟岁数小，看见你们厨房煎炒烹炸的有点儿馋了，你给弄点儿呗！”

那大捞忙的听后二话没说，转身出去不一会儿就给我端来了小半盆酥白肉。我那时候肚子里真是没有油水，而且我这是有生以来第一次独享这么大一盆好吃的，我坐在那儿十分钟不到就把那半盆子酥白肉都给造[②]了。

那感觉，老香了！现在想起来我还直咽口水哪！

---

① 大落忙的：办事人家请的负责管事的人。

② 造：吃。

不过当时吃得是很香，后来就遭罪了，半夜起来一口一口往出吐酸水。那家伙把我给折腾的，一宿都没睡好觉。

如今想想，半盆子肥肉，和着淀粉白糖吃到肚子里，那能舒服得了吗?

上活儿还有很多规矩，传说坏了规矩，班里就要出事故。比如猪、狗、蛇、耗子等动物，见到了我们尽量不说它，说的话也用行话说；不许“观墙皮子”，就是尽量不看墙上的画，看见也不能说出来；锣、鼓等一切表演用具，不到演出时不许乱动——特别是行外人；过河过江要唱一段，或者拿出锣鼓打一通，说是给龙王爷听的，可以保平安……

上活儿很锻炼人，吹、打、弹、拉、唱，哪样你都得会点儿。因为上活儿时人越少，个人分的钱就越多。我虽然是学徒的不挣钱，但那也不能白吃饭啊，打鼓、敲锣、拍铙钹、打板儿，缺什么就得来什么。而我也好像天生就对节奏敏感，不论什么家伙，拿过来就能打到点儿上。当时也没说有意想学什么，就是临时哪儿缺人我就顶在哪儿，没想到后来唱戏这些还都用上了，所以说“艺多不压身”呢!

从以上经历来看，我的确是够幸运的了，这要是在剧场里想学会这些，那可要大费一番周折了。

上活儿用的主要交通工具是自行车。师傅师娘在他们那方圆几十里之内名气非常大，所以接的活儿都在说近不近说远不远的周边地区，坐什么车都不如骑车方便。

那时候我和师傅各骑一辆自行车，然后轮流驮着师娘，风驰电掣地穿梭于各个城镇乡村之间。那种感觉，如今想想都令我无比兴奋。

我们一般都是头一天中午之前赶到办事的人家，第二天下午离开，路程远的，为了不耽误演出，我们早上很早就得出发。当然，一般下了活儿回来，到家基本也都是后半夜了。

还有一种叫“压梢子活儿”，就是在这个活儿下来去另一个活儿。那样就更辛苦了。因为两个活儿的距离不一定离多远，而且我们还必须在天黑演出之前赶到办事的人家。所以为了不耽误演出，有时候我和我师傅就像电视里的自行车比赛那样，在乡间土道上一路飞驰。

有一次因为骑自行车，我差点儿没把命搭上。

那次是我临时回家办事，办完事回到师傅家，结果师傅师娘到前屯上活儿去了，临走时叫他儿子转告我，让我回来之后去找他们。我听完，骑着自行车就奔前屯了。

因为不知道具体在哪个屯子，我骑着自行车漫无目的地转悠。可恨的是，从东到西，由南到北，前边那几个屯子差不多都被我跑遍了，也没找到师傅他们。后来没辙了我就把自行车停在路边，听。因为我知道上活儿不论红白喜事都得吹唢呐，那声音传得远，只要听见了那我顺着声音不就找去了嘛！

果不其然，听到了唢呐声，我立刻上了自行车，顺着声音找过去。可快到地方时，那声音又没了。我知道这是中间休息。可那天不知道怎么回事，可能是喇叭匠子吹累了吃饭去了，我在那干等了半个多小时也没再听见唢呐声。我一琢磨，这是找不到了，返回去吧。

我顺着来时的沙石路往回骑。

正骑着呢，猛抬头，前边过来个三驴子[①]，错车的时候我一看车斗——乐了，车斗里坐着四五个人，都是以前和我们一起上过活儿的喇叭匠子。

原来他们是上坟去了。农村谁家娶媳妇，新郎官头一天都得去上坟，这是个风俗，意思是告诉祖先一声：我结婚了。

他们几个一看见我，也急忙停下了车，问我："去哪儿？"

我说："我找我师傅没找到。"

他们说："你师傅和我们是一个活儿，一起走吧！"

我说："我这骑着车也跟不上你们啊。"

他们几个合计了一下，"不行把自行车抬到车斗里，一起拉着走吧！"

我一琢磨那也行，于是几个人下车帮我往三驴子上抬自行车。可忙活了一阵儿，无论如何里边再也装不下自行车和我。

这时忘了是谁想了个损招儿，他让我骑着自行车，一手掌把，一手拽着三驴子的车厢板，让三驴子拖着我走。我也实在，也没仔细想想，就真照他说的那么做了。

一开始三驴子开得慢，感觉还挺好，我们几个有说有笑地慢慢往前溜达。但后来就不行了。三驴子那司机也不知道咋想的，越开越快。他这一加速不要紧，我可就有点儿吃不消了。你想啊，沙石路，除了坑就是包，两手掌把都费

① 三驴子：一种三轮车。

劲，别说一只手了。

我一看再这么下去肯定要出事，于是我急忙撒开车厢板，想腾出手去抓车把。就在我撒手的那一瞬间，撒开的手还没来得及抓到车把上，我连人带车斜着就倒在了地上。

你说那冲劲得有多大，我趴在自行车上还往前出溜好大一块呢！

那几个喇叭匠子也不讲究，都没说停车下来看看我，坐着三驴子一溜烟似的跑了。

过了老半天，我才从地上爬起来。站起来缓了缓神，活动活动胳膊、腿，还行，没啥大碍，就是手和胳膊有点儿皮外伤。仗着伤口都不深也没怎么出血，只是下身裤子破了几个窟窿眼儿，膝盖处还有点儿火辣辣的疼，但腿还能动，自行车也将就能骑，我就忍着疼痛骑回了师傅家。

晚上睡觉我一脱裤子——我的那个娘啊！吓得我“妈呀”一声——膝盖周围都成血葫芦了，肉都粘在衬裤上了，小庆帮我往下拽的时候疼得我是龇牙咧嘴、惨叫连连呢！

事后想想，万幸！沙石路，除了沙子就是石头，划伤刮伤都不算严重，这要是脑袋磕到大石头上，小命岂不休矣！

我这也算是大难不死吧？

6. 犯小人语：神秘的狮子楼

转眼临近晚秋，天气转凉，活儿也少了很多。在一场冬雪过后，上完了预定的最后一个活儿，师傅把我叫到一边说：“你先回家待一阶段吧，最近没活儿，等有演出了我再通知你。”

我有种不祥的预感。

冬天室外演不了出，一般人家这个季节也不办事。再想有活儿就得等到新年过后，春暖花开。我刚学几天，能耽搁那么长时间吗？

就在我面临再次回到原点之时，机遇来到了我的身边。

当时有一位和我们一起上活儿的女演员，她儿子在黑龙江省七台河市打工。当地有一个老板想要开个二人转剧场，知道他母亲是演员，就让他请他母亲帮忙找演员给剧场开业，于是他母亲就找到了我师傅。我师傅说可以去，但有个条件，他必须带着我。

就这样，在一个反常天气的下午，我们一行十多个人，从德惠出发，经过哈尔滨，在佳木斯倒车，晕晕乎乎也不知坐了多长时间，最后在一个大雾弥漫的早晨，火车喘着粗气驶进了一座陌生的城市——七台河。

七台河，因为盛产煤而被人们熟知。城市建筑很分散，属于典型的煤城，用东北话说——哩哩啦啦的。来之前听说这座城市治安很差，剧场晚间都不敢开戏，上下午各一场，不知道传言是真是假，听后令人毛骨悚然。

我们下了火车，来人把我们接到了一座临街而建的名为狮子楼的三层小楼里，一二层是饭店，三层就是即将要开业的剧场。

在我们到那儿的第三天中午，剧场就在一阵鞭炮声中隆重开业了。

当时在那剧场的演员除了和我们一起去的几个人之外，还有一副架是老板自己请来的，毛儿、片儿都是六十多岁的老艺人。

开台之前那老艺人——毛子——先给新买的“大师兄”开光，然后杀了一只大公鸡，把鸡血洒在舞台的周围，这叫祭台。

在江湖中，各行都有各行的祖师爷，木匠的祖师爷是鲁班，屠夫的祖师爷是张飞，说相声的祖师爷是东方朔……唱二人转的也有祖师爷，传说是唐明皇身边的青云童子，但姓名不详，我们行内都管他叫“大师兄”。

我们供的大师兄没有固定的塑像，就是一个小孩儿玩的洋娃娃，开完光之后拿红布往头上一遮，面前摆个香炉，就齐了。

东北三省每个二人转剧场里都供着一个这样的大师兄。有的老艺人为了表示虔诚，自己还带一个，走到哪里，供到哪里。还有带俩的——大师兄、大师姐。

二人转演员每次上台之前，按规矩都得先给大师兄上上香、拜一拜，期望在舞台上得到他的庇佑。

在大师兄的两侧，有一副对联，上联是“庄王老祖留此行”（传说是周庄王留下的唱戏这行，也有的说是唐明皇），下联是“五湖四海唱江洋”。横批就是我们演员的真实写照：四海为家。

在这里吃得好。楼下就是饭店，一天三顿饭，每顿四菜一汤，到点就吃饭，很应时。

住得也不错。剧场给租了一个大房间，中间用木板隔成一个一个的小屋。北方城市冬天都比较冷，我们去的时候，七台河早已是遍地冰封了，所以老板为每个小屋里都配备了一个电炉子，很暖和。

我的生活也没怎么改变，还是和上活儿时一样，看戏、打杂、跑腿、当小支使。

所不同的是看到陌生演员的演出，视野又开阔了不少。

那两位老艺人当时在东北圈内小有名气，会很多大戏。毛子说口干净，有相儿，个头儿不高，比我还矮、还瘦；片儿很胖，每次进出房门都得侧着身子，不然进不来。

但你别看他俩一胖一瘦还那么大岁数，上台却从不偷懒，那么大年纪每场下来都大汗淋漓。

观众也非常买这副架的账。有一次赶上他们二人休息，一些老观众就起哄，嚷着没有他俩的戏就不买票，由此可见两位前辈的艺术魅力的确很不一般。

给我印象最深的是他们有个很搞笑的组合动作，就是唱“胡胡腔”二人转传统调门儿的时候，片儿在前边跑圆场，毛子在后边走矮子步，跟得很紧，而且还很出相儿。就像妈妈在前边走，一个赖赖叽叽的孩子在后边跟着一样，那毛子边跑嘴里还不时地发出哼哼唧唧的声音，他俩每次使这活儿的时候台下都是满堂好儿。

虽然两位前辈在艺术上那是没得说，但那毛子身上却有一些老艺人的通病，非常自私，看不得别人比自己强，因此在背后就总使坏，对晚辈也不留情面。

那时他和我师傅轮换压轴，但我师傅那年才三十二岁，比他年轻多了。可能是出于嫉妒心理，那位老艺人就有点儿台上台下看不上我师傅。

有一次我师傅征求到老板的同意，让我替他唱了一场。我不是有掉板儿的毛病嘛，这就给老艺人创造了机会。

我们行规是轮换着打板儿。三道乐队，唢呐、板胡、电子琴，这是固定的，打板儿的就得由演员来负责。第三码打第一码，第一码下场打第二码，第二码负责打大轴的。那场我头码，他大轴，所以我的板儿就由那毛子来打。

那天唱的戏名叫《刘伶醉酒》，戏还没唱到一半，我这板儿就掉了好几回。本来我自己就够难受的了，没想到那毛子突然把板儿扔桌子上了，然后拿个笤帚在台上像扫地似的一阵划拉。

我当时也不明白啊，就问他："大爷，你扫啥啊？"

他看看我，一脸坏笑，"呵呵，板儿没了。"

我还以为他说的是真事呢，一本正经地告诉他："那不在桌子上放着呢吗？"

台底下都是常年看戏的老观众，懂得我们戏班里的事，所以就大声地鼓掌起哄，弄得我唱也不是，不唱也不是，愣在台上很是尴尬。

下了台师傅告诉我："他是在台上羞臊你呢。你不是掉板儿了嘛，所以他说板儿没了。"

不久，狮子楼里出事了。

七台河的地方口音有一个特点，尖团字咬不准，"si""shi"不分。我们管这个剧场叫"shī"子楼，他们叫"sī"子楼，一音之差，不仔细听就是"死子楼"。

说到这儿好像有点儿迷信了。我们在狮子楼演了不到半个月，老板家唯一的儿子在车祸中不幸丧生了。演员们都传言说这是犯小人语了。为了不让老人上火，家里就瞒着老太太，谎称他儿子出国了。我还看到他的未婚妻每天在老太太面前强颜欢笑的样子，心里很不是滋味。

本来剧场的业务就不怎么好，外加出现这种事，大家都人心惶惶的，老板也没心思管了，演员也没心情唱了，我自己也感觉在这儿待得挺压抑的。

忽然有一天，来了一个老太太，看年纪能有五十多岁。她说离这儿不远有个乡镇，周围有不少小煤窑，她和老伴儿在那儿开了一个小剧场，刚开业不久，急缺演员，所以到这儿看看有没有下地儿的。

我师傅说："我们都在这儿唱着呢，下不去。闲人倒有一个，就是我徒弟。但他没上过几次台，目前还是学员，所以没办法，帮不了你了。"

老太太说："学员也行啊，上过台就行，小地方，没人挑那么多。"

我师傅回过身来问我："想去吗？"

我说："想啊！"

说心里话，我早就不想在这儿待着了。一是自打老板的儿子出事之后，我总感觉台上台下死气沉沉的。另外我已经差不多能顶码唱戏了，但因为这剧场不缺演员，我还不能总替我师傅唱，怕老板不愿意。到这将近二十天，我只替我师傅上台唱过两场。

但师傅不放心我离开他，毕竟那年我才十七岁，万一我自己出去出点儿啥事，他对我父母没法交代。

我看出师傅的心思来了，于是就跟他说："师傅你放心，我又不是小女孩儿你放心不下，我一个小男孩儿你怕什么啊？再说，你不想让我早点儿出徒啊？"

我师傅低头想了想，应该是觉得我说得在理，就点头答应了。

临走时师傅向老太太好顿托付，请她一定多多费心照顾我点儿。

我辞别了师傅，跟着老太太出了剧场，在马路边坐上了一辆大客车，迷迷糊糊地再次踏上了征程。

7. 艺名由来：孙小宝还是孙晓宝？

忘记坐了多久的车，到地方以后通过周围人的谈话我才知道，这个地方是七台河市茄子河区红伟乡——只是听说，我不确定。

老太太的老伴儿是"连喷带拐"——会吹唢呐还会拉弦儿。名字忘记了，有同辈的演员管他叫"大眼珠子"。

剧场不是他的，是当地一个绰号叫"土匪"的人开的。这个人在当地是一个说地痞不地痞、说流氓不流氓、说黑不黑、说白不白、说穷不穷、说富不富的人物。他家里有三间大瓦房，边上有一个仓库，这个仓库就是他开的这个小剧场。那个老太太和她老伴儿是土匪找来帮忙管业务的，后来土匪就随嘴管他们叫干爹干妈，我管他俩叫大爷大娘。

我来之前，这里已经有三副架了，都是黑龙江本地的演员。我到这儿之后，走了一副架，又来了一个没有搭档的单片子陪我唱。

我第一次自己出来演出，事先也没预备登台的服装。好在我和师傅在七台河市逛街时随手买过一块白纱料。老板娘——土匪的媳妇，人特别好，会做裁剪活儿，她用这块料子帮我做了一套蝙蝠衫式样的彩衣。这是我演员生涯中的第一套演出服。

没有化装用品，我就在剧场对面的供销社里买了一管口红、一盒秋月粉、一小盒胭红、一支眉笔，还顺便买了一双台上台下都能穿的老头儿鞋。

那时的二人转演出场次编排和如今的不一样。现在一场演出三个小时五码戏，有的地方都增加到六七码，每码戏最多二十五分钟。我们那时候每场是三码戏，每码戏一个小时，而且每码都必须得唱正戏。

我是学员，会的戏都小，撑不了一个小时。好在我大娘事前就和老板讲明了，时间上让我能唱多少就唱多少，剩下的时间由那两副架负责兜着。

晚场开戏之前，大爷写戏报，问我叫啥名，我想了想，报出了仨字："孙小宝。"

当时我想让他写我的真名了。我大名叫孙传奇，这是我父亲按家谱顺序"传"字给我起的。之所以有这个名，按父亲的说法颇有些"传奇"色彩。

他说我是我母亲节育以后怀上的。还有，在我出生那日，停电多年的乡村突然间来电了。说有福也好，说巧合也罢，总之是正赶上我出生的当天——1977年阳历清明节。三天后，在我额头上出现了小米粒大小的一颗黑痣，左耳眼旁隐隐约约能看见一个"拴马桩"。

鉴于此，父亲感到有些惊奇，因而就给我起了这个我自己极其喜欢的名字。

——其实这里隐约也含着父亲对儿子的期盼。

不过后来在上户口时，父亲又给报了个"孙传宝"。具体什么原因不得而知，我猜测是他既希望让我"传奇一生"，还想让我成为"传家之宝"。

等学唱戏以后，看别的演员都有艺名，我看着新鲜，也眼馋，就也想给自己起一个。但具体叫啥，在此之前我心里还没有准谱。

我原本想在两个名字当中选一个，但听他们懂行的艺人说，取艺名要取叫着顺嘴、容易记住的，我这两个名字读着都有些拗口，也不好记。后来我看他们很多演员名字中都有个"小"字，于是我想，不如干脆把我名字中间那个字也改成"小"字，叫"小奇"或"小宝"。但又一琢磨，"小奇"谐音是"小气"，不行，最后一想——嗨！别纠结了，就叫"孙小宝"得了，简单，顺口，还好记。

于是，那大爷问我叫啥名，我就报出了这名字。

也就是从那天起，我有了这个艺名：孙小宝。

不过在此我还要插一笔。后来我给谁签名，签的都是“孙晓宝”，这是因为多年以前，我爱人金玲曾在长春重庆路一个摆地摊的那里给我设计了一个签名，当时那人设计时用的就是这个“晓”。

现在演出或上电视节目等用到我名字时，宣传文字有时候用大小的“小”，有时用拂晓的“晓”，但你要问我究竟是哪个字，呵呵，不好意思，我也不知道。

咱们书接前文。话说晚上开戏，按江湖规矩，给我安排在第二场上。

我出场之后，从说口调侃到把搭档请上台都很顺利，但一起小帽儿，两句下来我这汗就止不住了——和我搭戏的女演员嗓子是很严重的邪调，也就是我前边提到过的“五音不全”。这不坏了嘛！

我本来就不是成手，和她唱我还得将就她。当时乐队伴奏没有电子琴，就一把唢呐、一把板胡，唢呐和板胡的声音放在一起原本就很难听，我那大爷吹的唢呐音还不准，加上这个单片子的邪调，再加上我哆哆嗦嗦的声音，那个刺耳劲儿就别提了。

我本以为这么下去，不超过十分钟就得被观众撵下台，之后下地儿走人！但可喜的是，一直到我俩整场戏唱完，都没有一个观众站起来挑毛病。

下戏之后，老板挺满意。我自己也挺乐和，虽然还是有掉板儿的时候，但比以前好了很多。我自己私下估计，照这样下去，最多十场八场，我就可以完全顶码唱戏了！

唱上之后的日常生活过得还是不错的，大爷和大娘对我也很照顾。吃饭就和他们一起吃，没啥好吃的，家常便饭。睡觉也在一个炕上。白天不演出，土匪就把我送到一个当地的小录像厅去看录像。晚上呢，因为是乡镇嘛，没有流动人口，所以不一定天天能有人看戏，有演出就演出，没演出我就左邻右舍地串门看电视。我心里当然还是希望能天天有戏，机会难得，既挣钱还能锻炼。

在红伟乡最令我难忘的，是我第一次在拉场戏里演了回主角。

这天附近一个煤矿来包场，点了一出拉场戏《秦雪梅吊孝》。这是出大戏，四副架演的话有时候都调度不开，何况我们当时只有三副架。可没办法，人家出钱点的啊，那就演吧。

晚上我们对戏的时候发现，就算我大爷大娘都上，还缺演员。后来实在没办法了，他们就商量让我演商林，然后再赶一个角儿——二老太太。

我一听赶紧推辞，我说我跟师傅在一起下乡的时候看他演过，但我只演过赶车的小三儿和落忙[①]的，别的我可不会。

大娘说："没事，见过场就行，晚上我给你叨咕叨咕词，现钻锅[②]，明天你就上。"

就这样他们连夜给我说的词，为了背词我一宿都没睡好觉。

第二天晚上演出的时候，我先扮上商林，这在戏曲行当中应该称为"小生"。我看我师傅没少演这个，我就照葫芦画瓢，穿着小生袍，脚下蹬着厚底儿，装模作样地，一边演一边想词……还行，一句词没忘，很顺利地把这个角色演下来了。就是第一次穿厚底儿有点儿不习惯，不小心把脚脖子给扭了。

演完商林我赶紧下台换上了老太太的行头，这一要出场可把我给难住了。

本来是台上丫鬟爱玉喊："二老太太接客（音 qiě）吔！"我答应一声就往外走。但走的时候我才发现我不会学老太太走路。以前看我师傅演得哆里哆嗦的挺容易啊，可我怎么就学不上来呢！看花容易绣花难啊！

当时把我急得浑身冒汗，像进桑拿房了似的。

后来是扮演爱玉的演员及时发现了我的尴尬处境，赶紧跑过来连搀带拖地把我弄到了台上——这就是长得小的好处。观众不知道啊，他们还以为我是为了表现老太太的伤心悲痛故意那么演的呢！这台下的叫好声，哈哈，连绵不绝啊！

下了戏，这些人把我好顿夸，都说我聪明。我听着他们的夸奖心里美滋滋的。2006 年我出的专辑里有一首歌，歌词中有这么几句："千里出行你得有个家，万众的首领你得有个妈，委屈烦恼你得有人听，出色了得意了你得有人夸。"看来这词作者还真懂生活。

过了不久，狮子楼黄了，我师傅和几个演员就直接都到这边来了。

我师傅过来没几天，这个剧场也因为没有人看而濒临倒闭了。

土匪已经好几天看不见人了，大爷大娘到这时候也不哼不哈的了。来的时候给我定的是二十三块钱一天，一天一开支，但来到这儿没开几天就欠着了。

---

① 落忙：帮忙做事。

② 钻锅：指演出时，演员为扮演自己所不会的角色而临时学习。

当时欠了我师傅不到十天的工资，欠了我二十多天的工资。找土匪他媳妇要，她说她不管剧场的事。师傅见这么靠下去也是白搭时间，饭也没人做了，炕也没人烧了，于是在一个没人搭理的早晨领着我离开了。

临走时，我小气地把土匪的一件黑蓝色的羽绒大衣穿在了身上。

我和师傅坐客车回到七台河，在澡堂子里睡了一夜。第二天上午我们师徒二人买票上了火车，又在牡丹江倒了车，到德惠是第二天早晨四点多。

出了站口，我与师傅进了候车室，找个没人的角落，师傅跟我说："从今天开始你就算正式出徒了，以后你就自己出去闯吧。"然后他又和我说了一些做人和做艺的道理。

外边天大亮的时候，我们师徒出了候车室，他坐客车回朝阳，我回后弯子。临分手时，我把土匪的羽绒大衣脱下来送给了师傅。

每当和人提起我的学艺经历，我都会由衷地感激我师傅一番。可以这么说，没有我师傅的带领，就不可能有我孙小宝的今天。

如今每到年底，只要时间允许，我都会去看看我师傅。我会永远记住一句话：一日为师，终身为父！

第二章　初出茅庐

这时的我，没有预定的目的地，只能硬闯，哪儿有剧场就往哪儿去。开始了四海为家的流浪艺人生活。

1. 正式登台：第一次压轴就火了

从七台河回到家，我把这两个月的经历向父亲大概讲了一遍，并表达了我暂时的想法：年前就哪儿也不去了，等过了年再找机会出去闯。

父亲起初很高兴，但接着他摇了摇头，说："不行，老儿子，你刚上过几次台，要趁热打铁，耽搁下来再往起捡就不容易了。"

我知道父亲说得在理，但说心里话，我那时候也不是不想出去，究其原因是不知道去哪儿啊！

到家的第二天晚上，我去文化宫看戏，恰好看到门口的板报上登着一则消息，大致意思是说，剧场刚换老板，急招演员。

我心里一阵狂喜。

转过天就是元旦。那天中午，我抱着试试看的态度来到了文化宫。正赶上白场开戏之前，老板在门口收票，我趁空儿凑过去胆怯地问道："大爷，你们这儿缺演员吗？"

老板眼皮一挑，上下打量了我一下，"缺。"

我怯怯地说："那你看我行吗？"

老板有些惊讶，"你哪儿的呀？"

我谄媚讨好地说："呵呵，我就咱们德惠的。"

"哦，你叫啥名啊？"

"我叫孙小宝。"

老板听我报完名字之后犹豫了一下，有点儿自言自语的意思说："我咋没听说过呢？"

我赶紧抢答："我是学员。"

"你师傅谁啊？"

"王志敏。"

他笑了笑，"王崽子啊，他都教徒弟了？你是单毛儿啊？还是有搭档一副架啊？"

我笑着说："呵呵，就我自己，一个人。"

"哦，那晚上你来试试吧！"

今天谁要和我说"你来试试吧"，我就算不和他计较，心里也会暗怪他不会说话，因为戏班里最忌讳这句话，跟骂人没啥区别。但当时他这话可把我乐坏了，这说明有希望了！

回到家我把情况告知了父亲，父亲有些着急，"晚上我和你一起去！"母亲听后没说什么，只是偷偷地把《圣经》拿出来，跪在小黑屋里祷告了一下午。

晚上六点多，我背着我的行头——其实就一套衣服、一把扇子、一双鞋，来到了文化宫。临行时父亲怕我上台看见他紧张，所以没有跟来。

那晚我唱的是第二码。

我先心虚胆怯地坐在台下看了一会儿头码的演出。感觉时间差不多了，就急忙来到演员宿舍，简单地化好了装，又换上彩衣来到台口。

剧场安排陪我唱的是个五十多岁的老艺人。因这位前辈年纪比我大很多，另外有以前唱第一场戏时的经验，把她请出场后我就没怎么说口，只简单扔了几个包袱，就直接开始唱正戏了。

唱完正戏，我抓紧时间把我自认为比较拿手、观众也应该比较认可的节目亮了出来——跳了一段霹雳舞。霹雳舞在当今的舞台上根本就不算什么，但在那个年代可不一样。跳完舞之后，一个观众给了我二十块钱彩钱①。

下了戏，老板很高兴，夸我很有台缘，叫我明天开始就正式来演出，暂定每天工资十五块钱。

老板这一番话可把我乐坏了，这意味着我成功了！我是演员了！我有工作了！我能挣钱了！那种开心真是一时无法用语言形容的，我手舞足蹈，欣喜若狂，有种想跳起来的感觉。我急急忙忙跑出文化宫，跨上自行车，一路狂奔地赶回了家中。

听了我的好消息，母亲笑得脸上像朵花似的明知故问："真的呀？感谢神！"可我分明看到了她眼角刹那间闪过的泪花。

父亲表面没什么异样，还是熟悉的憨笑，只是今天的笑容持续的时间比往

---

① 彩钱：小费。

日要长很多。

经历了千辛万苦、各种波折，最后我终于站在了舞台上。我忘不了这一天——1994 年的元旦。从这天开始，我真真正正地成了一名民间二人转演员。

在七台河红伟乡的时候我是断断续续地唱，从德惠这场戏开始，直到我 2005 年元旦进入央视春晚剧组，这十余年间，我除了过年或特殊原因休息几天之外，一天两场戏，从来没间断过。到今天为止，粗略估计演了不下一万场。

在文化宫正式登台唱戏没几天，因与我搭架的片子年纪太大，陪我唱在表演、说口等方面都有些不协调，所以老板就把德惠评剧团比我早两届的演员、我的一个学姐找来和我配架。

一开始合作，大家还是很愉快的，但后来发生的一件事，却大大削弱了她在我心中的好印象。

当时在文化宫有三副架。我的工资是十五块钱每天，学姐和另一副架每人每天二十五块钱。按理说在当年的东北这也算高工资了，但那副架跟老板提出要涨价，原因是前几天走的压轴演员在这儿的时候工资是三十块钱，那俩演员走了以后他俩压轴，所以也要三十块，不然就不压。

其实这有点儿说不过去。虽然以前的压轴演员挣三十块钱，但现在人家走了，剩下的三副架当中他们工资最高，他们不压谁压？再说当时我是学员，另外那副架岁数偏大，矬子里拔大个儿都知道该谁压。

但人家说不压就不压。晚上唱戏之前，他们向老板下了最后通牒：不涨工资就唱头二码，第三个谁愿意唱谁唱！

老板一时没辙，既不认可涨工资，打发他俩现找演员又不赶趟儿，竟临时决定让我压。

我吓得赶紧推脱。我哪压过轴啊！第二个我都唱不明白呢！

老板见我不同意，生气一摔门就走了，临走时扔下一句话：“压也得压，不压也得压！”

我一看老板生气走了，这是真的躲不过去了，就赶紧找学姐商量对策。

当时每场三码戏都得唱正戏，但我俩会的都是小戏，压不住场。另外说良心话，当时我俩的水平也的确不行。

“那就不唱正戏了。”我说，“我看他们压轴有好几回都没唱正戏，咱俩就演杂耍肯定能压住。”

学姐说：“想不唱正戏，那开场就得演火了，然后再架拢观众，一个小帽儿就得唱二十分钟以上，要不一个小时顶不下来。”

我在心里稍微合计了一下，最后一狠心一跺脚一咬牙跟学姐说：“不管那么多了，咱们台上见吧。”

晚场七点开演，剧场里大概坐了个满员。第一码岁数大那两口子，顺利唱完下场。二码要涨工资那俩，也干了个热火朝天。轮到我了，我心里琢磨，我也不能示弱，不就是压轴嘛！都是唱戏，哪码还不一样！

上场前我先深吸了一口气，之后随着锣鼓点走上了舞台。

我先喊了个“赞”。这种表演方式近似于京剧当中的“起霸”，是二人转演员出场的一种方式。有时候我们也叫“诗头子”或“赞头子”，又叫“蹬诗头子”或“蹬赞头子”，还有叫“蹬四击头子”的。虽说都是一个意思，但也有文武用法的不同。

比如《西厢》中张君瑞上场：“头戴俊巾双穗飘，身穿蓝衫腰系绦，有朝一日凌云至，脱去蓝衫换紫袍。”一般身段不好的演员蹬这种的比较多。

比如《双锁山》中高君保出场：“白盔白甲白雕翎，丈八银枪两手擎，在家奉了祖母命，南唐报号救主公。”演员自身有点儿功夫或身段好看的，蹬这种的多些。

另外，我们行当中的前辈艺人还传留下来一个行规：演员来到陌生剧场，面对陌生演员，第一场上台必须要蹬“访友赞”或“丧门赞”。如若不然，一般的演员不会跟你计较，但碰着那在乎这个的，可就摊上事了。

“访友赞”，顾名思义，所要表达的意思是我是来会友的，不是来打擂的：“闷闷不乐在家园，一心访友到外边，朋友见了朋友面，拨去乌云见晴天。”

“丧门赞”中的“丧门”是指天上的星宿“丧门星”。演员迷信说有的剧场不干净，犯邪，于是就用喊赞的方法来压一压，为了起到辟邪的作用。

咱们书归前文。话说那天我出场蹬完赞之后先自己调侃了几句——别说，可能是因为我长得小的缘故，观众都拿我当小孩儿，几句笑话讲出去观众还挺买账。趁着这热乎劲儿我把学姐请出来，我俩又讲了几个笑话，然后起小帽儿。学姐负责唱，我在边上插科打诨，我把能加在小帽儿里的说口全都加进去了。小帽儿唱完，现场居然嗨起来了。

我趁观众没注意偷摸一看表，哈哈，半个小时都过去了，我心里这个乐啊！趁着火劲儿我大声地“忽悠”观众：“今天我给朋友们卖卖力气，演几个绝活儿，大家愿意看吗？”

那天观众也很配合，“愿意！”

“不唱正戏了行吗？”

“行！好！不要正戏了！”

我看观众的气氛已经被挑起来了，随后我请学姐唱了一首歌，我又唱了一首歌，在歌曲中我又是跳舞，又是翻跟头……

火得不得了的时候，你说巧不巧，正赶上一个外地公司的老总到德惠来搞投资。他在台下看了我俩的表演，乐得都不行了。那时候刚有绿色的五十元，他连着就往台上扔了五张。我俩在台上一看上来彩钱了，就更加卖力气了。

下了戏之后，我和学姐都异常兴奋，但万没想到，我俩正高兴呢，那俩要涨价的却闹翻天了。他俩说这是老板故意找人来捧的，说这是故意“眼”他俩，而且俩人说啥也不干了，收拾东西连夜就要走，一时都不待了。还说了一些乱七八糟、指桑骂槐的话，说什么小孩崽子都能压他轴了等等。

老板这时也拿人没辙，就低三下四地跟他俩解释，说好话，后来又请他俩出去吃的饭，最后在酒桌上把他俩工资给涨了，这才压下了这事。

人家事解决了，再说我自己。虽然挨骂了，但我心里还是很高兴的，第一次压轴就这么火，还得了二百五十块钱。这钱在当时可不是小数目，要知道，那时候我一天才挣十五块钱呢！

我们行内有个规矩，演员得彩钱要和乐队分账，有二八分的，有三七分的。我心里一合计，就算三七分的话，到我手里也剩不少。

第二天中午上班，我乐颠颠地来到剧场。刚一进宿舍，一瓢凉水兜头就给我浇了个透心凉。

我学姐说这钱是她唱歌的时候那老板扔上来的，就五十块钱是我俩唱的时候扔上来的，这五十块钱我还得给她一半，所以我应该得二十五。但她大方一点儿，给我三十。

我接过这三十块钱，看了看我学姐，哭笑不得，心里说不出什么滋味。

2. 戏贼偷艺：谁让你录的？嗯？

转眼到了 1994 年春节。

正月，老板为了给观众新鲜感，从辽宁请来了两位演员。

这副架正戏、杂耍都不错，俩人属于互补型的，一个没嗓儿，一个有嗓儿，一个能耍，一个能唱。他俩有个拿手节目——满族萨满说唱“神调”，我看着挺好，就在看戏的过程中原封不动地“撸”来了。

“撸”就是“撸叶子”，俗话也叫偷艺。说出来好像有点儿不好听，但戏曲演员无论多大的腕儿，几乎都是从偷艺这条路走过来的。大家熟知的一位著名戏曲表演艺术家，行内艺人因此还给他起了个外号叫“戏贼”。

过了不久，又来了两个演员，他俩活儿基本上一样，拿手节目都是霹雳舞。我本来就有些基础，在他俩那儿又偷了几个动作，还学了他们一首很适合跳舞的歌曲《站台》。

在德惠那阵子，我偷艺都上瘾了，天天不想别的事，就想让老板多找些好演员来。闲暇时间我也哪儿都不去，就是坐在台下看戏。看见好东西，不论是口、相儿、歌曲、绝活儿，还是正戏的戏词，只要是我觉得好的，我认为我能用上的，全部都照偷不误。

5 月份的时候，马上要到下乡季节了，老板又请来了一副架。

这副架的毛子有点儿轻微的罗锅儿。他俩的到来使我又一次大开眼界。第一次看完他俩的戏，我真有些崇拜的感觉。我的妈呀，太厉害了！有说有唱，有耍有闹，而且一点儿脏口的边都不沾。我当时佩服得五体投地。

但等看完第二场、第三场之后我就看出门道来了。他俩每场演出的内容都一样，节目顺序、铺垫的语言、说的口，一个字都不变，这场啥样，下场还啥样。这种演出虽然开始很火，但没有生命力，挺不了几天。所以，他们到任何一个剧场都不会唱超过十天。

但不管怎样，这副架还是使我开了眼界，学到了东西。从我离开德惠以后，我就开始唱《站台》和《不老的爸爸》。《站台》最近几年很少唱了，因为年龄大了，跟头翻不动了，但《不老的爸爸》还是我的主要作品之一，基本每场都唱。而《不老的爸爸》这首歌，就是我从罗锅儿那里学来的，我看到过不少演员唱，但包括我在内，我认为至今还没有一个能唱过他的。他的那个笑，给人的感觉就是憋不住的笑，而且引得你不由自主地跟着笑，绝对经典。我出过的专辑里有首歌叫《活宝》，一开始我的笑声，就跟罗锅儿的笑有些相近。

偷艺是二人转演员主要的学习方式，然而偷艺也有规矩，就是偷完之后不能在被偷艺人的演出前使用。本来你就是学人家的，还在人家前边用，这就有点儿不走艺人道了。

此外，偷艺的规矩我还想再加上一条，就是：偷完千万别告诉他，不然后果很严重。

有一次，一对老艺人唱正戏《包公断后》。

这出戏从二十世纪八十年代初以后分为两个。一个是正规团体整理的，有专门的唱腔，民间唱得很少，演员嗓子不好的话唱不了，一般的乐队也伺候不上。另一个就是他俩唱的这个，我们叫“梁子戏”。这就是个一般戏，词也一般，调也一般。但因为不会这出戏，所以在他俩唱的时候，我就坐在台下用我的小录音机给录下来了。

录完之后，我也没想那么多，不但没背着人家，还拿到人家跟前显摆去了，“爷们儿，我把你俩唱的戏给录下来了，你听听？”

那老头子当时就把脸撂下来了，“谁让你录的？嗯？”说着话就把我的录音机抢过去直接摔地上了。摔完人家转身走了，留下尴尬的我不知所措，目瞪口呆。

我特别羡慕如今的二人转学员，想学啥戏，买来光盘、打开电脑就能学，哪像我们那时候，想学也没人教，还得自己偷，偷不好还得挨顿骂。唉！

3. 戏比天大：年少无知被挠出一条疤

转眼中秋已过，我跟老板提出不想干了，原因是在此期间发生了很多不愉快的事。

自打学姐在下乡之前不唱了以后，老板又给我找来了一位女孩儿。我与这女孩儿能对上的戏都比较小，挺不了一个小时，而且这时的我已经没有初登舞台的激情，一共就会那么几个笑话，每天翻来覆去地说，自己也觉得腻歪。所以在我俩合作的后期，每天唱完正戏之后我俩都会唱好多歌曲才能把演出时间凑够。

有一次我俩唱完了正戏，又唱了三四首歌，我看时间已经到了就准备结束下台，刚要宣布请看下一场，老板坐在后台打板儿的位置黑着脸没好气地对我俩喊道："没到点呢！"没办法我俩就又各唱了一首歌才下台。

可没想到，下来就出事了。

那场在我俩后边演出的是老板家亲戚。我俩下台之后，他说啥也不上台，任凭观众起哄，原因是他说我俩唱过时间了。

我知道后赶紧跟他解释，我说我也不知道啊，是老板说我俩没到点，我们才继续唱的啊！但人家不管那些，就在那儿骂骂咧咧地不上台。后来老板过来好说歹说，他才上台了。谁知他上台之后表情严肃地对着麦克风开口就是一句难听的脏话。

当时那剧场的结构特殊，演员想回宿舍必须路过观众席。他这一骂不要紧，我俩就下不去台了，那么多观众在那儿看着呢，都想要个脸。最后我俩神情沮丧、无比压抑地站在幕后相对苦笑了一下，就那样羞臊着一直等到散戏，才默默地跟在观众后边回了宿舍。

在以前的篇幅中我向大家介绍过，我能进入这行与我父亲对我的引路是分不开的。因此，我在德惠演出那阶段，父亲隔三岔五地就来看戏。他不是喜欢看戏，只是心里惦记，想看我出没出息。但就因为这事，有一次散戏以后，老板的四女儿对我是破口大骂："咋的啊，孙小宝，你在我们家唱戏不给你钱哪？你爸成天白看戏，明天不买票不让进！"

听着这个女人刺耳的骂声，我当时就呆住了。从那天开始一直到我离开德惠，我父亲每次去看我，都得买票进场。

那段时间，我还被老板打了一次。

我自小就喜欢说笑，但心地纯洁导致我自己不知节制，所以有时开玩笑就显得不分场合，没大没小。用我父亲的话说是："没个正形儿，就扯犊子能耐！"

那天我和老板一起往楼上的宿舍走。走到二楼拐角的时候，大概是因为说笑间我不注意说错了话，他一飞脚就把我踹墙角去了，堵在那儿把我一顿暴打。当时我才一米五多点儿，他比我至少得高出一头，我哪能打过他啊。事后我向老板提出不干了，老板木着脸说："等找来演员再说吧。"

自那以后，我的心里就像长草了似的，一门心思想走。可每次一提走的事，老板就以没找到新演员来搪塞我。

后来别的演员对我说："不让你走你就让他涨工资，给你涨你就接着干，不给你涨你就给他三天找演员的时间，然后该走就走呗！他也说不出来啥。"

听完之后我去找老板，要么让我走，要么给我涨工资。结果老板说："钱不能涨，你也不能走。"老板的三女儿在一旁撇着嘴讽骂我："嘁！想挣那些钱，你得有那个能耐！"

转眼到了6月份，我们整个团下乡演出。回来之后又发生了一件事，让我走意更加坚定了。

起因是从辽宁来了一位女演员，头一天进地儿是和我出的戏，晚间二码，戏名叫《猪八戒 ××》，后边这俩字我不记得了。

这戏我不会，于是我就找到老板把这事说了，老板听后说不会没事，可以不唱正戏。于是到晚上演出的时候我就没去。当时德惠那剧场不唱正戏观众有时不认可，压轴不唱正戏弄不好都被起哄撵下台，更别说二码了。

第二天我去文化宫，一进宿舍就被老板娘骂了，我赶紧解释没来的原因，老板娘说："小孩崽子，你还敢跟我对付！"边骂边张牙舞爪地奔我来了。我赶忙一翻身上了二层铺。可上去之后我就后悔了，那二层铺三面都是墙，老板娘顺梯子爬上来，没容我分辩，把我摁那儿就是一顿挠。

事后我才知道是我错了，不怪人家挠我。

艺人有规矩，演员不得无缘无故"撂场子"耽误演出。要离开这个场子得提前三天告诉剧场，给剧场找人的时间。剧场打发演员也必须提前三天告知演员，让演员有找下一个地儿的时间。当天的戏如果出了，除非遇到人类不可抗拒的因素才可以不唱，不然就算爹妈死了，也得笑呵呵地把戏唱完再回家奔丧。艺谚说：戏比天大！

人都说被女人挠容易坐疤，果不其然，后来在我的左眼下边靠近鼻梁的位置留下了一长条清晰的疤。

但我也很感谢她这一挠，让我长了记性。从那以后我再也没误过场，一次都没有。现在出去演出，我每次都提前几个小时走，就怕给人家耽误了。

不光在艺术上，生活中我也非常守时守信，说哪儿做哪儿。约会谈事，定几点就是几点，从来没晚过。

又过了几天，他们找来了演员，我当天就收拾了行头，离开了剧场。

在走过剧场门口时，恰巧碰到了那位在小科班时给我指点过迷津的老师。他正在文化宫走廊深处与人下棋。

我走到他跟前，轻声地向他问好。老师回过头来看到我，还是那个笑容、那个熟悉的四声："嗨嗨嗨嗨。"

他指了指板报方向，"孙小宝？" 我笑得满脸开花。

我想说几句感谢的话，但老师摆手示意不让我说。我似乎明白了他的用意，站在旁边看了一会儿棋，离开了。

4. 懵懂进城：空手寻去，糊涂而归

1994 年的深秋，十八岁的我离开德惠，正式开始了四海为家的流浪艺人生活。

新中国成立以前，民间二人转演员演出流动性比较大，演出地点也杂，有屯场、兵营、煤窑、土匪窝棚等等。因为老百姓的传统思想认为唱戏的是下九流，外加民间艺人这种独特的生存状态，所以那时候女演员极少，都是男的用手绢或者围裙把头包起来，扮成女的，俗称"包头的"，也叫"上装"。有上必有下，故而男的称"下装"。

那时候很少有成架，都是南来一个，北来一个，见了面，道声辛苦，报上戏单，挑一出俩人都会的戏，说好谁上谁下，然后上台就唱，边唱边碰词，所以那时的二人转也叫"碰碰儿"。说白了就是两个不认识的演员在舞台上一边演一边往一起"碰"。

新中国成立以后，人们的思想开始解放，女演员逐渐才多了起来。因职业所限，男、女演员搭架以后，基本上常年在一起生活，许是日久生情，外加

演出合手以后，分开对谁都是损失，所以二人转演员百分之八十以上都是夫妻架。我也见过那种男演员带个女外行，或者女演员带个男外行的夫妻，但很少有过长久的，大多数最后都各奔东西。

鉴于此，我从学戏那天起，就在心里给自己定了个目标：我媳妇一定要是个演员。

未出剧场时，听别的演员介绍，长春和平大路有个小剧场，老板的小姨子刚学戏，年龄和我相当。为了一探虚实，我决定先不带任何随身物品包括行头在内，先去打个前站，等人家答应用我之后我再回来取。

那天我上身穿了一件土灰色的大西服，下身配了一条黑色的牛仔裤，脚蹬一双我母亲给我做的千层底布鞋，迎着晨光登上了开往长春的火车。

到长春是上午十点多，我下了火车，举目四下观瞧。当时长春火车站刚修完，很漂亮，地下商场也刚开业不久，进出客流量很大。我出了站口跟着人群不知不觉就走地下去了。

刚开始我还很兴奋，看着周围花花绿绿、琳琅满目的百货，摩肩接踵、熙熙攘攘的人群，心里说不出的喜悦。但没过几分钟我就后悔了。

当时地下商场刚开门迎客不久，地上铺的都是锃光瓦亮的瓷砖，打扫卫生的阿姨每隔几分钟就用拖布推着锯末擦一遍。而我穿的是布鞋，鞋底踩在地砖上就如同踩在冰面上一样，我站在大厅里就开始和自己摔上跤了——站起来，趴下了，再站起来，又滑倒了，就好像一个生手第一次穿旱冰鞋。周围的商贩和旅客被逗得拍手打掌，前仰后合，我自己也憋不住笑起来。等我好不容易站起来了，也不敢再溜达了，急忙丢盔弃甲地爬上了楼梯，回到站里。

溜达不成，往和平大路走吧，这时我才想起来一个致命的问题：我不认识路，咋走啊？——那时还不会打车。

我四下看了看，出站口有卖长春地图的，我就买了一张。在地图上我用手一量，站前离和平大路还不到一拃远呢，干脆走着去吧。于是我顺着现在的人民大街——那时候叫斯大林大街——就走下去了。

一路上我不时地看着两边的各种买卖商店，偶尔也进两家逛逛。记得有一家卖相机的，门口还立着成龙代言的大照片。走了大约有半个小时，一抬头——胜利公园。我掏出地图一看，妈呀！这才多远啊！不行，我得回去，这么走下去，三天也走不到啊！

我二次返回到站里，买了两个茶蛋，一边吃一边琢磨。对了，有事找警察叔叔。正好我旁边就有一个。

我走向前施礼搭言，在警察那儿我终于问清了路线和站点，随着人流坐上了公交车。大客车停停走走，走走停停，到和平大路时天已经黑了。

找到剧场，见到老板，说明来意，得到的答复是让我唱两天试试再说。

和平大路现在的确切位置我也说不清楚，只记得一排排散乱的民居。从胡同进去不远，右手边儿间昏暗的民房就是所谓的剧场。挤满了大约能容纳二百人，台上台下都给人一种陈旧肮脏、烟雾弥漫的感觉。阳光照进来，像走进了一个古老的木匠作坊。

演员宿舍更是破烂不堪。七拐八拐的房间如同迷宫，十五瓦小灯泡发出奄奄一息的残光，鬼火般一闪一闪的。每个房间的墙都像八百年没粉刷了一样，黑黢黢的不知道是落的灰尘还是什么，进到里边就像走进了黑夜中的荒凉古庙，心头发瘆，后背发凉。每个屋里都有一张残旧的床，床上铺的物件勉强可以称之为被褥，破棉烂絮，小孩儿褯子一样，大河涟小圈子的，还发出一阵阵刺鼻的腥臊味。

当时在这里演出的演员有老板夫妻俩，一对老艺人，还有老板的岳父岳母，外加老板小姨子时唱时不唱。

那对老艺人，下装是我做艺这么多年见过的演员中嗓子最破的，给人感觉说话喘气都费劲，一呼一吸，就好像一个濒死的人在捯气儿。我每次见到他，都提心吊胆地为他担心，很怕他一口气没上来再直接过去。关键是我怕说不清楚被他家人给讹上。

这前辈虽说嗓子不好，但肚囊却极其宽畅，他和搭档两人具体会多少戏我不知道，据演员们传说，俩月之内，除去别人唱的，可以不重戏，江湖人称“戏篓子”。而且据说他俩极少挪地儿，甚至在有的剧场一演就是好几年。可见人家的确是高人一等，有真东西，观众看不腻。

老板小姨子是一位天生的角儿，扮相典雅，台风稳重，嗓音甜美。我本打算把人生第一次恋爱实践在她的身上，可人家除了和我唱过几场戏之外，连正眼都没瞧过我。

来到这儿的第四天早晨，老板找到我叫我回家去取演出的东西，回来接着唱。可就在我要走出胡同口的时候，老板的老丈人追上来问我：“还回来不？”

我说："回来啊！"他说："别回来了，回来也没人和你唱！"

我稀里糊涂、满腹疑问地踏上了归程。

5. 重返长春：回想当年抢饭底儿

那年我从和平大路走了之后，回家取了行头，辞别了父母，二次返回长春。临行时除了叮嘱二老保重身体之外，还留下一句话："这一去不知流落到哪儿，过年我不一定回来了。"颇有些壮士一去兮，不混出个人样誓不还家的豪迈。

这次出来，没有预定的目的地，只能是硬闯，哪儿有剧场就往哪儿去。有合适的地方就先唱着，不行就继续走。以学习为主，挣钱为辅，捎带着找对象。

我先来到长春站前曲艺厅。

面对着有些熟悉的街路，心情还真有些激动。我曾有过一段特殊的经历，就是在这里发生的。

那是在1988年冬天，我大哥在城里学成厨师手艺，回乡结婚。父亲为了让我们下一代尽快跳出农门，也想把买卖做大一些，所以在哥哥婚后的第三天，我们一家人在美好的憧憬中，带着所有的积蓄，由农村的国道边搬到了城里，确切位置——德惠县城的郊区后弯子。

人常说"计划没有变化快"，这话果然不虚。

因为时间久远，很多细节都记不清了，反正最后是买卖没做成，哥哥也分家另过了。一家人都没工作，坐吃山空，由此我家逐渐从辉煌走向了没落。

搬家以后，我上学的路程从一道之隔变成了相对遥远。我身材矮小，步距短，走一个单程至少得用半个小时，这成了压在我心头的一个很大负担。

上学早，基础差，学习跟不上，路还那么远，进而我就产生了厌学的心理，随之也萌发了一个大胆的想法：离家出走。

我找准了一个时机，趁着母亲没注意，在柜子里偷了四十块钱，于一个深秋的清晨，早自习课的空当，我悄悄地溜出了学校，顺着通往火车站的土道一路小跑，爬过了车站墙根下排水用的涵洞，顺利地混上了一趟南去的列车。

列车内人山人海，各种难闻的气味汹涌袭来，令人作呕。我用趴在座席底下的方法躲过了检票人员。

我透过车窗，眺望远方，心中生出无限遐想：我自由了！从今天开始，我就要像电影里演的大侠那样，浪迹江湖，行侠仗义了。终究有一天，我会功成名就，衣锦还乡。到那时我就有很多很多钱了，有了钱我就吃，吃好的，吃麻花，一根麻花两毛五，每天三根，十天三十根，一个月九十根，一年十二个月，我活到六十岁的话……

正在我胡思乱想的时候，列车停了，听身边下车的旅客说是到长春了。我一琢磨，长春没来过，应该下去看看。就这样，我随着熙熙攘攘的旅客，迷迷瞪瞪地混出了出站口。

说实话，那时的长春给我留下的印象不深。当时还是老长春站，周边也没有太高的建筑。一排黑绿铁皮顶、黄砖砌的房子，除了比我们德惠站大点儿、客流量多点儿以外，其他没啥区别。

先不管那么多了，解解馋再说。我在火车站附近的食品一条街上，买了两只鸡腿、一瓶汽水，找了个没人注意的角落，大口大口地吃了起来。要知道，平时在家，一年也轮不到你自己吃一只鸡腿啊！

后来我到这儿演出才知道，那趟街是专门宰旅客的，那摆在柜台内的烧鸡、鸡腿，都不知道在里边放了多长时间了。为了好看，黑心的小贩每天往上刷油，所以看上去永远是油汪汪的，好看，馋人。

不过不管怎么说，那俩鸡腿我当年吃得的确很香，至今记忆犹新。

吃饱喝足之后，我好奇地把火车站附近的商场、街道，连胡同都大致走了一遍。可到了晚上就抓瞎了：没地方睡觉。本想去“蹲票房子”混进车站里睡，可长春站的候车室没有车票不让进，碰了几次运气，最终都无功而返。

后来通过细心观察，我发现有的流浪汉随身都背张大大的纸壳子，晚上铺在地上当床睡。但我苦于不知道去哪里弄这种纸壳子，外加当时天气已经进入晚秋，在外露宿是会冻死人的，便没有照学——我曾亲眼见到一个喝醉了酒的男人被冻死在门洞里了。

好在火车站周边有很多小录像厅，而我兜里还有钱，暂时不至于露宿街头。

说来也巧，当年看录像的那个录像厅就是后来我演出的剧场。

就这样，白天我在老秋林公司的楼上楼下乱串窜，晚上去看通宵录像。饿了就买点儿烤地瓜、包子、麻花、油炸糕之类的充饥，累了就在站前的大长椅子上坐一会儿。闲极无聊，就满大街追着看变戏法的、耍杂技的，还有卖字画上托儿骗人的。

没过几天，那股新鲜劲儿一过，可就有点儿想家了。心里也想再换个城市逛逛，可长春的车站没有德惠那么好混进去，用过几次小伎俩，都被检票员识破了。有一次，我都上车了，又被检票员扯脖领子薅下来了。

走也走不了，家也回不去，最后，仅有的那点儿钱都花光了，我就和几个流浪儿混一起去了。白天跟他们四处扒垃圾箱捡破烂儿，换来钱不敢用它买吃喝，都留着晚上看录像。实在饿得没辙，也只好厚着脸皮跟在他们屁股后头去“捡饭底儿”。

你们可别小瞧这“捡饭底儿”，要没点儿经验你还真就捡不着。

当时火车站旁有个天池饭店，二楼是国营的，买什么都得先开票。我们先花一毛钱买个馒头，然后站在那儿等着，看哪张桌的顾客往起一站，还没等服务员过来撤桌，我们就呼啦啦一拥而上。先挑好吃的造，狼吞虎咽，风卷残云一般，这边吃着，眼睛不能闲着，得盯着周围还有哪张桌的顾客要走，随时准备投入到下一个“战场”。

有时候为了争得“一吃之地”，甚至不惜大打出手，都是一些没爹没妈没教养的孩子，下手也没个深浅，筷子勺子，桌椅板凳，得着什么就用什么，至今我脸上还有当年抢饭时留下的伤疤。

这样的日子过了能有半个月左右，我遇到了可以说是我生命中的第一个贵人。

他也是个流浪儿，年纪比我稍大一些。因父母离婚没人要他，所以才出来流浪。

有一次在录像厅后边的大长椅上一起睡觉，他跟我说：“你不像我们，你有家，你还是回去吧，你家里人找你肯定都要急死了。”他还说，像他们这样混，不一定什么时候就“下道”了，连个归宿都没有，死了都没人知道。

我一琢磨，他说得对，通过这几天的观察，我发现站前这地方的确是鱼龙混杂，坑蒙拐骗偷，啥样人都有，保不齐啥时候就堕落得跟他们一样了。而且我那时也确实很想家，背地里也哭过，可这车票钱真的是很难凑齐。回家的车票三块五，这对我们流浪儿来说，的的确确不是个小数目。

结果是他和几个小哥们儿合起来给我凑了三块五毛钱。在一个寒冷的早晨，我和他们一一道别之后怀着感激又忐忑的心情登上了回家的列车。

回到德惠之后，自己知道这祸闯得不小。白天我没去学校也没敢回家，晚上过了十二点，想想实在是没地方去了，只好硬着头皮推开了家门。

一进屋，我妈看见我眼泪当时就掉下来了，我爸冲过来一把把我抱起来放在了炕上——我以为这么长时间没看到我，他要稀罕稀罕我呢，没想到我在炕上脚还没站稳呢，他回手一个大嘴巴就给我打地上去了。

屋里当时就热闹了，哥哥、嫂子连忙推开我爸，妈妈把我护在怀里，我也赶紧连哭带号地为自己编织理由。结果是我承认错误，并保证以后绝对不再犯了，这样，父亲才逐渐消气转怒为喜。

经过这件事之后，我老实了一阵子，但有时心里还是会想起那一群小哥们儿和外面的花花世界。

我很感谢他们，特别是和我说那番话的大哥哥。

……

转眼五年，如今我故地重游，心情还真有些感慨。不知道当年那些小兄弟还在不在这儿混了，在的话还能否记得我？

6. 争风吃醋：他往我头上撒尿

我整理思绪停止了回忆，在曲艺厅门前左右徘徊。

正是上午十点多，白场开戏之前，曲艺厅把门卖票的见我来回溜达也不买票，就尖着嗓子对我极不礼貌地大声呵斥："你看不看呢？不看别耽误卖票！"

我凑到他跟前满脸堆笑地说："叔，你们这缺演员吗？"

那小子冲我咧咧嘴，"演员呢？"说着话一指门洞旁边站着的一位矮胖男人，"那是老板。"

正在腆肚抱膀与人聊天的老板听见这边说话，回过头上下打量了我一下，

“你哪儿的呀？叫啥名？”

“我德惠的，我叫孙小宝。”

“德惠？没听说过这名啊！新学的吧？”

“嗯！”

这一问一答让我想起了去年元旦在文化宫门口，两位老板的语气神情基本一模一样。

“我这儿现在不缺演员。”说完那老板又回身聊天去了。

我转身刚要走，从门洞里出来个人把我叫住了。我定睛一看，熟人，心里一热，脱口而出：“叔！”

叔是二人转民间艺人，我管他搭档叫姨。他俩此前在德惠唱过一阵子，和我关系处得还算不错，临走时我还送给他一把电动剃须刀作为纪念。没想到在此能碰见他，这真是他乡遇故知啊！

他把我领到剧场里边，见到了阿姨，彼此简单地聊了几句。叔说：“这剧场现在不缺演员，就算缺，老板也不能用你，这里地皮硬，你干不了。我听说铁北天光路新开了一个剧场，不行你去那里看看吧。”

阿姨在一旁插话说：“孩子第一次自己从家出来怕找不着，你正好现在没事，趁着没开戏，你给送去吧。”

叔看看表，说：“行！”

当时我那心情，别提了。人生四大喜事：洞房花烛夜——那时我连对象都没有更别说洞房了；金榜题名时——祖坟没埋正地方，没戏；久旱逢甘露——我不种地，旱涝和我没关系；他乡遇故知——我是深有感触。那心情，就好像突然之间背后有了靠山，说话声都变大了。

叔领着我上了小公共汽车，几经打听终于找到了这家即将要开张的小剧场。

临街的一长溜房子，大约有十几米。两边的窗户都用砖堵死了，上边新抹的水泥，中间一扇对开的门，可以里外推拉。我和叔进了屋，里边正在装修，几个工人正在给新做的长条凳子刷油漆，刺鼻的味道熏得人情不自禁地想闭眼睛。

我们找到老板，说明来意，老板说眼下正好缺个单毛儿，就把我留下了。

叔替我讲好价钱，向老板托付了许多，又叮嘱了我几句才离开。我由衷地感谢两位前辈。可惜的是，从那以后再也没碰到过他俩，连听说都没听说过。那年他俩年纪应该在四十五岁到五十岁之间，可能是在那以后没过多久两位前辈就退休回家颐养天年了。在此，我衷心祝愿两位前辈身体康健，晚年幸福。

这个剧场的老板是长春市曲艺团的一位作家。我来之前他已经请了两副半架了，有农安的一位老艺人，有本地的一位女艺人，有黑龙江的一个单毛儿，一个单片儿，还有一对老两口儿领着一个女孩儿——百灵儿。加上我正好三副架。

那老两口儿也是艺人，只是当时年纪大了，已经退出舞台了。

这三副架有个特点，都不是两口子，没有一副成架。换句话说，大家都是单毛儿、单片儿，老板出戏可以任意配架。

开业当天，正午时分，场内场外热闹非常，台上台下都焕然一新，整个剧场就如同农村过年新打扫过的房间一样，处处都充满着喜庆。台口一副红底金字写就的对联，异常夺目。

上联写：台上笑，台下笑，台上台下笑惹笑。下联配：看古人，看今人，看古看今人看人。横批八个大字：高朋满座，笑口常开。

开戏之前还是那套程序，请大师兄，开光，杀公鸡，洒血，祭台。

农安的那位老艺人看起来对这一套比较熟络。只见他左手抓住公鸡的双翅，右手三指捏住公鸡的脖子，两膀一较劲，活生生地把公鸡脖子给扭断了。然后他顺手把鸡头递给正站在台上看热闹的我，示意让我给大师兄供上。

我哆里哆嗦地捧着睁眼淌血的鸡头，三步并作两步踉踉跄跄地跑到后台，把手里的鸡头胡乱地丢在了大师兄面前的盘子里。抬头看见大师兄，大师兄正面露凶光地瞪着我——也不知谁留下的话，说大师兄面相越凶，剧场业务就越好。我只觉得头皮发炸，转身狼狈地逃回到台上。

此时那老艺人的鸡血已经淋完了。他面露疑虑地自己小声嘀咕："兆头不好，这血围台子都没洒到半圈儿就没了，这业务，够呛啊！"——这血多血少跟业务还有关系啊？

那天开场、压轴都很顺利，我和百灵儿唱中间。

百灵儿那年十四岁，父母都是艺人。据说她七岁就登台，有丰富的舞台经验，化上装穿上彩衣，一颦一笑，活脱脱一个美人坯子，行内艺人形容她像"古月子"似的。"古月子"是行话，就是狐狸的意思，这是形容百灵儿长得就像蒲松龄笔下《聊斋志异》里迷人的狐妖那么漂亮。

我虽说当时已经十八岁，但个头儿很小，给人的感觉至多也就十五六岁。穿着一套白纱彩衣，脚蹬薄底儿，在科班时练过几天身段，举手投足都带着潇洒飘逸。

我们这两个小孩儿一出场，观众就非常买账，说口也响，唱的就更不用说了，台下掌声、叫好声一直就没断过。

下了戏百灵儿的父母很高兴，不住地夸我，还说以后让我和百灵儿搭架，等百灵儿长大了就让我给他俩当姑爷。听完此话把我乐的，嘴都合不上了，心中也不由暗想：这人说来时气，挡都挡不住啊！

但要想独抱美人归，目前还有点儿难度。有一个潜在的敌人也在暗暗觊觎，伺机而动，此人就是那个单毛子。

那单毛儿比我大两岁，刚刚出徒不久，眼下也是一边唱一边到处寻找能唱一副架的对象。直白一点儿说，他这次来这个剧场也是奔着百灵儿来的。

而且此人跟我比较，无论是从艺术、个人、家庭情况来说，都比我要强出一大截儿。

先说艺术。我刚出家门，舞台经验还不多，说口就那么几个，戏也很少，最大的戏是《包公吊孝》，唱得还很一般，初出茅庐，嫩得很。而人家，说口流畅，正戏不少，什么四梁八柱[①]唱得都很板正。

再说个人条件。我个头儿刚过一米五，疏眉小眼，满脸麻子，翻鼻孔下边一对大板牙。穿着普通，一双布鞋，一看就是刚从农村出来的土老帽儿。人家是一米八几的身高，头发吹着很流行的“奔式”，每天还不定时地往上喷发胶。浓眉大眼，鼻正梁直，很有点儿现代美。穿着打扮更是超前，一身裤线笔直的墨绿色西服，足蹬三接头皮鞋，就如同香港电影里的大亨，不自我介绍，你绝对想不到他就是一唱二人转的。

家庭情况就更别提了。我房无一间，地无一垄，家里一间小房地皮还是租的。人家自己介绍：家中独子，三间大瓦房，土地若干。

——说我俩之间有天地之差，一点儿都不为过。

可他也有不如我的地方。我台缘好，上台观众就爱看，他这方面很一般。

① 四梁八柱：指二人转中八个经典曲目，但具体曲目目前说法不一。

我举止沉稳，不抽烟，不喝酒，不赌博，就因为这些优点，老板在事先讲好的工资基础上每天还多给我五块钱。他爱出风头，既抽烟还喝酒，捎带打麻将。其实年轻人这也不算啥大毛病，但还是引起了百灵儿爹妈的反感，背地里叫他“跳子”。

不过，虽然我们彼此知道对方的目的，但都心照不宣，相处得还算不错，平时以兄弟相称。没演出的时候他就领着我，可长春的剧场转悠，路途很熟，到哪儿都有朋友。有时把我往剧场一扔，他就不知道哪儿去了，这时我就坐在剧场里看戏，不少东北名角的戏就是那时候看到的。

他有时候也表现出些许醋意，我就假装没看见或不明白，不是迷惑对方，是我真的惹不起人家。

当时我们这三副架没有固定谁必须唱哪码，都是轮番开码，轮换压轴。架也不固定，今天她和我唱，明天你和他唱。这时他就会使一些小伎俩，目的是引起百灵儿的注意而使我难堪。

比如他会拿我掉板儿的事说口，会半真半假地奚落我，会闹着玩一样地把我会唱的歌、跳的舞在我演出之前都给演了，会开玩笑一样当众问我一段对我来说很陌生的戏，然后故作惊讶地问我：“这段你不会啊？”

甚至有一次他把我堵在宿舍里往我头上撒尿。之后我躲在墙角里哭了。他看到我哭，就坐在我身边，点上一根烟，说：“兄弟，你可能感觉哥欺负你了，但其实哥没别的意思，就是和你开玩笑。”

在我看来他这是在感情问题上吃醋，也不排除他是在吃我“戏醋”。

前一种比较普遍，后一种是我们艺人之间所特有的。他比我红了，你比我火了，就容易心理失衡。心胸宽广的会把这种嫉妒转换成动力，自己加倍努力去超越对方；心胸狭隘的则会在暗地里使坏以达到心理平衡。例如对方压轴，我唱不过你，我嫉妒你，那我就在你前边把你拿手的节目都演了，虽然我演得不如你好，但我演完一遍了，你也不能再来一遍，从而就会使后边的大轴演出时气氛不火爆，或“栽丁儿”——观众一个一个地离开，或“散帘子”——观众全走了。行内把这种行为叫“铆人”。

那单毛子就用以上的方法让我“散”了好几次，甚至有一次，戏还没唱到一半，观众就走光了。但也有不怕“铆”的演员，其首要条件是自身要有真才实学，有压人的玩意儿。在这个剧场我就见过这么一位。

剧场不上座儿的原因有很多，有的是剧场所处的位置不好，周围没有看戏的人，流动客人再没有，那上座率肯定就会打折，这种剧场黄得就快，换演员也没用；还有的是剧场本身没问题，但演员不行，行话说，不禁看。就像如今的很多剧场为什么演员换得那么勤，就是这个原因。艺人没有真东西，每天都是那么几个笑话，饺子总吃也腻啊！

我们这个剧场地点一般，周围看戏的观众也少，流动客基本没有，所以剧场刚开时上座率还可以，每天都大半堂座儿以上——新开的厕所还新新几天呢！可没到半个月，座儿就下来了，每场都不到半堂座儿，而且每况愈下。老板不甘心剧场就这么倒闭，就在百灵儿父亲的介绍下，给百灵儿的师哥夫妻俩请来了。

这对演员当时都是五十岁不到的年龄。据百灵儿的父亲事后跟我介绍说，这下装是他亲手教出来的，开始时跟他走小班，后来被正规剧团收编。

他台风稳健，唱功讲究，在历届二人转会演中还得过奖，去过北京人民大会堂演出，还录过磁带，在东北圈内也算是小有威名。

这种演员就不怕铆，而且你也没有办法铆他——他基本没有什么拿手节目，就是唱正戏，你总不能在人家前边把人家出的正戏给唱了吧？

第一天进地儿，百灵儿的师哥晚场出的轴。经常铆我的单毛子在他之前可以说是使尽了浑身解数，把自己拿手的节目如数演遍，一副“我必须要红出去”的架势，观众气氛也几乎达到了顶点。换作一般的演员，没上台之前就得哆嗦。

但百灵儿的师哥颇有大将风度，任你山崩于前，我自岿然不动。一曲正戏《六月雪》，唱得台下是鸦雀无声。不论是唱功做派，还是表演身段，夫妻俩把戏中每一个细节都拿捏得非常到位。观众都沉醉于剧中，随着剧情的波动时而正身，时而攥拳，时而紧皱眉头，时而眼窝潮润。

那场戏两位演员光彩钱就得了二百多，是观众你五块、我十块那么一点儿一点儿给凑的。台上台下那个氛围，令我至今难以忘怀。

那天的整场演出我都用录音机录下来了，可惜的是，录音带在多年漂泊辗转中不慎丢失了，每每想起，遗憾万分。那里还录有一段观众的评价，情真意切，令人深思：“这才是正经玩意儿呢，比前边那些小孩崽子演得强百套，他们除了要狗驼子[1]还会唱啥呀？啊？”

剧场每天两场戏地又坚持了一段时间，观众还是那些观众，老板时挣时赔。见还是没啥起色，老板就给我们演员结账关门了。

单毛子事先就看出门道，这剧场是长久不了，百灵儿也不会跟他，就早早地收拾了行头，等剧场一停业，就直接奔下一个剧场了。

据说那个剧场也有个女孩儿，与他年龄相仿。

剧场黄了，大家就要各奔东西。百灵儿的父亲问我去哪儿，我说没地方去啊，他说要不就跟他走吧，去辽源剧场，百灵儿师哥也去，让我还和百灵儿搭架，在这儿工资多少到那儿还多少。

我一听此话，正中下怀，赶紧乐颠颠地答应：“行，呵呵！”

7. 独来独往：我并不狂傲，只是习惯孤独

1994 年初冬，我跟随百灵儿和她父母、她师哥夫妻俩，来到了辽源剧场。

没来辽源之前，对这座城市没什么印象。“辽源”俩字还是在一次学校举行的问答比赛中第一次听见。

上初中时，不知哪位校领导心血来潮，在全校举办了一次班级排名最后十名的学生问答比赛。当问到一个胖同学“东北三省都有哪三省”时，他回答：“吉林、辽源，剩下那个不知道。”——这是我第一次听说“辽源”俩字。

辽源剧场临街而建，记忆中是在一个二层小楼里。一楼是电影院，后边好像还有个球幕影厅。二楼是曲艺厅，大约二百多座儿——不确定。请大家原谅，我估算的能力非常差，哪位让我估计一下这剧场坐满了能坐多少人，或者估计现在剧场里大约有多少人，我是无论如何也估不出来的。

当时这个剧场被行内称为东北第一小剧场，台上台下都很干净、整洁。舞台背景是个亭台楼阁的景片，台口有造型，两边配暗红色幕布，每天演出时打

① 要狗驼子：狗驼子，一种小型黑熊的俗称。要狗驼子，指不作为，哗众取宠。

开，结束后拉上，跟如今的话剧、音乐会演出似的。

当别的小剧场还在用扩音器的时候，这里已经用上调音台了。每天都有专门的音响师负责开关调音，给人一种像模像样、很正规的感觉。

台下一水儿的靠背座椅，每个座椅的靠背后都有个小桌板，能搁起、放下，供后排观众使用。在我二十年的舞台生涯中，看到有如此设施的剧场，仅此一家。

百灵儿的师哥和老板夫妻很熟络，这次我和百灵儿能来此也是得益于人家的介绍。

辽源剧场名气大，地皮也硬，一般演员到这儿两天不过就得下课。我们去的时候，正赶上一副架下地儿，演员还剩李小眼夫妻俩和黑龙江的一对“大将”。“大将”是我们行内对演得好的演员的褒称，由此还可以引申出“唱将”和“作将”。“唱将”，顾名思义就是唱得好。“作将”就是能要、有相儿。

李小眼夫妻这副架，先前我在科班时看第一场民间二人转演出时看到过。两年不到的光景，他俩的演出形式已经和以前大不相同了。

先前看他还是以唱为主，现在正好相反，全场以说为主，而且晚场压轴基本都不唱正戏。他的搭档也很厉害，长得说不上漂亮，但就是招人喜欢。丰满的身躯，一双媚人的眼睛，百灵儿的师哥形容那上装“就好像对谁都有意思似的”——这不是贬义，是褒义。“兜口”也自然。二人转演员所说的“兜口”等同于相声里的捧哏。一般的上装只会兜口，就是下装说啥我就随声附和。与众不同的是，李小眼媳妇会“勾口”，下装不想说或者不知道怎么开头时，她能给你引出来。这绝对是一般上装所不具备的素质。

到辽源第一场戏给我和百灵儿出的晚场第二码。江湖规矩，除非自己有要求或者就是抱开码压轴来的，否则新来的演员必须唱二码。

那场我穿的还是那套白纱彩衣，与以往不同的是彩衣外边还套了一件红大绒镶绿边的小坎肩。第一码戏下来，我随着锣鼓点就出去了。

可能是第一天进地儿有些紧张，也可能是台毯光滑，我在亮身段踢腿的时候，左腿踢起，右脚一刺溜，扑通，直接就后脑勺着地躺在台上了。

这要是放在其他舞台，这就是演出事故，弄不好“倒好儿”就上来了。二人转好就好在这儿，可以随机应变。我顺势平躺，双腿一抬，一个鲤鱼打挺，学名叫“叠筋儿”，噌地一下我就站起来了。

我翻身一个亮相，掌声随之跟了上来。

头场戏唱下来，观众、老板都很满意。

在辽源剧场，演出上没什么问题，每天两场戏，四副架演员有余富，隔一天还能歇一场。生活上也还不错。因为我一个人，外加和百灵儿算是搭架了，她父亲让我每天往他那交五块钱伙食费，一天两顿就在他们家吃。

开始几天挺好，大家处得很融洽，有说有笑的，闲暇时我还和百灵儿师哥学会了打辽源麻将。可没过几天矛盾就显现出来了。

百灵儿年纪小，一天书没念，斗大的字不认识一筐，可能是娇生惯养久了，所以动不动就使小性子。现场演出难免今天火了，明天没火，这场观众欢迎，那场观众反感，这都是正常现象，但她就会因此闹情绪。还有就是当时她会的戏，我有很多都不会，于是她就在上场之前临时教我，我听她叨咕一遍，马上就上台唱。可我脑袋不是电脑，难免会有忘词接不上的时候。一旦发生状况，她就埋怨我。

就这样，她一开始是拿白眼瞪我，后来是说话损我，再后来发展为不让我吃饭，她爹妈、师哥来劝也不行。真的把我当她丈夫了，还是“妻管严”那种！

以我这人的性格，别说不让我吃，你脸色稍有变化，我也绝不动你一个饭粒。可一顿两顿不吃饭行，总不吃我也受不了啊。我一气之下就不在他家吃了，伙食费我也不交了。

在辽源剧场出了门的右手边，有一个露天市场，那里有卖各种吃食的。饿了我就花四毛钱买个卷饼，或者花三毛五买张煎饼，再花五分钱买点儿咸菜卷着吃，抑或是买个馒头夹点儿榨菜吃。

说实话我没觉得那时候有多么艰苦，在家里这些还吃不上呢。我觉得这样省钱还舒心，饿了就吃，不饿就省一顿，自由。只是心头有些压抑，有股说不出来的憋屈。每天除了唱戏之外，我就在属于我自己的小黑屋里待着。我住的那个房间没有窗户，任何光都进不来，黢黑一片，我平时连灯都不开，就是躺在那眼巴巴地望着天棚。他们演员有的看我可怜，到饭口的时候，偶尔还从隔板的窟窿给我送碗饭过来，弄得我像个没妈的孩子蹲小号似的。不光在这儿，后来我到任何剧场基本都是这样独来独往的生活。久而久之就养成了习惯，不喜欢与人交流，有事放在心里从不说出来——当然那时想说也没人听你说。

这可能就是现如今生活中很多人私下里说我狂傲、不合群的原因所在。一般不合群给人的感觉就是狂傲，而狂傲的人多数都不合群。

有一天白场，我和百灵儿唱完正戏之后，我唱了一首歌曲《说句心里话》。不知道是想家了还是心里委屈，我刚唱到第二句，泪水就止不住了。观众、演员都看出了我的不对劲，有几个老观众看我哭得可怜还给我赏了几十块钱的小费。

下了戏，老板和老板娘来到我的宿舍问我咋了，我说没什么，可能是想家了。

第二天中午开戏之前，老板娘把我叫出去，从剧场观众席后边、烧水的锅炉上拿出一盒热好的饭。我本想问她给我饭的原因，老板娘示意我不用问，吃就行了。

自那天开始，中午、晚上，老板娘一天两顿从家里给我带饭吃，一直到我离开辽源为止。

事后我才知道，走了一副架以后，又来了一副架，这副架还带了一个刚会走的小女孩儿。每天两口子一上台，我就帮他俩看孩子。都在一个宿舍住，他俩知道我天天在外边买吃的，有时候还不吃，就和老板说我一个小孩儿独自漂泊在外挺可怜的，所以就有了老板娘每天给我带饭的举动。

后来圈里演员也不知道怎么给传的，说是百灵儿一家人不给我饭吃。其实没那么严重，是我自愿不在他们家吃的。再说我俩那时只不过是搭架关系，大家挣得都不多，人家也没有义务管饭啊！还真拿自己当姑爷啦！

8. 好学不倦：我有一本《少年万事通》

我心里一直有个梦想：我是一个无所不知的超级圣人。试想一下，无论谁提出什么样的问题，我不假思索、张嘴就答，你说那得有多少人羡慕啊！

宋丹丹有个电影，她在里边扮演一个经常去参加各种类型电视问答节目的嘉宾。主持人问题一出，别人还在皱眉苦想，她就已经脱口作答了。基本每次下了节目，奖品都用车拉，临走时还不忘提醒编导：“下次问点儿难的。”那感觉，太神气了。

生活中咱虽然达不到那样，但多学点儿知识对自身还是有好处的。所以这些年，我不光学习本行的知识，行外的我也得机会就多学点儿。

这天，我正替新来的那副架看孩子，我领着她在辽源剧场的门前信步前行，抬头突然看见了一家书店。

店面不大，站在橱窗外往里看，种类繁多的书籍占满了窄小的空间。

我从初中就看课外书，什么《三国演义》《西游记》《水浒传》《聊斋志异》……虽说辍学以后看得不多了，但也一直没间断过，只要是书，不论什么题材，什么内容，我肯定会拿到手里翻上几页。易中天是“写啥不重要，就是想写”，我是“看啥不重要，就是想看”。这习惯一直保持到现在，我家里哪个角落都有书，目的就是我能随手拿起来看着方便。

有了看书的习惯就特爱逛书店，见了书就迈不动步。于是我领着孩子进到书店里边，抬头在书架上漫无目的地瞎看起来。

我站在书架前从这边看到那边，那边看到这边。突然，一个书名就好比万绿丛中一点红吸引了我的目光——《少年万事通》。

这好啊！少——年，我就是没长大的少年啊！我一直认为我连初中都没毕业，深奥的书肯定看不懂，今天这“少年”两字不正对我的路子吗？万——事——通，就是看完了这本书就啥都明白了呗，这个不也正是我梦寐以求的嘛！

我把书拿到手里仔细观瞧：绛紫色的封面，上下都是硬纸壳精装的，正常的汉语词典宽厚。封面上竖写五个金字“少年万事通”，字的上方横版印着金色的书名拼音，给人感觉端庄、古朴、大气。

我小心地翻开封皮，第一页空白，第二页是黄地黑字印的主编、副主编、编委和责编的名字。再翻过一页是前言，上边写道：“少年是世界的未来，他们的文化素质、思想素质和身体素质的好坏，对于一个国家、一个民族的兴旺发达，有着重要的作用。为了丰富少年朋友的各学科知识，开阔视野，启迪智力，使他们在德、智、体、美等多方面都得到发展，成为四化建设的有用人才，成为二十一世纪的主人，我们编写了这本书。本书的特点是，一、它集知识性、趣味性……”看到这里不用再往下看了，这就是为我而出的书。

我付完款，抱起孩子拎着书迫不及待地回到了演员宿舍，饶有兴致地翻看起来。

这的确是本好书。全书去掉前后封皮和前边的四十五页目录，一共是一千零五十六页。内容分为政治经济、文学艺术、名胜古迹、生活常识等十七大类，每一大类下边还包含若干小类。我不敢说它包罗万象，但也的确是对得起这书名了。

自从有了这本书，我比以前更加孤独了，每天都像个大家闺秀似的，大门不出，二门不迈。除了演出学戏之外，我一头就扎进这本书里了。说句直白的，连吃饭、上厕所都不撒手。

二人转传统戏的戏词，传流至今，多数靠的是口传心授。师傅在传给徒弟时就靠嘴说，徒弟就靠死记硬背。识字的徒弟会在师傅说或者在台上唱的时候用笔记下来，但具体是哪个字师傅只知道音，徒弟也只能根据自己所理解的记，有的根本就是张冠李戴，驴唇不对马嘴。

我亲耳听到过一个演员把“耶稣”读成“五子稣”。我说她读错了，她拿出戏彩子[①]来和我对质，我看过之后才知道，戏彩子上的“耶”字写得比较潦草，还写分家了。其实最主要的原因是，她根本不知道“耶稣”是谁！

我曾见过许多这种手写的戏彩子，里边的错别字、替代字层出不穷，还有用汉语拼音标识的现象。到底是哪个字你都不知道，你怎么会明白戏词中所要表达的意思呢？那你又怎么可能把它唱出真情实感呢？

在这件事情上，我以前也是稀里糊涂，别人怎么唱，我就怎么唱。有的字心里不确定，吃不准到底是哪个字，唱的时候就吐字轻点儿，一带而过。心里想的是敷衍观众，归根结底敷衍的是我自己。

后来我在看《少年万事通》的时候，里边提到“三言二拍”，我就把书都买来阅读。这一看不要紧，我顿时有种茅塞顿开的感觉。敢情我们有不少传统戏的故事就是出自这里的，比如《杜十娘》《卖油郎独占花魁》《玉堂春》《赵匡胤千里送京娘》《白蛇传》等。由此看完也就知道原来杜十娘原名叫杜老薇；花魁原名莘瑶琴；卖油郎叫秦重，一直以为叫秦仲；《玉堂春》的男主角应该叫王景隆，而不少曲种包括二人转演员却把他称为王金龙……

就这样，我从《少年万事通》里知道一些书名，再从书里知道二人转的传

① 戏彩子：剧本。

统戏的出处，进而明白这部戏里的故事发生在什么年代、讲些什么内容，我再把我学到的这些知识运用到舞台上，观众也能从中看出我不同于旁人之处。

学知识就像抽大烟一样，上瘾。后来我一直在努力寻找二人转传统戏的故事出处，但遗憾的是仍有很多戏我至今都不知道它究竟出自哪里，原词是什么。

这本书最不为人知的还有一个秘密，我不说的话，就算你有相同版本都没用。

好了，不卖关子了，告诉你们吧。在我这本书第一页空白页上，有我在那一时期因惦念父母所写的一封家信。里边提到了百灵儿和她父母以及我对二老表达想念的内容，虽然短短不足二百字，却不经意间呈现了我当时内心惦记父母的真情实感。每次看到这一页，当年的情景就会立刻浮现在我的眼前：那些面孔，那剧场，那小黑屋，那隔板上的窟窿，还有我的《少年万事通》，令我不胜感慨。

9. 不告而别：我被扔在了梅河口

1994 年冬天，我跟随百灵儿一家在辽源剧场演了一个月零几天之后，就在她父母的带领下，离开辽源来到了梅河口市。这次没有百灵儿的师哥夫妻俩。

走出剧场大门的时候，李小眼撵出来塞到我手里一封信，让我把这封信带给当时在梅河剧场演出的演员假脸儿。

接近中午，大客车摇摇晃晃地驶进了梅河口车站。不远处就是一条不宽的马路，路口上方有个拱门，上焊三个金字：巴黎城。

我和百灵儿及她父母都穿着厚厚的衣裤，浑身臃肿，连背带扛如进城打工者般拥进了巴黎城。巴黎城街道两边都是仿欧式建筑，当年给我的感觉很另类，土不土洋不洋的。

剧场就在这巴黎城里面。我们进去的时候老板娘正在卖票，看见我们进屋急忙起身相迎，满脸堆笑地和我们寒暄：“来了，哈，快进来吧！老周，老周，演员到了，帮忙领到后台宿舍！”

“来啦！”一个五十岁左右、头发花白、嘴里露出两颗金牙的男人，从里边的卖店应声而出。

老周领着我们进到宿舍放下了行李，然后带我们去吃了“下车饭”。新演员到生剧场，第一顿饭由老板请吃，这叫“下车饭”。等我们吃喝完毕返回剧场，演出已经开始了。

第一码戏是个老太太和一个年轻演员。他们的名字我已经不记得了，唯一有印象的是有一次我管这个老太太叫大娘，老太太说别叫大娘，别扭。再说戏班里不许叫大娘，男的称舅，女的称姨，都是姥姥家这边的亲戚论法。但如今江湖乱道，已经没有那么多讲究了。前段时间去外地演出，一个学员跟我照相还直呼我的大名呢——“孙小宝，照张相呗！”

第二码是假脸儿。“假脸儿”名字的由来是因为他化上装，脸上就跟戴了个面具似的。这人我认识，以前在德惠文化宫唱过，那时正是我牙疼最厉害的时候，我当时还想拜他为师来着，可央求了几次，他就是不收。他们两口子的戏不错，他爱人唱得也很好。

第三码就是当天下了戏就撤地儿的演员，两人年纪都比较大。

白场散戏之后，我们进去宿舍和演员挨个儿道“辛苦”，这也是江湖规矩。

老艺人讲究：进门道声“辛苦”就有你饭吃。以前行内人看戏，不论哪个剧场，道声“辛苦”就可以白看，看杂技、看电影用这办法也好使，我试过。但现在不灵了，没人讲究这些了。

安顿下来后，一切看起来都很顺利。我和百灵儿晚场出的戏是《李逵夺鱼》，唱得百灵儿高兴，她父母高兴，观众满意，老板也满意，皆大欢喜。第二天一大早，百灵儿父亲还买回来一种叫“三明治”的食物——面包里夹着一片香肠，吃起来别有一番滋味。她父亲说，这“稀罕物”就梅河口有。我有好长一段时间也是这么认为的。

只想日子就这样幸福地混下去，每天和百灵儿一起演出，下了戏一起学习——当然大多时候是人家教我，熬个几年，她也长大了，我也成熟了，就真像她父母许诺的那样，做他们的姑爷，夫唱妇随，和和美美，如童话故事里的王子和公主一样，一起过着“没羞没臊”的日子，了此残生不也挺好吗?

《大话西游》中有句经典的台词：“我猜中了开头，却猜不着这结局。”

到梅河口的第十天，晨起，我睁开眼睛，穿衣下地，一转头，当时就愣那儿了——隔壁的两个铺位，除了两床凌乱的军用被以外，空空如也。

我站在原地，一脸茫然，还是假脸儿嗽的一声，我才缓过神来。

假脸儿披着棉袄一边洗漱一边跟我说："走了，起早走的，没告诉你啊？这扯不扯，我还以为你知道呢！"

这时我才明白过来，我被人家扔这儿了。

我撇撇嘴，想哭，又一想，拉倒吧！给谁看呢？我回头看看假脸儿，嘴里自言自语："走了都不告诉一声，我咋整啊？"

假脸儿接话说："咋整？那能咋整？等一会儿老板来再说呗。"

我一琢磨，也是，等着吧。那滋味就像一个即将要赴刑场的死刑犯，心里七上八下地一刻也没闲着合计：

老板一会儿来，他会让我留还是让我走呢？

让我留下？谁和我唱啊？我会的戏也没几块，有几个还是人家百灵儿教的，离了人家就唱不了。

让我走？去哪儿啊？继续瞎闯？回辽源？

百灵儿父母也不对劲啊！要是我哪儿做得不好，你倒是告诉我一声啊，老百姓讲话，就是死你也让我做个明白鬼啊！再说你们把我领来的，就算走也不至于给我来个不辞而别啊！

……

经过漫长的等待和忐忑不安的猜测，上午十点多，老板夫妻俩终于来了。我用可怜巴巴的眼神看着老板的脸，等待着即将到来的宣判。

老板说："小崽子，你瞅啥啊？"

我怯怯地说："百灵儿一家子走了，把我扔这儿了，你看你们是用我呀还是让我走哇？"

老板那年得有六十多岁了，小眼睛狡黠地眨了两下，"扔下了？他们走没跟你说啊？不是商量好的啊？"

我赖叽叽地说："谁跟我商量啊，我跟人家就是搭架。"

老板看了看我，"这样吧。百灵儿他们走得比较急，根本就没给剧场找演员的时间。你暂时也没地方去，就先在这儿唱着吧。工资也不给你降了，假如你唱得越来越好，观众欢迎，那你就继续在这儿唱。如果没啥发展变化，那就不好意思了，我这也是买卖，就不留你了。”

我鼻子发酸，含着眼泪，点点头，咬着牙嗓子眼儿含糊地吐出一个字：“行！”

还记得百灵儿父母说领我去辽源时，我说的那个“行”吗？那时把我激动得都不知道说啥好了。现在我也不知道说啥好了。一样的字，说出来却是两种语气、两种感觉、两种心境。

我问老板：“那我现在和谁唱啊？”

老板说：“我已经给梅河口团里的一位女演员打过电话了，她一会儿就到。”

7

从这天开始，我基本上每半个月左右就换一个片儿，至多没有超过一个月的，梅河口市内捎带周边的女演员差不多都让我唱遍了。

毕竟和百灵儿一晃唱了两个多月，业务上都已经有些合手了，所以冷不丁换人起初我还有点儿不适应，我仿佛回到了以前“碰碰儿”的年代，这真的是素不相识的两个人上台就硬往一起“碰”啊！

但慢慢我就习惯了。这段时间也是我最长出息的时候。陪着不同的演员，面对着不同的风格、不同的戏词，非常锻炼人。好演员也陪，一般的也陪，而且我逐渐发现了一个秘密——每个演员都有优点，都有自己的长处。

这时期我学习也最刻苦，没事就看戏，一边看一边揣摩别人说口是怎么说的，为什么这么说，这个口说完观众为什么没乐，而那个不是笑话的口为什么观众听完就乐了？戏是怎么唱的，为什么这么唱……笑话书也没少买，我在里边苦苦寻找我能用上的好段子。

后来演员换了一茬又一茬，唯独我一直没动，俨然成了这个剧场的“底包架”——固定演员。

几年以后，在一次闲聊中听老周说，那时候老板没让我走，是因为他的缘故。当时百灵儿和她父母离开巴黎城之后没过几天就在同一城市鼓楼街的东北亚剧场出戏了，于是老周向老板进言：“那边剧场有小孩儿，咱这边也得有一个，互相竞争。”所以老板留下了我。

但后来我越唱越好、越来越受欢迎是他始料不及的。红了以后再想打发我老板也舍不得了。

其实我自己也知道，那时候火的原因还是因为我长得小，观众都以为我是小孩儿。记得有一个时期，剧场门口的板报上一直是这样写的：本剧场特约东北三省著名神童演员孙小宝在此献艺。

红是因为长得小，挨欺负我想也是。所以后来我自己就多了个心眼儿：穿衣戴帽、言谈举止分出台上台下。台上尽量往小了打扮，台下往老成持重上发展。

那时候，老周第一次请我们吃下车饭的狗肉馆都快成我的个人食堂了，每天我都在那里吃饭。一天两顿基本都一样：一碗饭，一碗狗肉汤。有一阵儿一天吃两顿蛋炒饭，还有一阵儿一天吃一顿，目的只有一个：省钱。后来我和饭店老板混熟了，就每天点一个菜，中午吃一半，之后老板给我留着，晚上散戏我再来吃另一半。

转眼快过年了，假脸儿的小姨子学唱戏了。他跟我说，让我带他小姨子唱，说将来处对象也行。

我没答应。

假脸儿说："李小眼让你捎来那封信，内容就是看你一个小孩儿很可怜，让我有机会多照顾照顾你。我琢磨着这也没啥照顾的，吃饭你自己吃自由一些，所以就没让你在我这儿吃。我小姨子嗓子、模样都不错，以后我走哪儿还能带着你俩。要不，你拜我为师也行。"

10. 回家过年：我这也算衣锦还乡吧？

转眼到了年底，订正月演出的季节。

老板见观众不但没有烦我甚至还有更加喜欢的势头，就找到我说："正月你别订地儿了，还在我这儿唱吧！工资照外边只多不少。"这我当然乐意，这地方稳定还不少挣，于是就痛快地答应了。

腊月廿七剧场停戏"扣箱"后，半夜三点多我坐上了北去的列车。

一路上心情格外复杂，人真不抗混哪，过了这个年我就十九岁了！离家时一个小绿皮箱都没装满，现在居然已经换成一个大皮箱，另外还余一个牛仔布的大兜子。不仅如此，身上的穿着打扮也焕然一新了。最使我高兴的是，我居然也有四位数的存款了，不知道这算不算衣锦还乡。

想起当年我家落魄时，哥哥分家另过，父亲就以到处给人打零工挣来微薄的工资养活我们一家人。

父亲起初在一个家具店做木工活，每天都两头不见天日地上下班。后来家具店倒闭，父亲就给我家前屯的一家种粮大户锄地。为了多挣个十块八块的，父亲每天吃早饭前就出工，中午喝一大碗雇主赏的白酒，然后一气儿干到太阳下山看不见为止。可就这样，所挣的钱也仅仅能勉强维持一家四口人的温饱。

后来父亲开始为人建民房，做小包工头。可每次完工，对方总能以各种理由克扣工钱。每次结完账，实际到父亲手里都所剩无几。印象最深的是有一次父亲为县里一个小干部家建养鸡舍，事前讲好五千块钱，可完工之后硬是挑出不少毛病，干了两个多月的泥水活儿最后一分钱也没给。这意味着父亲不但自己白干了，连工人的工资还得由父亲出。黑瘦的父亲无助地蹲在地上，掩面哭号。泪水从指缝中流出，滴在泥水里，激起的涟漪像是在对老天强权的无声控诉。那天在场的人都哭了。

父亲的心脏病就是那时候累出来的，后来去世也是因为这个病，五十七岁就过早地离开了我们。时至今日，我眼前还常常浮现出父亲当年躬身劳作的身影，每每想起，心中就像有人撕扯般疼痛。

那段时间给我留下的印象非常深刻，也深深地影响了我以后的为人处世。当年我家辉煌时，父亲有两个朋友常年“长”在我家吃吃喝喝，和父亲好得似桃园三结义的刘关张一样。父亲曾经这样形容他们的关系：“我们几个就是多个脑袋差个姓。”可等我父亲落魄以后，这俩人就再也没有登过我家的大门，一次都没有。

人生潮起潮落，盛衰交替，三十年河东，三十年河西。从那时候起，我明白了穷富差距，知道了世态炎凉。我一直到现在都很少交朋友，是排斥，也是怕受到伤害。我也从贫穷中悟出了道理：人一定要靠自己！我一直是这么想的，也是这么做的。

下午四点多，我到了德惠。刚出站口迎面一股熟悉的味道冲进我的鼻孔，一时间我竟然有些激动——烤毛蛋！

我环顾四周，场景依然，我站在车站广场上，看着一字排开的一个个烟气缭绕的摊位，心中一阵阵有坐下吃一顿的欲望。

这种小吃，就我老家这儿烤得最好吃。在其他城市我也看见有烤的，但都是整个儿下料，不似我老家这儿掰碎了入味——这是我的感觉。

虽说这次只出去了不到半年的时间，但再次回到家乡却极其亲切。作家莫言说他第一次当兵回家探亲，下火车听见熟悉的“茂腔”，当时就有些热泪盈眶。我那时也有相同的感觉。

我打了个倒骑驴[①]，沿着火车站门前的柏油路一路向东。

这条路是我上小学时的必经之路，那感觉仿佛又回到了那个时候，脑海里不时地闪现老师、同学的身影、形象。好想再回去看看。

前边来到立交桥。一列由老式红轮子的火车头拖拽的货车，极其瘆人地从桥上耀武扬威地开过。一阵阵蒸汽、煤烟从我头上飘过，随之落下一把把颗粒，耳边伴随着唰唰的声音，我熟练地低头前后掸了掸头发——我上中学时每天都在这里拐弯。

上了一道缓坡，过了建材市场正门，我远远看见了我家的小卖店——还是那么小得可怜，在寒风冷雪的摧残下，显得更加寂寞孤独。

推门进屋，头发已经有些花白的母亲正坐在柜台前边的炉子旁，低头烤火，浑然不知我在身旁。

柜台内的货物比我离家时又少了很多，看样子已经支撑不下去了。

我小声地叫了一声：“妈，我回来了。”

母亲转过头来，看见我，看见她惦念的老儿子此时就站在她的身旁，当时满眼泪水却又忍不住内心的喜悦，哭笑参半地失声大叫：“哎呀妈呀，老儿子！感谢神！我还以为你过年不回来了呢！”

我强忍着泪水，笑着说：“那能嘛！呵呵。”

天黑的时候，父亲回来了。他还是穿着那个大黑棉袄，容颜有些老了。进屋看到我，依然是那个熟悉的憨笑。

看着年迈的二老，我心里很不是滋味。虽说我现在能挣钱了，可还是帮不了家里什么。

父亲好像知道我的内心所想，平心静气地说：“不用惦记家里，你自己在

---

① 倒骑驴：一种三轮车。

外边好好干就行。我和你妈不用你操心，我没事在建材市场干点儿零活儿，扛扛木头，装车卸车啥的。等明年开春，我还能打井，也不少挣，够我俩花的了。”

我担心地说：“扛木头就别干了，累还危险，我在外边攒点儿钱就给你俩寄回来。”

父亲说：“没事，我自己加点儿小心，你挣的钱你就自己攒着吧，将来你结婚、买房都得靠你自己，爸是无能为力了。”

其实我从来没想过让我父亲挣钱给我买房娶媳妇。

第二天，我和父亲到街里办了点儿年货，买了些鞭炮、对联。爸爸妈妈很是高兴，黑暗的小屋里又有了久违的笑声，不时地有邻居来看我，都互相传说：“老孙家那‘失踪’的小子又回来了。”

除夕晚上，哥哥嫂嫂领着我侄女早早就过来了，一家人高高兴兴地过了个团圆年。虽然生活还是没怎么改变，可家里总算是有点儿热乎气了。

我不知道来年生活会是啥样，还能不能有时间合家团聚，也不知道我的演艺事业明年是否顺利，还会遇见什么坎坷挫折。但总的来说，日子还是在朝好的方向发展。

第三章　天上人间

上到三十三天外，感受过红得发紫的滋味；下至十八层地狱，尝到了做戏不易的辛酸。

1. 江湖险恶：我成了矛盾的导火索

1995年正月初二上午，我哥用自行车把我送到了车站。回到梅河口的时候，已经是半夜三点多。

初三早晨，剧场里陆续来了几副架，有“傻子”两口子，“小白牙”两口子，“大肚子”两口子，另外还有一个单片儿，是老板特意找来陪我唱的。

白场没我戏，我坐在台下观看新来的这三幅架演出。

大肚子一般，很一般。二人转有五门功课：

说——说口。唱丑唱丑，全仗说口，说不出来，是你肚子里没有。

唱——唱腔。九腔十八调，七十二嗨嗨；快了卖字儿，慢了卖味儿……

扮——扮演。扮谁是谁，演啥像啥，装兔子不能让狗撵上。

舞——舞蹈。上装一条线，下装一大片，二人转就是载歌载“舞”的艺术。

绝——绝活儿。一招鲜，吃遍天。

这五样，大肚子一样没占。但他媳妇不错，舞台感觉、唱腔韵味都很像那么回事，还会唱不少京评段子。

小白牙是位东北闻名的艺术家，虽然说口上略显古板了一点儿，但唱得那的确是高人一筹。特别是苦戏，《韩琦杀庙》之类的，动情处声泪俱下，至今让我心服口服。他的眼泪不是顺着脸颊流，而是隔着脸面噼里啪嗒往下掉！

傻子唱得一般，他媳妇也没看出有什么出奇之处。但他这傻相儿可太好了。天生一副傻模样，台上台下都是，虽说脏点儿，但看着非常好玩。下篇我单独写一下傻子，算章外奉送。

按理说，这四副架都不错，谁和谁也都不犯相儿：大肚子一般，但媳妇能唱，以前他俩还在这剧场待过，熟地儿，有一批经常捧他们的观众；我靠岁数小、翻跟头、唱歌、跳舞来取悦观众；小白牙全靠唱；傻子指说口卖相儿，跟其他三幅架更不搭边。硬要说犯相儿，也就小白牙和大肚子这两副架稍微有点儿。可万万没想到，最后人家没事，我却稀里糊涂地成了矛盾的导火索。

我因喜欢戏而学戏，所以没事就爱买个扇子、手绢这些与演出有关的物品。有一次我没事闲逛，在梅河百货商场中看见一款非常漂亮的彩扇。这种彩扇不似如今的式样，现在的都是或红或绿一个颜色的，我看到的是扇面下边白底，上边黄色的，白黄之间有个过渡，面料很薄，抖动起来非常好看。扇子骨还是竹子皮的，非常结实。价钱也贵，普通的也就四五块钱，我买这把十六块多。

没想到，扇子买回来之后，大肚子媳妇看着好也跟着使，有时通知我，有时不通知我。大家都没单间，就是个隔断床铺，所以她拿起来方便，让我防不胜防。说实话，我打心眼儿里不愿意给她使，但又一想，都在一起演出，低头不见抬头见的，犯不上因为个扇子伤了和气。

可用了没几场，她就给我使坏了。

没辙，我又买了一把。这回我每次使完都放在我的皮箱里。大肚子媳妇也不知道咋想的，使的时候直接就去我的皮箱里拿，我那皮箱锁还不咋好使。

没过几场，她又给我使坏了。

我一咬牙，又买了一把。我心想你都使坏两把了，这回你不能舍脸还用吧？没想到人家就像没那么回事似的，继续使用。这我可就有点儿沉不住气了。

那天中午我唱第一个，下来戏我刚把扇子放在我床铺上，大肚子媳妇往台上走，一走一过拿起我的扇子就要上台。

当时也不知我哪来的那股勇气，我说："姨，你以后别使我扇子。"

大肚子媳妇当时就翻脸了，"咋的呀？小崽子，就使了能咋的，嘚瑟找人揍你！"

我还没等说话呢，坐在那儿正化装的傻子媳妇插了一句："有啥牛的呀？在这儿你好使，到别的地方人家不找人揍你啊？"

这俩人话赶话，话搭话，你一言我一语地就吵起来了。

我一看，就因为一把扇子也不值得啊，就赶紧劝架。这一劝架不要紧，大肚子媳妇又奔我使上劲了。我是又鞠躬又作揖，好不容易等到她上台了，我以为这就没事了呗，没想到两口子演完戏，大肚子不知道在哪儿整了一把小匕首，一边冲我比画一边骂我："你说咋的吧？"

这阵势当时就把我吓哭了。傻子和小白牙急忙过来拉架，都劝他别跟孩子一般见识。不一会儿，老板老板娘也到后台了。大肚子不依不饶，他媳妇在一旁就一个劲儿地骂。一开始是骂我，到后来也不知道是骂谁了。最后，老板两口子好赖算把他俩连推带拉地弄出了宿舍。

晚上开戏之前，宿舍里进来几个人，脸都熟，但我不知道他们具体叫啥。为首的自称“二子”，进屋来就往我身上靠，我就赶紧躲，我越躲他靠得越厉害。老板听说了，赶紧来到宿舍把那小子撵走了。他们说这是大肚子找来收拾我的，把我吓的啊，好几天都没敢出剧场门，就在宿舍里眯着了！

大肚子两口子在事情发生后第二天就离开了剧场。后来老板娘偷摸跟我说，其实大肚子媳妇根本就不是冲我，我是被人家绕进去了。我很纳闷儿，不是冲我，那是冲谁啊？

2. 傻子不傻：人不可貌相，海水不可瓢舀

傻子还真长了个傻样。

蓬松飞灰的头发头套一样扣在脑壳上，黑黢黢的脸好像几辈子没洗过似的。眼睛倒是不小，就是左右目光不同步，一只看着前方，另一只叽里咕噜地不知道在看哪儿。嘴唇青紫，板牙黑黄，不笑还好，一笑连牙龈全都暴露无遗。再时不时地流点儿口水，那模样，没个看了。

别看傻子模样不济，可娶了个好媳妇，论模样论身材，搁到哪里都算是美女。无论走到哪儿，一介绍这是傻子媳妇，别人都会不由自主地惊呼：“不会吧？！”

有时大家也会感到好奇，就问傻子是咋把这么漂亮的媳妇娶到手的。傻子自己不回答，就看着媳妇傻笑。此时傻子媳妇就会把自己怎么通过别人介绍，傻子怎么去的她家，怎么帮她妈做饭烧火，傻子一边烧火一边哭诉家里怎么怎么苦，母亲没得早，家里没个女人怎么怎么样，最后给她妈哭心软了，相处没几天就把她嫁过来了这些事详详细细地讲上一遍。傻子媳妇说完，再看傻子——嘴里流着口水，憨憨地，有点儿不好意思又沾点儿得意地，在一旁“啼啼”傻笑。

傻子两口子都是东北唱二人转的，民间最底层那种，一年四季漂泊在外，四海为家。这两口子虽说戏没几块，傻子在二人转演员当中也不算出类拔萃，嗓子一般，但凭着傻子这个傻相儿，到哪儿都不黑，有几个绝活儿连行里人都很佩服。

演傻子一绝咱就不说了，傻子还有个拿手绝活儿，“开会”。这开会的词大多数二人转演员都会，连观众都有不少会说的。但你别看都会说，却顶数傻子表演得最好。

傻子媳妇先铺垫：“阳光明媚，我们妇女开会，谁说我们妇女没地位，呸！那是万恶的旧社会！没有妇女就没有全人类，没有我们妇女就不会有老少爷儿们一辈又一辈。”

这时傻子端着个大茶缸从后台走出来。茶缸是那种老式的搪瓷材质的，上边印着“为人民服务”几个红字。傻子左手拿着茶缸，右手夹根烟卷，嘬一口，吐出来，龇牙咧嘴，鼻孔外翻，眼睛一只似睁非睁，一只半闭不闭，故意整出烟熏火燎那个难受样。然后喝一口茶，嘴里磨磨叽叽地开始说话：“你开会，我也开会，你说没有妇女就没有人类，没有你们妇女就没有老少爷儿们一辈又一辈，我说你那是放屁，你们老娘儿们就好比大庆那口油井，我们老爷们儿就好比 101 钻井队，没有我们老爷们儿钻井，你们老娘儿们那井再好它也是干闲白费！”傻子说完举起茶缸喝茶，他媳妇在边上把缸底儿一抬，整个茶缸连茶带水一起就全糊傻子脸上了。

每次演到这里，台下观众哇的一声就炸了。

傻子有很多绝活儿，有的同行看着好，都照着学，可都没有傻子使得好，观众反响也差很多。可惜，傻子两口子唱二人转赶的年月不好，一年四季辛辛苦苦也赚不到几个钱。

傻子媳妇说她怀他们家老大的时候，馋饺子都馋哭了，因家穷没钱买面，把傻子急得屋里屋外来回走，拿脑袋往墙上撞以此弄出傻相儿来逗媳妇乐。

后来两口子从家出来闯荡江湖，傻子把挣到的零钱换成整钱都交给媳妇保管，吃穿都可着媳妇，自己能对付就对付。

他可以和捡饭底儿的抢饭吃，可以在人多的地方画个圈儿边唱边向围观的人收点儿零钱，可以把在舞台上用的傻相儿在现实中使出来，为的就是以此混进车站而省张车票钱。

最神奇的是，他不论在哪里唱戏，隔几天早晨，他就会去附近的菜市场，凭着他那傻相儿，手里拿个破丝袋子，这家摸个土豆，那家顺个茄子，大家都拿他当傻子，也不吝啬，拿就拿了，有的还跟傻子开个玩笑取个乐儿，傻子有时候高兴还会给小贩们浪一段大秧歌或唱上几句，从市场这头儿走到那头儿，丝袋子差不多就装满了。

别看傻子自己不富裕，但从不抠门儿。他在市场上要回的吃食，就摆在那里，演员们可以随便吃。隔三岔五地跟同行或者外行去饭店吃饭，傻子从来都抢着花钱，有时还会像要噱头一样，一进饭店门，傻子就嚷嚷："谁也不许跟我抢啊，今天傻哥请客，我今儿个挣个大炮儿，啼啼。"说完还要卖个傻相儿，逗得大家一阵哄笑。从这也能看出，傻子合群，台上台下都能让大家开心。

傻子媳妇说，有一年在长春一个公园里唱戏，白天不演出的时候，傻子就领着班里的男女老少去逗猴子玩。猴子在大笼子里，傻子在笼子外，猴子龇牙，傻子也龇牙，逗得同行和周围的游客很是开心。

后来不知道因为啥，猴子和傻子打起来了，虽然一里一外不是真打，但上蹿下跳龇牙咧嘴的很是激烈。傻子媳妇说，很多年以后，他们又去当年的公园演出，那猴子离老远一看傻子过来，马上就隔着笼子冲傻子张牙舞爪、蹦跳不休，可见这仇记得有多深。

傻子也有真犯傻的时候。

唱二人转走南闯北，什么样的人都能遇到，那个年代的二人转小剧场，一些地痞、流氓、社会闲散人员常聚于此，保不齐台上台下哪句话惹谁不愿意听了，进而发生冲突。这时候无论事态发展到什么程度，傻子在的话，总是傻子出面把事情摆平。第一傻子会说，第二大家一看傻子那样儿气也就消了。傻子媳妇说，一到这时候，他就该冒傻气了，但同行们不这么认为。

傻子的姓氏很不常见，傻子说他认识自己的名字，但不会写。

3. 谈狐说鬼：那些亦真亦假的故事

艺人都喜欢熬夜。

其实也不是喜欢，皆是工作性质所致。一般我们晚场戏结束都得十点以后，卸了装做好饭也就差不多十一点了，吃完饭怎么也得零点左右。大家吃住都在一起，要碰到会喝酒的，脾气相投的，难免小酌几口，稍微拖拉一点儿，就会弄到凌晨一两点钟。

另外一个原因，是演员不必早起。因散戏晚睡得更晚，以致我们每天睁开眼睛也就上午十点多了。起床洗漱一番，再一看表，基本台上也就快开戏了。

每天周而复始、经年不变的生活演出模式，久而久之形成了艺人特有的作息时间。如此，大家也乐得欢乐一时。晚上下戏吃完饭后，演员最常干的事就是聚到一起侃大山，或是聊聊发生在演员身上的新鲜事，或评价一下哪个演员演得好、哪个演员演得不好，抑或是讲鬼故事。

我不愿意听他们聊演员，虽说在他们的聊天中也能学到为我所用的知识，但我还是更喜欢听他们讲鬼故事。故事讲的都是艺人听说来的或是他们自称“亲身经历”的，也不知到底真假，但听起来倒是很有身临其境的感觉。

那年在梅河口，我和傻子、小白牙几个演员台上台下相处得都比较融洽。每天吃完晚饭之后，大家就不约而同接二连三地来到舞台上，或坐或站，也不知道谁先起的头儿，你一言我一语，在不知不觉中讲故事就开始了。

那时我自己一个人，一天两顿在外边饭店吃，每天晚上演出之后我都会快速地跑出去，吃完再快速地返回来，生怕耽误听故事。

讲故事也传染。如果今天开头讲的是亲身经历，那么这一晚上大家讲的就都是亲身经历的；如果第一个讲的是听别人说的，那么整场就都是听说来的段子。

假如气氛好，讲的故事一个比一个精彩，那么就会继续讲下去，一直到大家都困了才回宿舍休息。如果前边讲得很吸引人，下一个却讲得很水，没什么意思，那基本上这个段子完事大家也就都散了，该干啥干啥去了。

在我看来，讲故事跟演出说口一样，也有相通的地方，都是铺平、垫稳、甩包袱。多数舞台上不错的演员，讲的故事也吸引人。反之，讲起来稀松、平常、“二五眼”、铺不平、垫不稳、包袱甩得也不响，再碰上本身故事就不惊奇，内部散帘子的事也是时有发生。可见世事洞明皆学问，人情练达即文章。台上台下一回事，人生又何尝不是个舞台呢！

话说这天晚饭之后，众人又聚到一起，小白牙先给我们讲了一段他“亲身经历”的故事。

那年我二十刚出头，因在家输耍不成人，正赶上有人领班在屯子唱戏，看我条件不错，嗓子好，唱出来铜声铜味的，就收我做了徒弟，开始跟着走小班——就是小团体。

那时候走班很辛苦，走的基本都是乡村。

有一次来到这么一个屯子，晚场唱完戏之后在大队吃饭，借饭前的空当儿，村主任就开始安排演员住宿的事，把我和我师傅几个男演员安排到村前的一户人家。

我们找不到这家的住地，村主任就冲屋外喊了一嗓子：“谁有工夫，去送一趟。”

这时，就听窗下有人喊：“我去送！”

村主任说：“行！”

大家谁也没注意这搭话的是谁，就开始吃饭了。

吃完饭之后，我和师傅几个人就跟着人家走了。

我那时候年轻，腿脚轻快，不一会儿我们几个年轻的就走到前边去了，只留下我师傅和送我们的那人在后边。

过了一排杨树趟子，眼瞅着就快到了，冷不丁就听后边我师傅喊：“快跑啊！”我一听我师傅喊跑，那就跑吧，我撒丫子就往前跑，几大步就跑进了人家院里。回头再看我师傅，那年他也得有五十多岁了，只见他趴在大门上，脸都不是好色了。

我以为闹笑话呢，就问我师傅：“跑啥呀？”

我师傅把气捯上来说：“跑啥？别提了，你知道送咱们这人是啥不？鬼！”说着，他慢慢地倚着门出溜着坐到了地上。

我赶紧问我师傅咋回事，我师傅缓了缓，接着说：“咱们不是一起往前走嘛，你们几个走得快，我这岁数大走得慢，送咱们那人就一直陪着我走。我一琢磨，也别干走，聊几句吧，就这么着，我就和他聊上了。”

我又问师傅：“聊就聊呗，让我们跑啥呀？”此时我还当是闹笑话呢。

我师傅说："别急啊！听我说呀！正聊着呢，突然我就感觉话头儿不对劲，他怎么还会说咱们的行话呢？我心里纳闷儿，就不由自主地侧过头看了他一眼。这一眼不要紧，我的妈呀！就看那小子眼珠子往外冒冒着，舌头滴溜当啷伸出嘴外挺老长，'曰曰曰曰'还跟我聊呢！"

听完我师傅的叙述，我还真有点儿后怕了，看我师傅不像是在编瞎话，因为脸都吓得不是色了。

就这样过了一晚上，第二天上午，我和我师傅几个人来到大队部，当着书记面把昨天晚上发生的事学了一遍。书记听完脸色也变了："你们还别不信，这事应该是真的。这屯子里以前有个小两口儿，别的不喜欢，地也不愿意种，就喜欢二人转。后来这两口子真就找了个师傅学唱二人转去了。学成之后这小两口儿就离开了村子，听人说是走江湖唱戏去了。但没过多久，那男的就自己一个人回来了，回来之后天天哪儿也不去，就自己在家闷着，有时邻居还能听见他的哭声。又过了不久，有人在村前的杨树趟子里发现了他的尸体，是吊死的。后来村里人传言，说他出去唱二人转，媳妇和人家跑了，他自己越想越憋屈，越想越不是滋味，就自己回来寻了短见。这次看你们来唱戏，可能是看见同行了，所以就……"

听完书记的话，我就觉得头皮发炸。那几天在那屯子唱戏，一路过杨树趟子就觉得阴风阵阵，眼前总是出现师傅说的那个画面，所以每次路过那儿我都是三步并作两步一路跑过去的。等跑到我们住的地方时，吓出来的汗把衣服后背都湿透了。

小白牙的故事讲完，大家都跟着哈哈哈哈地乐起来。

虽说是乐，但我眼睛没闲着，心虚地四下撒目。舞台上只亮着一个鬼火一般的小灯泡，瞅哪儿都不甚明了，黄糊糊一片。我本来坐在台下，这时我假装活动一下腿脚，蹦到了台上。

小白牙说："小宝子害怕了，哈哈。"

傻子接话说："这就害怕了？你这根本不算亲身经历的，那吊死鬼你师傅看见了，你又没看见，都是你听你师傅说的。我给你们讲一个我亲身经历的吧！”

傻子一开讲，那吐沫横飞，眼珠子叽里咕噜的。

那年我接了个大活儿，黑龙江一个地方找我领几副架去卖票演出。我领着我媳妇、假脸儿两口子，还有一副九台那边的架背包摞伞地就去了。

那是个不大的小镇子，我们去的时候正是大冬天，滴水成冰的季节，那黑龙江比咱们这边还冷。

到了地方，下了火车，接我们的人把我们领到一个临街的像仓库一样的房子里，说就在这里唱。我四下一看，没有台子，就一块空地，周围搭的长条木板，一趟一趟的，底下垫的砖头。咱也没啥挑，那就唱吧。

晚上票卖得还不错。演完之后，去了人家拿走的三成，我们几个剩七成，每人均分了四块多钱，把我们几个乐的啊！

住宿的时候，那人把我们领到镇里的一处空房子，就一大间，还有个院子，门口一个大铁门，门闩已经锈迹斑斑。进屋一看——很明朗，一口锅，一个灶台，一铺炕，就是感觉好像很久没人住了，屋里到处是蜘蛛网、塔灰。墙上被墨水涂得一块一块的，像裤子上的补丁，棚顶还有用红笔画的一些看不懂的图案。

我进屋就觉得哪里不对劲，但具体哪里有毛病我还说不出来。我们几个先把屋里简单收拾了一下，然后将随身携带的行李各找地方铺上，在院子里找了点儿碎木板子，把灶火点上，刷了刷锅，煮了点儿挂面，吃完就睡觉了。

下半夜，大概三点左右，似睡非睡的时候我就听门外大铁门当啷一声，然后就听“吱呀”——大门开了。

我扑棱就坐起来了，不对呀，我记得大铁门被我插死了，莫非说进来人了？我这心里正在画魂儿，就听门外传来了脚步声，是踩着清雪的声音，咔吱，咔吱，听声音是奔门口来了。我媳妇这时也醒了，拽着我胳膊，使劲往我怀里钻。我示意她别怕，听着。

门外的脚步声大约是走到了我们住的这屋门口，停下了，然后就听见断断续续的哭声。起先声音不大，渐渐地越来越大，开始时是一个男人的声音，后来变成了两个男人，哭得这个悲啊，这个惨啊！你们都听说过“鬼哭狼嚎”吧？这次我是真领教了。我的妈呀，那真叫个毛骨悚然！

我抱着我媳妇，大气儿都没敢出，也不敢下地去看个究竟。

假脸儿和九台那两口子此时也都听到了。

假脸儿媳妇用被把自己捂了个严实，一动不动，像死了一样。九台那两口子更不用提了，就差跟着一起哭了。

大约过了有半个小时，哭声停了，还是刚开始时踩雪的声音，咔吱，咔吱，由近到远，大铁门当啷一声又关上了。没声音了。

外边没声了，我胆突地划火、哆嗦着点着了洋蜡。再看我媳妇，紧张得把我的胳膊都抠出血了。再一瞅边上的假脸儿，脸也白了，汗也下来了。他媳妇出的汗把被窝都湿透了。你说得吓啥样吧！

我们凑到一起，简单地合计了下，想了个招。我们三个老爷们儿围了个圈儿，把媳妇们都放在圈儿里，然后我们几个都面冲外，就这姿势一直坐到了天亮。

天亮以后我们几个急急忙忙收拾了行李，争先恐后地跑出了那院子。

出院子时正赶上邻居一家老头儿遛弯儿，老头儿看我们几个扛着行李从院子里跑出来，当时就愣住了。

我一看老头儿那眼神不对劲，就赶紧凑过去一探究竟。

老头儿说：“你们几个昨天晚上在这里住的？”

我说：“啊，在这住的。”

老头儿说：“你们没听见有啥动静？”

我一听这是知道事啊，赶紧回答：“听见了，大爷，听见了，这房子咋回事啊？”

老头儿不慌不忙地拿出烟荷包，把烟袋装满点着了，嘬了一口说：“这是好多年前的事了。”

假脸儿他们几个看我和老头儿聊上了，急忙也都放下行李一起围了过来。

“民国的时候，从关里来了这么爷儿俩，在这附近的金矿干活，据说攒了不少钱，还有一些金条、金锞子啥的。他们爷儿俩赚够了钱，在准备回关里家的前一天晚上，来了这么一个强盗，用一柄大斧头把这爷儿俩都劈死在这屋里了。从那以后，这屋里就传说闹鬼，说半夜里有鬼的哭声，谁都住不了。你没看那屋里墙上有墨的痕迹吗？那墨迹底下掩盖的都是血啊！那房梁上画的都是符，可那符也不好使，横死的，镇不住。”

我们几个人辞别了老头儿，来到唱戏的仓库，找我们来的那人见面就问我：“没事吧？”

我一听就急了，我说：“你小子也太不是人了！怎么能办出这种事呢，嗯？”

那人说：“我也没辙啊！你说住旅店，咱们也住不起啊，我这也是被逼无奈，才想起这个房子的。”

我说：“不行，不唱了，我们得走。”

那人说：“你走也得把今天晚上的戏唱完了啊，你看这又卖出去不少票了。”

我回头看看假脸儿他们几个，假脸儿看看我，没吱声，九台那小子看着假脸儿也没说话。

那人看我们都没言语，就继续说：“你们几个在这儿挺受欢迎，今天这票比昨天卖得还多。”

我再一次回身准备询问他们几个的意见。

假脸儿不知是胆子突然大了还是听见那人说票卖得好了，没等我问，他倒先说了：“哥，你定，我们都听你的，反正我觉得出来就是求财来了，没事，不行就再对付一宿。”

我一听这话这是不想走啊，真是人为财死，鸟为食亡啊！

晚上唱完戏之后，一分钱，的确比昨天分得还多，把我们几个乐的，暂时忘记了闹鬼的烦恼。我们几个在回空房子的路上研究，这回早点儿睡，昨天可能是睡晚了，打扰到人家了。

进了屋子，我们几个赶紧收拾，也不吃饭了，想抓紧时间休息。假脸儿媳妇说怕后半夜饿，刚才买了瓶水果罐头，每人垫补一口吧。说着话从随身背的兜子里拿出一瓶水果罐头。假脸儿找菜刀刚要打开，就看那罐头瓶子嗖的一声腾空而起，砰砰地上下来回、左右横飞。

我们几个正在不知所措之际，罐头瓶子不飞了，假脸儿媳妇开始笑，不是好笑，拍手打掌地笑，摁都摁不住。

这边笑还没停，九台那小子的媳妇哭了，大鼻涕挺老长，哭得这个悲啊！

就在俩老娘儿们哭笑折腾的时候，我突然想起来了，我们老艺人传说，包公昼断阳夜断阴，可以避邪。我就赶紧招呼假脸儿，叨咕架鼓点。

假脸儿好像突然明白了我的意思，一边摁着他媳妇，一边嘴里叨咕："锵锵锵锵锵……锵才锵……"

我随着锣鼓点开始在地下走圆场，蹬包公诗头儿：

一顶乌纱罩铁面，三口铜铡放光寒。锵才锵。

金銮宝殿领圣旨，陈州放粮……锵锵才锵。

理民冤！叭切切切切……哦哦哦呔，哦哦哦锵，哦哦哦呔，哦哦哦锵，锵才锵才锵锵锵……锵才锵。

老夫，空哐。

龙图阁大学士包拯……锵锵才锵。

……

我这边赞头子快蹬完了，我回头一看那俩娘儿们——别说，还真不折腾了！真灵啊！我心里想着，回去我就把包公供上，遇到事真好使啊！

看着她俩不折腾了，这罐头也别吃了，趁现在消停赶紧睡觉吧，我们几个脱吧脱吧，上炕，吹灯。刚躺下不大一会儿，就听外边大铁门当啷一声——得，又来了。

还和昨天晚上一样，脚步声踩着清雪，咔吱，咔吱，来到门口，又开哭了。

开始还是先一个人哭，然后俩人哭。哭完，踩着清雪，走了，大铁门当啷又关上了。这一套程序完事，屋里又静了。

说实话，此时我倒不那么害怕了，也没啥，就是哭呗。开始听着瘆人，后来就没什么感觉了。我还耍噱头似的冲门外边喊了一句："哭完了？那我们睡觉了啊！"

第二天早上起来，我们几个你瞅瞅我，我看看你。我问假脸儿："还唱不？"假脸儿说："拉倒吧！还唱？真挣钱不要命了。走吧！回家！"

傻子讲完，屋里出奇的静，谁都不说话，谁也都不看谁，都低着头，好像还在听，还沉浸在傻子的故事当中。此时不咪玄[①]地说，喘气声都听见了，我仿佛听见了众人的心跳声。摆在舞台旁边的大师兄正怒目瞪着，墙上石英钟的指针一秒一秒地向前迈进：咔，咔，咔，咔……就在这时，就听小白牙嘿嘿一笑，"我再给你们讲一个就发生在现在的……"

我抬头一看，吓得我顿时倒吸一口凉气，他脸上的五官没了……

怎么样？还想听吗？——呵呵，下回，下回。

4. 源于嫉妒：他拿板子出溜我

在梅河口，我从刚开始被扔面临着没地儿可去，到后来凭真才实学得到观众认可老板不让走，可以说是经历了冰火两重天。剧场里的演员一对一对上地儿下地儿，唯独我一直没动。

那段时间，有单片儿我就陪单片儿，没有的话我就陪着夫妻架唱，三副半架，多我一个单毛儿，每场戏男演员还能轮歇一个。

我的戏也学得越来越多了。虽然没有戏彩子，也没人教我，但我就靠听、看，也收获了很多。《杨二舍化缘》《韩琦杀庙》等戏，都是我在那时候记住的。

这除了得益于我的记忆力不错之外，还得把功劳记在我经常打板儿上。别

---

① 咪玄：胡说，吹牛。

人打完自己应该打的就完事，而我则不然，我是应该我打，我打，不应该我打，我也打，有的演员也乐得轻快。所以在那阶段，我每天至少打两码戏的板儿，没我戏的时候，两场六码戏都是我打。

你可别小看打板儿，这里边说道也很大。二人转打板儿的跟京剧的鼓佬一样，就相当于整个乐队的总指挥。我说快点儿就快点儿，我说慢点儿就慢点儿，快慢由我决定。

不光乐队听我的，演员你也得听我的。我想好好伺候你，我就给你好好打，你演员想快点儿，我就快点儿，你需要慢点儿，我就随着你走，慢点儿，还有的比较难打的板儿我也能伺候上，这时候受伺候的演员就会说："这板儿真好使。"

我当年在行里是公认的板儿好使。有些戏比如《秦香莲》《夜宿花亭》《包公赔情》，这种难打的里边有锣鼓点的戏，有很多演员都求我给他打，夸我节骨眼儿给使，打得有劲。该快时儿板子就攒上去，该慢的时候，一点儿不坠。

其实这板儿想打好不难，一是自身素质得好，节奏要稳，行话说"有定心板"——快不乱，慢不断；二是良心摆正，行话说不用板子出溜人，不能快时使劲追，慢时往死坠，或者反过来，你要快，我就给你慢，你要慢，我就给你快。到这时候演员一般都会自己抄起板子，自己打自己唱。如若不然，对方儿板子就能把你嗓子打没音了。

板儿打得不好并不全是故意的。比如刚学戏的学员，自己唱不明白，板儿自然也就不咋会打。还有就是正规剧团的演员，他们在团里用不着打板儿，因乐队有专门负责干这个的。另外，正规团体专属的戏，也就是我们行话所说的"谱子戏"，都是程式化、固定的词谱，到哪里快，哪里慢，哪里有锣鼓点都是铁打不变的，这种打板儿的演员自己要是不会唱或是没见过场，那你就别想打上。

这些都情有可原，谁还没在学戏的时候过过，谁还没有个不会的戏，这时候也没人会挑理，要么自己打，要么一点儿一点儿等着你学。我们最恨的是那种明明会打，明明能打上，但就是不给你好好打的，故意打不上。这就是明显用板子出溜人了。有人问了，真有这样的人？你还别不信，我就碰到过这样的。

正月过后，大概三四月份，傻子走了。

我管新进来的这副架叫大哥、大嫂。他俩都不错，正戏、杂耍都好。值得一提的是大嫂，大嫂在舞台上有点儿像评剧演员赵丽蓉老师。在我看来她是天生的喜剧演员，长得就非常有喜感，眼角往下耷拉着，别人说不响的口放在她嘴里就响。她的语言天赋不好形容，用我的话说就是“艮揪儿”。

“艮揪儿”是东北方言，是形容什么东西咬到嘴里不容易断，有点儿像咬胶皮糖的感觉。用这词形容大嫂的语言，是因为她的说口中带着调皮、逗趣，好玩。好了，我别形容了，总而言之一句话——听着就想笑。在此不多介绍他们两口子，以后提到他俩的时候很多。

没过几天，又来了一副架。老板说，最近上座率挺好，多养一副架也没关系，观众看个新鲜，大家还可以轮班歇歇。

来这小两口儿叫啥名字想不起来了，只记得男的皮肤很黑，眼睛往眼眶里塌陷，远看就像个盲人似的，乐队吹喇叭的背地里叫他“瞎子”。瞎子家是辽宁的，媳妇瘦高个儿。

他俩是上午来的，白场没出戏，晚上出的第二个——新来的都唱第二个，江湖规矩。那天晚上给我出的大轴，出的什么戏？这戏可好了，《回杯记》！出这戏的原因我还得跟大家解释一下。

自从小白牙夫妻来了以后，两口子在梅河口红得都有些发紫了，特别是他俩唱的那些大戏，梅河口老观众很是欢迎。

有一次我看他俩唱传统拉场戏《回杯记》，唱得委实不错，唯一遗憾的是小白牙当时年纪有些大了，高音的部分，唱得有些吃力。下了戏之后，在与之聊天时我说《回杯记》这戏我也会唱，可就是没在台上唱过。小白牙就说改天让我和嫂子唱一场。

这话本是一说一听的事，可后来不知怎么就传到老板耳朵里了。老板一琢磨，我在梅河口挺火，观众爱看，都拿我当小孩儿，这小孩崽子要是来一场《回杯记》的话上座率肯定也能不错。赶巧今天进架，小白牙休息，活该轮到我和他媳妇唱，唱啥呢？老板告诉老周，就出《回杯记》。

这样才有了今天这场戏。那场大哥大嫂唱第一个，新来的瞎子唱第二个。

我打板儿的时候，顺便看了一下瞎子小两口儿从出场到小帽儿的表演，应该算一般，没什么出奇之处。也就是说，我在他俩后边唱，一点儿压力没有。

打完板儿，我回宿舍开始化装。这《回杯记》我打小儿就会唱，那时候还没学唱戏呢。进科班以后，更是天天不离嘴。出来唱戏之后，虽说没上台唱过，可也从来没忘记过。今天这头一回唱，我琢磨着，该怎么化装呢？

在这之前我看过两种化法，一种是俊扮，就像小白牙那样扮，穷生袍，戴穷生帽；还有一种是扮成要饭花子的模样，衣衫褴褛，脸上涂黑。

我正琢磨呢，小白牙问我：“你咋化啊？”

我说：“没化过，正在琢磨。”

小白牙说：“不行我给你化吧。”

我一听，赶紧就坡下驴，“行啊！”

然后小白牙让我坐在那儿，开始给我化装，跟当年我师傅给我化装时一样。

他先用肉色油彩在我脸上像农村抹墙似的一阵胡噜，接着就是我师傅那一大套，唯一不同的是他在我头上勒了一条黑纱布条，把我的整个脸勒得都有些变形了。

之后才给我画剑眉。

化完装之后，我自己一照镜子——嘿，这个精神！好像不是我了，活脱脱一个“正工小生”。

然后小白牙把他演出时穿的那件金绿色穷生袍给我穿上了。因为我个子小，衣服下边长出一大截儿，他就给我用别针别了一圈儿，又给我戴上像算卦先生戴的那种穷生帽。打扮完我再一看：嗯，真的不错，我自己都愿意看！

遗憾的是那时候我们都没有照相机，假如有的话，那照片留到现在多好。唉！生活总是要留有遗憾的！

瞎子唱完正戏，两口子每人唱了一首歌，在歌曲间奏中又使了两个小活儿，没什么特别，波澜不惊地下台了。紧接着乐队起《回杯记》的前奏。

乐队照着谱子把前奏起完，小白牙媳妇随着音乐步上舞台，一大段王二姐思夫唱得是字正腔圆。人家本来就是正规团的演员，说白了就是唱这个的，观众报以热烈的掌声。

她那段唱完，转身下了舞台，我背对观众走出去，随着锣鼓点一转身——嗬！底下观众当时就翻天了。要知道，我本来在这儿就很红，和很多观众台上台下都很熟，外加我头一次这身打扮、这种装束，一个小张廷秀往台上一站，给观众一种始料未及的感觉。

“笑啥呀？你别看我人穷衣裳破，我这怀里可有干货。啥？豆包？还切糕呢！你可别恶心我了。铜？谁说铜？像铜不叫铜，爷家印一封，要问官多大？八府巡按公。下官：张廷秀。”

台下鸦雀无声，都在聚精会神地欣赏我的表演。正在我要起唱这节骨眼儿，坏菜了，瞎子卸完装来接板儿了。

一开始谁都没想到，这是个演员就会唱几句、当年大街上商店的大喇叭也常播、恨不得铲地的老农民歇晌时都能哼哼几句的戏，他会打不上这板儿。

本来我还挺进戏，观众也买账。没想到我一张嘴唱，头一句还挺好，掌声都上来了，但接下去可就要了命了。这瞎子是前一板儿后一板儿，紧一板儿慢一板儿，没超过五句，我这汗就下来了，嗓子抻得也快没音了。

不瞒大家说，眼瞅着就要撂台上了。

就在这紧张的时刻，就看小白牙从观众席最后一排噌地站起来，像身后有人追他似的，箭步从观众席的过道直接蹿台上来了。

他跑到乐队那边，及时抢过了瞎子手中的板儿。瞎子站起来用眼睛斜楞一下小白牙，没吱声，掀起边幕走了。

小白牙一接过板儿，我可就如鱼得水了，词也溜了，韵味也出来了，嗓音也亮堂了。不知道咋回事，可能是变声期结束了，那天我那嗓子，要亮儿有亮儿，要高儿有高儿。

平时我们得彩钱大多都是唱苦戏，或唱歌亮绝活儿的时候。你说这《回杯记》怎么能有赏钱呢？也没有赏钱的地方啊！可是那天，从张廷秀诉说往事开始，观众十块、二十地就往台上递，到整场戏结束，我一查，二百多块，出奇闻了都！这场戏把我火的，正戏唱完之后，我脱了穷生袍又演了半个多小时。

可惜，可惜啊！遗憾，遗憾啊！假如当时有如今的这些摄影器材，把当天的场面录下来……唉！啥也别说了，都是眼泪！

那瞎子两口子在梅河口唱了三天就走了。

后来大家论起这事，众人猜测可能是瞎子认为大家都是青年演员，年龄也没相差几岁，看我演出火爆心里有些不平衡，所以才会拿板子出溜我。好在小白牙当时在台下看戏，及时地解了我的燃眉之急。

从那之后，虽说我也有挨出溜的时候，但明目张胆这么做的，仅此一次。

5. 红完就黑：我被人家贴哭了

转眼又到了下乡的季节，剧场的业务照旺季的上座率差了不少。此时我的心又有些不安分起来，毕竟下乡要比平时挣得多些。

一天中午，我演完了戏准备去吃饭，在剧场门口，一个四十多岁的男人叫住了我。

通过交谈得知他也是演员，外号二埋汰，这次来梅河口主要是来找能跟他一起到辽宁下乡的演员。他说他已经在当地找到了一副架，还缺两副架，问我有没有兴趣谈谈。

我当时正好有搭班下乡的想法，他这正中下怀。我俩就一起吃了顿饭，在饭桌上把工资等具体情况定了下来。后来我才知道，二埋汰还找了大哥大嫂。

以前的篇幅中讲到过下乡，无非是流动演出的一种方式。但辽宁这个下乡和我前边提到的还有些许不同。

辽宁的下乡从农历六月初开始，也就是说农历五月班主就得把演员凑齐，比我们吉林这边要早很多。早的原因是辽宁这边时兴拜“六六大寿”。在农历六月初六这天，六十岁或六十六岁的老人，生日刚好是这一天的，或相差没几天的，家人都给他在这一天办。

这天，办生日的人家张灯结彩，大摆寿宴，更要约请二人转团体来助兴。所以每年一到这天，演员奇缺，有的团体从早到晚能演七八场，甚至还有更多的。

等拜完这一天寿之后才开始正式下乡。

农历五月末，我和大哥大嫂几个人在二埋汰的带领下，离开了梅河口，第一站来到了辽宁省辽阳市青年湖剧场。

我们到的那天下午，二埋汰让我们先熟悉一下剧场。我和大哥简略地四处看了一下，没啥特别的，一个大空房子，里边散散拉拉不规则地放了一些折叠椅子。舞台不高，七零八落地摆了一些陈旧的灯光音响设备。细看里边还有一些人在睡午觉，被褥就铺在地上。

我俩看完回来问二埋汰："那咋还有人睡觉呢？"

二埋汰说："那是别个团的演员，中午刚下戏不久，睡个午觉。"

我问："怎么还有别的团？"

二埋汰解释说："我们这边剧场进演员和你们那边不一样，你们那边是单个儿进，或一副架一副架地进。我们这边都是接团，一个团进来，另一个团走。"

我说："那他们咋还没走呢？"

二埋汰说："不怪人家，是咱们早进一天，他们明天走，今天晚上，两个团都演，一个团出两副架。"

"哦。"我明白了。

大哥接着问："那咋演啊？谁在前边，谁在后边啊？"

二埋汰说："今晚上咱们在前边，唱一三，他们唱二四。你唱第一个，小宝子唱第三个。"

我和大哥点了点头，转身要走，二埋汰又说："还有，都不唱正戏啊！"

我俩一愣，不约而同地脱口而出："不唱正戏？"

"对，不唱正戏。"

"那唱啥？"

"啥都行啊，说口，杂耍，唱歌，跳舞，只要不唱正戏，演啥都行啊！"

"一个小时？"

"对啊，一个小时。"

"是就这一场，还是……"

"场场都不唱，忘了告诉你们了，我们辽宁打几年前开始，白场、晚场就都不唱正戏了。那啥，不行晚上你先看看前边他们是怎么演的，学学。"二埋汰说完转身走了。我和大哥面面相觑——怎么有种上贼船的感觉呢？

我们北边有时也不唱正戏，但没有想到这边已经场场都不唱了。我这心里多少有点儿不得劲，这正戏岂不是白学了。还有点儿后悔，来这边最快也得两个月以后才能回去，人都说"一天不练玩不转，十天不练门外汉"，这两个多月不唱正戏，戏词不得忘光了啊？到时候再往起捡，那可麻烦了。

晚场开戏之前，二埋汰来到宿舍跟我们说："别怕，演几天顺过架就好了。"

大哥大嫂在那边化装，没言语。我看了看他，也没说话。

七点开戏，剧场里稀稀拉拉地坐了能有半堂座儿，门口陆续还有往里进的。剧场两边的窗户都大敞四开的，那边是大街，我们在院里，互相看得都非常清楚。

大哥随着锣鼓点上了舞台。看样子还是有些紧张。也不光他，演员到生地儿都难免会怯场。

他先蹬了个赞头儿，又说了个快板儿小段。之后把大嫂叫出去，两人调侃了几句，唱了个小帽儿，最后，分别唱了两首歌就结束了。

他俩下台，二埋汰说："挺好，就这么唱就对了，没啥，对不？"

大哥看来还很兴奋，"嗯，这能有啥，就是说呗，挺简单的，比唱正戏轻快。"

他俩一下场，人家那团的演员就上去了。这家伙我可真开眼界了，人家连扇子、手绢都没拿，什么小帽儿啊，人家根本就没唱。出去就开始唱歌，还男女一起出去的，就像如今的歌手组合一样。穿的和我们也不一样，两人穿的都不是二人转演员常穿的那种衣服，像电视里的歌星，都露胳膊露肉闪闪发光的。

看人家演出好像很轻松，有的歌曲唱之前还装扮上，在歌曲中扮演人物说口，有点儿近似于小品。感觉看他们表演时间过得很快，好像不大一会儿就完事了。

我看时间差不多了，急忙跑回宿舍，穿上我的红大绒彩衣，简单化了一下装。那团的演员一下场，我二话没说直接就蹿台上去了。不就是不唱正戏吗？有啥啊？我也先蹬了个赞头子，挑了一个我认为最好玩的：

马瘦毛长蹄子肥，
儿子偷爹不算贼，
瞎姑娘找了一个瞎对象，
俩人过了一辈子——谁也没看着谁。

还行，观众挺乐和。接着我自己讲了几个笑话，然后把陪我唱的那单片儿请上来，我俩又说了几个口。

这单片儿还不错，兜口兜得挺严实，就一样不好，她老公是在我们团吹唢呐的，她这边和我演，那边她老公在台上看，所以她总有点儿害羞的意思。

这就是演员不是两口子的缺点，行话说：不合手。我别楞[①]，她也别楞，她老公看着更别楞，观众在台下瞅着那就是比别楞还别楞——有点儿像说绕口令。

我看她有点儿拘束，干脆不和她互动了，自己讲笑话。

这之后，我唱了一首《不老的爸爸》，这首歌唱完不要紧，气氛居然异常火爆。我接着又来了一首《站台》，在这首歌曲中，我跳霹雳，翻跟头，把我会使的小活儿都夹杂在里边了。在观众意犹未尽还在大喊“再来一个”的时候，我俩果断地结束了演出。

下了戏我急忙脱了彩衣，脸都没洗，就来到剧场院子里的窗户边，想学学人家是怎么演的。

台上一个四十岁左右的男人，披肩长发，头顶稀疏，一副猪腰子脸，哑着嗓子正在说口。

一个包袱甩出去，没响，又一个包袱甩出去，还是没响。我暗暗替他着急，再一个包袱甩不响，散帘子是不可避免的了。但我心里好像又很期盼他散，他要散了证明我演得比他好啊！——这就是人的复杂心理，也可以说是阴暗思想。

我正胡思乱想呢，果不其然，第三个包袱他也没逗乐观众，这时候就看观众一个两个就有往外走的了。

看到此，我突然想起老艺人们常说的一句艺谚来：万象归春。

“春”字在这里是笑的意思，万象归春就是说社会上不论哪行哪业假如你要能逗乐人的话，那么都能受到欢迎。商场的售货员你要能把顾客逗笑，那你卖的货肯定比别人多；主持人你要风趣幽默，一样会比别人更加得到观众的喜爱；写书要是能让读者看你书看乐了，不用说，书也能多卖不是？同样，二人转演员只要你出场就能把观众逗乐了，往下不论是说还是唱，肯定都没问题。你要出场就没逗乐观众，就像这位演员这样，用我们艺人的话说，唱出“龙叫唤”都没用了。

---

① 别楞：别扭，不舒服。

这场演出在还差二十分钟结束的时候提前结束了。

这一下可不得了了，这件事仿佛一夜之间传遍了整个东北二人转圈。说在辽阳青年湖，有个北边来的小孩儿把辽宁有名的谁谁谁给贴散帘子了，还差二十多分钟呢，谁谁谁拎着扇子往回跑。

那天下了戏，二埋汰及所有的演员都把我好顿赞誉。那天晚上我都不知道自己能吃几碗干饭了，印象中好像走路都飘了。就连那宿舍和当年的和平大路有一拼我都没嫌弃，可能梦里都乐出声了吧。

接下来的两天都很顺利，每场演出气氛也都很火爆，那时我甚至打算下完乡之后不回北边了，还愚蠢地认为不唱正戏挺好，轻快、不累。

在青年湖演了三天我们就挪地儿了。开始还把我整蒙了，以为是没演好呢。二埋汰说这就不错了，每个团在一个剧场，至多五天。我这一琢磨，那不是天天净搬东西玩了吗？

新挪的这个地儿叫腾鳌。

这一次我们进地儿又是提前进的，当时还有一个团在那儿演。二埋汰说白场我们就唱，白场对方压轴我们一三，晚上我们压轴他们一三。

到剧场里边一看，嗬！灯光音响都是新的，这团真有钱呢！

陪我唱戏那单片儿小声对我说："这是辽宁省现在最好的小团了，演出设备全，演员也硬，演出时你就知道了。你自己加点儿小心吧，今天晚上弄不好……哼。"

就在这时，一个看年纪约有五六十岁的矮胖男人扒拉我肩膀一下，"你是新来这团的轴啊？"

我说："对，我压晚上轴。"

那老头儿不屑地一乐，"你来。"

我也不知道他叫我干啥，稀里糊涂地就跟他过去了。

老头儿把我领到几个男女面前，有个男的还在院子中弯腰刷牙，老头儿指着我说："看见没，哈哈……这就是新来团的大轴演员，哈哈……"

旁边那几个人也跟老头儿一样看着我放肆地大笑。我再傻也明白了，这是要笑我呢。我没说话，斜楞眼看了看他们几个，转身我就走了。我心想：嘁，瞧不起我？你等着一会儿演戏的，铆死你们！

白天我唱第三个，就因为他们早晨羞臊我，我把晚上的活儿都用了。我跟头把式、气喘吁吁、使尽浑身解数地唱完了第三码，下了台我心里想：看你们咋接?

我卸完装到剧场一看，人家不但一点儿散的迹象都没有，还得了一百多块钱彩钱。压轴那男演员化上装很精神，说起口来慢条斯理，包袱抖得嘎嘎响，京评段子张嘴就来。那女演员也不白给，嗓子好，唱得也好，行话说，俩人一块玉似的。

真是人外有人，天外有天啊！服了！

晚上人家一三，我们压轴，这可就惨了。

白天压轴那小子晚上更不白给，穿着时尚，说口俏皮，蔫巴相儿包袱甩得贼响。歌曲唱得也好，不像我，怎么唱都离不开二人转味。更吓人的是，唱到最后一个歌《迟来的爱》时，台上又上来一个女的，二女一男用舞蹈形式边唱边演，把这首《迟来的爱》用歌舞剧形式给演出来了。

我的妈呀！那观众那个反应，就如同在粪堆里突然看到个樟脑球啊！这都不可恨，可恨的是，人家演完了，把舞台上属于人家的灯光音响全部都撤掉了。他们那边撤，我们这边安。两下一比，我们这不就是叫花子嘛！

台上折腾完，我就出场了。我出去刚蹬赞头子，前排唰地站起来三个观众。

演出最怕前边走人，因为他能带动人。有的观众心态就这样，一看有人走，他就跟着走，也不管你演得好坏。

我一看走人了，还是岁数小，没有经验，这汗顺脑门子就下来了。

赞头子蹬完，我说了几个笑话，还行，观众还有笑的，等我把搭档叫上来，我的心就凉了一半了。敢情二埋汰给我找那个搭档一看今晚上这阵势，怕丢人，人家说啥也不唱了。上来的是二埋汰媳妇，长得像土豆子成精了似的，比我还矮，比我还丑。

我一看那也得演啊，也不能撂这儿啊，我又说了几个口，观众三三两两地就开始往外走。等我拿起麦克风准备唱歌玩命的时候，我的心彻底凉了——没有电子琴伴奏。

闹了半天，我们头一天在青年湖用的是对方的乐队，后两天二埋汰一直说来个电子琴伴奏员，可一直没来。今天上午用的还是人家的乐队，现在人家的乐队走了，而我们自己没有电子琴伴奏员。要知道那年月还没有伴奏带，演员无论唱什么都是现场乐队伴奏。

事到如今二埋汰也抓瞎了，急得台上台下来回跑也是无济于事。

拉板胡的老头儿有个他哄孙子玩的玩具电子琴，每次只能一个键盘出声音，老头儿拿出来摆在台上，像逗小孩儿一样，“噔——噔——”的。

我是又气又臊，气得是用啥啥没有，臊的是观众一个劲儿往外走。没招了，最后是用电子琴里边出厂时就有的儿歌，拉弦老头儿那边放，我这边就着节奏折腾了一会儿。

那场戏我把我所会的，能和功夫搭上点儿边的小活儿，全部都用上了。在我累得马上要吐血了，观众走了五分之四的时候，时间到了。我倒在了舞台上。二埋汰媳妇含着眼泪宣布——今天晚场演出到此结束，朋友们再见！朋友们晚安！

我躺在台上，眼泪像断线的珍珠——还转词呢——像撒尿一样哗哗地淌了下来。该！叫你狂！该！叫你傲！这回你也知道散帘子的滋味了吧。

我躺在那里，内心谁也不怨。我不想说是因为换了搭档，我也不想说是因为没有电子琴，我只怨我自己技不如人！一句话——还得努力学！

这时，一个岁数大的老爷爷趴在台边对我说：“挺好，孩子，挺好。”

我哽咽着说：“谢谢，谢谢大爷。”

第二天，又一个新闻在二人转演员圈里传开：昨天晚上，在腾鳌剧场，一个北边来的小孩儿压轴被前边的演员给贴哭了。

6. 天上人间：大娘！我饿！

腾鳌之后几日，六月初六这天，从早到晚，我们团一共演了六场，半夜一点多我们演员才结束演出回到住地。虽说身体异常疲乏，但一想到多赚了不少银子，马上对疲倦也就不以为意了。

那日之后，正式下乡，其辛苦劳累、风吹日晒自不必说。话说这一日，我们来到辽宁省盘锦市郊区一城乡接合处，地名因日久年深委实不记得了。只隐约记得小剧场不大，临街而建，门口一段沙石路基，每逢晴日尘土飞扬。据二埋汰言，此乃油田遍及之地，富翁云集之所，常有艺人走班于此，每场赏钱均在千金以上。

听完他的介绍，我就好像听了《天方夜谭》一样。一场光赏钱就能得一千多块？都赶上我一个月的工资了！但你还别说，等晚上演出第一码戏唱完，我才觉得这事应该是真的。

第一码演员上台刚唱了个小帽儿，前排一个观众随手就扔上去五十块钱，点了一首时下的流行歌曲。等到开码演出结束时，两人居然得了三百多块。贴轴大哥上去更不得了了，说了几个口就得了一百，大嫂出去又甩了几个包袱，接着又上来二百。

演员有个“通病”，一见彩钱情绪马上就高涨，这玩意儿就好像有人在变相夸奖你一样。越有人夸，越兴奋，俗话说：晒脸。大嫂本来说口就响，流行歌曲唱得也不错，两人连说带唱临下台时也得了八百多块，这就无形中给后边的我增添了压力。

临上台之前，我先把自己想要表演的节目在脑海中编排了一遍。我的想法是，不管得不得彩钱，无论如何不能散帘子。

大哥往下一走，我随着锣鼓点就上去了，一边走圆场一边用余光往台下观瞧。还好，观众挺稳当，前边也没有动的。在赞头子结尾之处，我来了一个踺子带按头，亮相立定，掌声立时就响起来了。这目的就是为了镇镇场，砸一砸地儿，先露一手，让观众感觉到压轴的演员也不白给。

还别说，这跟头翻得还真有用，前排一个三十多岁的阿姨让她身边的男人抬手给我扔上来一百块钱。我一见我也上来彩钱了，当时就兴奋起来了。因没那么大压力了，心情放松，口也流利了，相儿也出来了，还现挂了几个口。这一下更不得了了，一会儿一百,一会儿一百，上装还没出来呢，我自己就得了五六百了。

随后我把上装请上来，调侃了几句，第一首歌还是《不老的爸爸》，这已经成为我开场砸地儿的节目了。

这歌也真好使，可能是因为我岁数小、长得小，可能是因为我笑得好，也可能是因为我长得好玩，不管怎么说，反正是每次唱完，掌声叫好声都不断。这歌唱完之后又上来几百。我接着就是《站台》，跟头把式、连翻带打地结束了演出。

下了台一数钱，我的妈呀，一千三百多！去了给乐队的十分之三，再给女片儿分去一半，我自己净剩四百多。那一夜我失眠了，要是天天都这样该多好啊！

第二天晚上，我打第一场板儿，我坐在那往台下一看，嘿！昨天给我赏钱那阿姨又来了，还是坐在第一排。

她也看见我了，我礼貌地冲她点了一下头。阿姨也回报我一笑，然后就不时地和旁边的人小声交谈。

我能感觉出来，他们是在说我。那种感觉，就好像突然之间我成了一位名人，我感觉整个剧场的观众都在不时偷看我、议论我。我下意识地调整了一下坐姿，好使自己看起来更加成熟一些。我甚至在演员唱歌的时候，下台把衣服换了。平时我穿的是背心、大裤衩、拖鞋，我换上了半截袖、长裤、皮鞋。二埋汰看见我这身打扮都愣了，张着嘴半天才从牙缝里挤出一句来：“你不热啊？”

前边两码都不错，每码都没有空手。轮到我了，我好像比昨天还紧张，自己都感觉到心跳得厉害。

我一上台，就看见阿姨身边的男人从一个小皮包里拿出两沓一百的，看样子一沓应该是一万，都是没打捆的。

我蹬完赞头子，阿姨用手示意我到她身边去。

我趔趔勾勾心怀忐忑地下了台。舞台不高，一步就迈下来了。我来到她的身旁，因不知道她啥意思，就满脸堆笑地先伸出手去，讨好地和她握了一下手。她也高兴地攥了我手一下，然后她用手指着放在桌面上的钱，小声对我说：“自己拿吧。”

我当时就愣住了——怎么个意思？赏钱还有自己拿的？我还从来没碰见过这种情况，赏完往回要的倒是碰到过。此时观众开始起哄架秧子：“拿！拿！”

在上场的门那里，整个团的演员都开始趴门框往台下看，甚至还有洗脸刚洗到一半的，脸上还挂着香皂沫，手里的毛巾正举在半空。不用说，他们也是第一次看到这样的场面。

其实我心里也在犹豫，要说不想多拿那是孙子，但我不知道人家是真情实意还是在拿我找乐儿。万一我拿多了，人家“炸”了，下不来台是小事，传出去就是一辈子的笑柄啊！

瞬间的心理活动一闪即过，我连说口带耍噱头地在那一沓钱上拿了一百块，转身一个跟头翻回了台上。

接着我把上装请出来，接下来就好像形成了默契，只要我一个节目演完，那阿姨就示意我下去取钱，一直到整场演出结束。

下了戏，我正在洗脸卸装，那阿姨进宿舍了，后边还跟着几个男的。我心里一紧张：不会是想要回去吧？

二埋汰见此情景急忙迎了过去。阿姨和二埋汰说了几句话，大概意思是说很喜欢我的表演，她在盘锦自己有个酒店，想明天请我们团里所有演职人员到她酒店去吃顿饭。二埋汰都没征求一下我们其他人的意见就一口答应了。那阿姨又来到我的身边，夸了我几句就走了。

第二天晚上，阿姨在开戏之前就早早地坐在了第一排，演出时挨码赏钱，到我这儿又是让我演完下来自己取。我也很老实，每次只拿一百。因为这，陪我唱戏那单片儿后来还半真半假地把我好顿埋怨，怨我咋不多拿点儿。我心里合计：翻脸了你负责啊？

下了戏，阿姨用轿车拉着我，用一个大面包拉着二埋汰等其他演员来到了她位于盘锦市内的酒店。

酒店内布置得金碧辉煌，异常富贵。不过这人的记忆力真是靠不住，我能记得我们是怎么进的酒店，但坐了多少桌，怎么坐的，谁挨着谁，却无论如何也想不起来了。只记得宴席很丰盛，我还有生以来第一次吃到了王八。每人面前两个小杯，杯里装着不同颜色的液体，一杯绿，一杯红。据介绍，绿的是龟胆，红的是龟血。每个杯里还有一个樱桃，一红一绿沉在杯底煞是好看。

那天晚上我真是“红”了，阿姨不住嘴地夸奖我，所有演职人员都不住嘴地捧我，我也不住嘴地吃着，不住嘴地和他们每个人干杯。我感觉那天晚上我就是皇帝，不，是玉皇大帝……我不会喝酒，那天晚上我却喝多了。

有一副对联是这么写的，上联是“我在上，上到三十三天外，玉皇盖楼，我在楼头做寿”，下联是“你在下，下至十八层地狱，阎王掏井，你在井底挖泥”。大意是说，一个最高，不能再高了，一个最低，不能更低了。我觉得这副对联放在这里再贴切不过了。上联就是上边的故事，下联就是下边的遭遇。主人公都是我，时间仅一夜之隔。

转天早上，我们离开了那个剧场，来到了一个偏远的山村。

谁知从到那屯子那天开始，这雨就哩哩啦啦地下。大雨、小雨、阵雨、毛毛雨，轮番降临。虽然太阳公公时而也有露脸的时候，可那也是一闪即过，就好像我们得罪他了似的，斜楞我们一眼就走。

这天我正在住地门口望天，就听咔嚓一个炸雷，那村主任发话了："我看这雨一天两天也晴不了，你们在这儿也待三四天了，这么下去我们也供不起呀，小孩儿拉屎——挪挪窝吧。"

唉！古人云"读书不能不明句读"，下雨天留客天留我不留——这句话我就是能念出"留客天"来，可人家也还是不留我们啊！

无奈，走吧。二埋汰求村主任给派个车："人可以走着走，可这些行李，大包小裹的，又灯光又音响的，不用车拉也弄不走啊。"

村主任说："这大雨天，全是泥巴路，机动车也拉不出去啊。看你们也挺可怜的，中啊，就给你们派一辆吧——牛车。"

早晨七点多，我在睡梦中被大哥叫醒，迷迷瞪瞪从老乡家的炕上爬起来，半睡半醒地把自己的衣箱扔在了牛车上，然后把仅有的一条在辽阳地摊花三十块钱买的不知什么材质的绿毯子，卷吧卷吧掖在了皮箱与皮箱之间的缝隙处。一行人跟着牛车离开了那村庄，赶奔下一个落脚之地。

我问二埋汰："多远？"

二埋汰一指前边的大山，"过了那山就是。"

刚开始走时我还觉得挺好玩，一边揣着泥巴路，一边欣赏路两边的风景。时不时地还流露出童趣，追个蜻蜓、逮个蚂蚱什么的。

但没走出一里地，气力可就有些跟不上了。胶鞋踩在泥地上，走不了多大一会儿就走不动了，两只脚就好像有千斤之重，每挪动一步都恰如登天一般。这时候就得用木棍把泥巴弄掉之后，再接着走。可没走几步，又都沾满了，就像岳云使的那两个大泥锤似的。后来我一生气，干脆光着脚走。这都不是事儿，小时候经常光脚，夏天小伙伴们谁都不穿鞋，晴天雨天一个样。

这太阳，就像在逗我们玩，一会儿出来了，一会儿又没了，像个荡妇似的，总也不着家；这雨也是，像小孩儿拉拉尿一样，有时候以为他没有了，可在你不注意的时候，他又给你来个不期而遇，愣是给你挤出来几滴答，让你防不胜防。有时仰头看看，除了云彩啥也没有。不对，应该是云，不带"彩"。

带“彩”的都是没雨的云、漂亮的云，这是乌云，长得特别黑，能不能离我们远一点儿！

下午两点多了，我们还没走到山根底下呢。我们演员都没有吃早饭的习惯，肚子早就咕噜咕噜地开始抗议了。这条路也真绝，一个小卖店都没碰到过。哪怕有个当年我家在屯子里时开的那么大的也行啊！买两块糖含着，不也能解饿嘛！

我想起了小时候。在老家，野地里长有一种黑的黄的小颗粒，我们都叫它“悠悠儿”。有甜的，有酸甜的，特别是黄色的那种，个儿大，还甜，摘的时候都能感觉到流出来的糖浆黏黏地沾手。可是我一直盯着路边地头儿，远近都不见一棵。

看着路两边的苞米地，我又提议：“咱们烤点儿苞米吧？”

没人响应我，都自顾自地低头前行。

我好像穿越了，时光倒流了。我不是红小鬼吧？这是雪山还是草地啊？是草地！有泥水，应该是草地！金色的鱼钩还在吗？拿出来我要钓鱼，我要吊鱼汤。前方不是传来好消息，说弄到了一头牦牛吗？宰了它吃肉啊！

二埋汰说：“这孩子是不饿迷糊了，出现幻觉了。走不动不行你就上牛车吧。”

大哥和喇叭匠子两人合力掐着我的腰、攥着我的脚脖子把我扔到了牛车上。我翻了个身，趴在衣箱上边，眼睛注视着前方，心里想着——快，快，派支队伍拿下前边的山头儿，埋锅造饭！

不知谁喊了一声：“有屯子了！”

我急忙睁开眼睛，转着脑袋四下张望——可不，在右手边，一个夹着木头帐子的园子，一户人家开着后窗，有个老太太隔着窗户正在烙饼。我闻着了，是烙饼，还有烙糊了的，一股油烟味顺风飘了过来。

我像打鸡血了似的，翻身坐了起来，一骨碌跳下牛车飞一般地就奔那后窗户去了。

二埋汰他们大笑着说：“这孩子，疯了。”

我也不怕刮，也不怕扎，光脚越过了板帐子，栽栽歪歪，踉踉跄跄地穿过了园子来到窗户跟前。

那老太太看到我都愣了，半天才问我：“你干啥？”

我瞅着油饼咽口唾沫说：“大娘，大姨，大奶，我饿。”

老太太看到了我们的牛车，还有那十多个人，问道：“你们干啥的呀？饿这样？”

我说：“我们是唱二人转的，路过这儿，早晨到现在我还没吃饭呢。”

说着说着我竟然哭了。

老太太急忙说：“别哭，孩子，别哭，大娘给你几张饼。”

老太太说着进屋找东西给我包饼，我的哭声却止不住了，这回眼泪可真像是断了线的珍珠，噼里啪啦地往下掉，也不知道哪来那么多眼泪，为什么会那么伤心，就像那年在辽源时一样，最后哭得我直哽咽。

老太太给了我三张糖饼，我给众人分了两个，自己吃了一个。那饼烙得那个香啊！后来多少次想再找回那个香甜的滋味，可无论放了多少油，多少糖，面再好，都没再吃出过当年那个感觉。

7. 祸从口出：来！都给村主任跪下！

与二埋汰一起下乡的这一个多月，真可谓是喜忧参半。

喜的是经济上增进不少，不但比在剧场里多挣，而且差不多哪个剧场都有彩钱。也见识了许多新鲜事物，其他团演员的精彩演出。人常说“读万卷书不如行万里路”，此时我深有感触。

忧的是，接连不断有事发生。先是演出上技不如人，后是老天也来从中作梗，阴雨连绵，没有个放晴之日。好不容易太阳公公给脸了，二埋汰那边却又打不着地儿了。真是屋漏又逢连夜雨，行船偏遇打头风啊！

话说这天，我们正在郊区的一个小剧场里焦急地等待消息，二埋汰打地儿回来了。

只见他进了剧场，手舞足蹈、无比兴奋地向我们宣布了一个特大喜讯，他当地的一个朋友给我们联系了一个地儿，而且可以在那儿连唱七天。这可把我们全团演职人员高兴坏了。我一琢磨，这七天演完也就8月份了，之后就算没地儿也可以回家了。

我们一路开心一路歌地奔那村子就去了。

到了地方，村主任把我们领到了附近的一所学校院里。记得学校旁边还有条小河，山青水绿的，风景如画。戏台就搭在操场上，舞台上边还用多个塑料编织袋连在一起支了个棚。想得真是周到，这样一来下雨也不怕了。

村主任说："你们先歇歇，晚上咱就开唱。"

二埋汰听完这话高兴得就像马上要结婚入洞房似的，演员们一个个也都摩拳擦掌、干劲十足，大家纷纷打开了各自的衣箱，整理道具，挂出彩衣，一切准备就绪只欠东风了。

晚上，天一擦黑，村主任一声令下，正式开锣。

那几天，观众也多，十里八乡的都聚到这里来了。演得也顺，村主任说照这种演法就演它半个月。演员们听了都更加卖力气，每天都超时超量地完成演出任务。

话说演到第五天晚上，这天观众也不少，舞台左右两侧都围满了人。那场前边是两码二人转，后边是拉场戏《二大妈探病》。

《二大妈探病》的故事情节非常简单，女孩儿兰英爱上少年三小儿，兰英的妈妈嫌贫爱富不同意，兰英装病，二大妈探病，成其好事。这出戏改编自山西柳腔戏传统剧目，因讲述的是老百姓身边的家长里短，所以深受农民群众的欢迎。二人转把它移植过来后，从中插入东北满族萨满教的请神说唱"神调"，使它在二人转剧场长盛不衰。有句艺谚就是说这戏的：剧场没钱花，快出"二大妈"。

话说那天拉场戏开始，兰英、三小儿出场，然后二大妈出场。

二大妈由大嫂扮演。前边说过，大嫂本来长得就像赵丽蓉，所以演起二大妈这样的彩旦活儿来更是得心应手，手掐把拿。只见她拿着细长的道具烟袋，坐在椅子上诉说身世。

要不说也活该出事，大嫂有个口带语——妈了咪的。这句话谁说都不响，大嫂是每说必响。二人转演员有个毛病，一句口说响了，上台就想说，板都板不住。我有一次还特意问过一个观众，我问："你听出啥了就乐成这样？"他说："没听出啥啊，就是听她一说就想乐。"

这天，大嫂也像往常一样，拿起假烟袋伸到台前，跟观众说："来，给老婆子对下火。"然后随口来了一句"妈了咪的"。

偏偏不偏偏，她对火这人就是村主任。

这村主任当时也没吱声。不一会儿，我正在那打板儿呢，二埋汰从后边上台了。只见他把大嫂叫到台边两人一阵嘀咕。我从他们的神情中看出好像不是好事。果不其然，大嫂再上场，就开始想办法补救了。

大嫂说："哟，你说这不扯呢嘛，我老婆子这么大岁数还得罪人了。"说着话就冲前排的村主任，"那啥，别生气，噢，死鬼，下戏请你吃饭。"

只想这事一说一乐赔个礼道个歉就过去了，没想到不大一会儿，二埋汰又上台了。他冲着乐队一比画，戏停了。

二埋汰走到舞台中央，拿起麦克风，表情严肃地说："那个，不好意思，因为演员演出习惯了，刚才不小心说走了嘴，让村主任挑理了，我代表演员跟您说声对不起，希望您大人有大量，我给您鞠躬了。"大嫂在旁边也跟着鞠了一躬。

二埋汰接着说："其实啊，这'妈了咪'就是句玩笑话，也不是骂人，大家都别往那上琢磨就好了。好了，没事了，接着演吧。"

二埋汰说完下了舞台。大嫂接着继续往下演。演是演，但情绪肯定是受到影响了。这时我坐在那儿打板儿，二埋汰和那村主任在我身后的台下就锵锵起来了。

就听村主任说："我一个村干部，让你们说骂就给骂了？我以后还怎么做工作？"

二埋汰解释："她不是故意骂你，就是演出时一句噱头。"

那村主任说："你开玩笑、说笑话也不能说骂我就骂我啊！这东西二屯，成百上千的人在这儿看着，你让我这脸往哪儿搁啊？"

二埋汰带着哭腔说："那你说咋整啊？礼我们也赔了，歉也道了，你还想咋整啊？"

村主任说："我不管那事，反正你得给我个说法。"说完头也不回地走了。

二埋汰这时候也蒙了，关键是已经在这演了五天了，一分钱还没给呢。这事大了。

不一会儿，拉场戏演完，二埋汰再次上了舞台，拿起麦克风，"这个，啊，实在不好意思，我又上来了。刚才这个事啊，还得再说一次。我们实在是感到抱歉，因为我们演员的一时疏忽、大意，说错了话，这个，村主任您大人不记小人过，宰相肚子里能行船，您高抬贵手，让我们小哥儿几个，低个头就过去吧。来，父老乡亲们给村主任鼓鼓掌。来，所有演职人员都上来。来。”

二埋汰真哭了，“来，咱们一起给村主任跪下道个歉，对不起了！”

说完话，二埋汰领头儿，我们十多个演职人员齐刷刷地跪到了舞台上，大嫂此时已经是泣不成声了。演员、乐队一群人像上坟“报庙”似的，一时哭声震天。那场景，要是每个人头上再戴上白孝布，就跟辞灵差不多了。我跪在那眼泪也止不住了。这戏唱的，窝囊！

第二天，二埋汰接到信儿，戏不能唱了，钱也不给了。我们没地方去，就在那学校里又住了三天。

那三天住的，时时刻刻都心惊肉跳的，时不时有陌生人来骂几句，恐吓几声。

第四天早晨，二埋汰租了车，拉着我们极其郁闷地离开了村子。

到了海城，二埋汰给我们开了全额工资，宣布下乡结束，小团解散。我与众人一一道别，随后登上了北去的列车。

多少年后，我回头再细想这个事，其实也不怪人家得理不饶人，还是我常说的那句话：多在自己身上找原因。二人转艺术离不开临场发挥、随机应变，但它也是有一个条框的，绝不是无规矩地任意胡来。有的时候，演员在台上为了博观众一笑，的确是费尽神思，但无论怎么说，内心还是需要时刻把握一个度，免得给自己和他人带来祸患，那就得不偿失了。

8. 要钱要脸：这是唱二人转吗?

眼看八月十五了，得回家看看。

来到小卖店一看，我愣住了——小卖店呢？没了？原来小卖店那个位置空空如也，地上砖石瓦砾，被推土机压得溜平溜平的——家没了！

我家呢？我揉揉眼睛仔细观瞧：没错啊，这是我家原来的地方啊！旁边的建筑也都在。

我定了定神，小卖店没了，我妈呢？还有我爸呢？发生什么情况了？

正不知所措呢，对面走过来一个女的，离我挺远就说话了："是二虎吧？啊？"我细一看，是屯邻穆姐。

我说："是啊，姐，我是二虎，我爸和我妈呢？"

穆姐说："你爸和你妈搬到山下去了，你爸在下边买了个地号儿，自己盖了两间房子，走吧，我领你回去。"

我听完恍然大悟，原来是这么回事啊，可吓死我了。

我和穆姐边说边顺着小路往山下走，走到村头儿往右拐，一直向南，眼瞅着前边没有人家了，穆姐停下，到了。

穆姐领我进了小院，冲屋里喊："四婶啊，四婶，你老儿子回来了。"我妈听见外边有人喊，急忙从屋里跑出来，抬头看见了我，瞬间就眼泪巴擦的。

原来过年我走之后，小卖店就一天不如一天了，父亲天天出去打井也没有时间进货，看着租期也到了，父亲就通过当地的熟人在山下买了块地号儿，然后把小卖店货底子折腾折腾，外加打井挣的，又在外边借了点儿，勉强把这房子支起来了。

我妈说："现在大框起来了，门窗啥的还没安，也没钱安了，你爸说你最近可能快回来了，等你回来再看看咋整吧。"

听我妈这边说着，我把屋里屋外完整、仔细地看了一遍。

地方还挺大。前边带个园子，左边有个小院，从小院进来左边有个门能进园子，直行左边是个后门，后门进来，左右各有一间厨房，前方两个门通往两个屋里，俩屋的格局一模一样，都是进去一个大房间，拐弯处一铺小炕，炕和厨房一墙之隔。

我真是佩服父亲的聪明才智。两大间房兼并成五间房。可以住两家人家，麻雀虽小五脏俱全。我看完的感觉是一目了然：一间老两口住，一间留着给我结婚。

不一会儿父亲从外边回来了，进屋看见我就乐。我看着我爸也乐。

我爸说："呵呵，就知道你快回来了。爸把房给你盖上了，现在就差窗户和门整不上了，你看看咋整吧？"

我说："还能咋整，这眼瞅着上秋了，屋里也冷了，我看你门窗都用塑料布对付着呢。这么的，明天你就开始买木头打门窗吧，争取在没上冻之前全都安上。"

第二天，我把我这半年多攒的几千块钱都给我爸了。

在家里过完八月节，我又返回了梅河口——这是当初我和剧场老板的约定，下完乡回这儿接着唱。

第一天上班，晚场给我出的轴。开戏之前，有一些老观众听说我回来，都早早就来了，我下去和他们叙叙旧，聊了一会儿。

要开戏时，我上台坐在了打板儿的位置。

我下乡走后，这剧场又进来两副架，我都不认识。

第一码是夫妻架，两口子都三十多岁。正戏唱得一般，男演员嗓音沙哑。这是民间艺人的通病，经年累月地唱，每天两个小时，别说肉长的，铁的也磨薄了。她媳妇嗓子不错，唱完正戏，还能唱《囚歌》。那几年很流行这玩意儿。

看了他俩的表演我知道这两口子以前肯定在辽宁待过，唱《囚歌》时还扮上了，穿着囚衣，背个大兜子，下身穿条滴溜当啷的裤子，膝盖以下全都露着，光脚没穿鞋。歌曲唱到一半时，那上装跪到舞台上，哭得鼻涕一把泪一把的，这时候彩钱就上来了。

看上来彩钱，她就站了起来，走下舞台，一手拿着钱一手和观众握手。有的观众不知道出于什么想法，也跟着给。

唱到最后，她双膝跪在冰冷的水泥地上，撕心裂肺地一阵硬嚎，看着的确挺震撼。我坐在那边打板儿边琢磨，发展得真快啊，这戏要不好唱了。

第一码下台，俩人得了一百多块彩钱。

二码演员比头码年轻，大约二十七八岁的样子，也是两口子。男的嗓子一般，言谈中稍带女气，像个“假娘儿们”，女的化上装挺漂亮，唱得也还可以。

我给他俩打完小帽儿，头码演员来接板儿，我就下台化装去了。

梅河口的剧场，舞台和宿舍是通的，我这边化装那边台上演些什么都能听见。我刚要穿上彩衣，就听前边正戏唱完了，那假娘儿们说：“下边我给这位大哥唱一个。”

我心里合计：“上彩钱了？啥戏啊？没听见哭啊？”

我正合计呢，他这歌唱完了，听他又说：“谢谢大哥的赏金鼓励，下边我再给这位大哥唱一个，祝大哥身体健康，发福生财。”

我在后台都听迷糊了，什么玩意儿乱七八糟的。不行，我得上去看看。

我来到舞台边，扒开幕布偷眼往台上台下观瞧，就看假娘儿们一边唱歌一边用眼睛死死盯着前排一个观众，那观众眼神飘忽不定极不自然，不敢去和假娘儿们的目光相遇。后来我看那人好像也是被逼得实在没办法了，就极不情愿地从兜里掏出十块钱扔台上了。

假娘儿们唱完歌，捡起十块钱，搭在麦克风架上，接着说："下边我再给这位大哥唱一个。"说着话指向了给钱旁边的另一个人，"祝大哥买卖兴隆，笑口常开。"我去！这是什么演法？这小子指了几个人，唱了几首歌，最后也是拿着钱下去挨个儿和观众握手，扫了一圈儿，攥着一把钱回来了。

他俩一下台我没蹬赞头子就出去了，观众都认识我，一看我出场，掌声就上来了。我站在麦克风跟前说了一句话，底下观众当时就笑炸了："这是唱二人转吗？"

那场戏我唱完正戏之后又唱了几首歌，还好没掉地下，几个熟悉我的老观众给我赏了几十块钱。

打那以后我是看明白了，这两副架是每场上去各扫一圈儿。他们两副架谁在前边演谁合适，你唱《囚歌》下去握一遍手，我就去挨个儿给大哥唱，唱完我再下去握一遍手。后来我形容他俩——这都赶上鬼子扫荡了，片瓦不留啊！

其实，他们就是抓住观众好脸儿、爱面子的心理。你说人家跟你握手了，给你唱歌了，你好意思不给点儿吗？尤其是在你前边的都给了，到你这儿你要是不给，脸也没处搁啊！

但也有不好脸儿的，我看见过几次。你握手我也不给，该握我还跟你握。假娘儿们无论怎么给大哥唱，怎么点，那观众就是不赏钱。更有甚者，一听你要点我，我转身就走了，假装去撒尿，我躲。

他们这样，我可就遭罪了。我就是演得再好，那凭赏也是有数的钱哪！他们有时候从头排握到最后一排，一下子就能整好几百，我有时候一分都不得，说实在的，那滋味也挺不好受，站在台上这脸面也有点儿挂不住。有几次我也想狠下心不要脸了下去握一遍手，又一想，拉倒吧，跟要饭似的，有意思吗？

后来慢慢我也习惯了，也想开了，其实观众也能看明白，这种赏钱跟唱得好坏没啥太大关系。

没过几天，出了一个问题，而且是个非常严重的问题——前排没人买票了。一到五排都没人买。有的时候，后边已经挤得都进不来了，讽刺的是前五排一个观众都没有。

有那么一天，前五排坐了一个观众，大家就像看外星人似的，“快看，嘿，前排有人了。”观众看着也可乐，有的观众还指指点点，“看那哥们儿，今晚有乐子了，看他一会儿咋整。”

最后，老板急了。这么下去不行啊，剧场就指着前边的贵票出钱呢，这前边座儿没人买耽误挣钱呢。

有一天老板给演员开会说：“今后《囚歌》可以唱，但谁也不许再下台握手。”另外还对假娘儿们说：“你别老给这个大哥唱一个，给那个大哥唱一个的，有意思吗？还要不要脸了？”

假娘儿们表面上唯唯诺诺，背地里却没少骂三七——咋的啊？我出来就是挣钱来了，要什么脸？

打那以后，这两副架都有所收敛，但时不时地偶尔还“扫荡”一回，弄得老板生气不说，观众也是怨声载道。

第四章　人来人往

那些年行走江湖，每天大部分时间都在剧场里度过。接触最多的是演员，千奇百怪，风格迥异；其次是观众，形形色色，五花八门。

1. 柔能克刚：用软刀子扎人的老板

这些年，除了长春以外，我在梅河口待的时间算是最长的了。从十八岁那年的10月初到二十岁那年的5月末，除了中间下乡离开了两个月，我一直就在这一个剧场演出。

在此期间，我和演员处得还算融洽。有一位比我长一辈的女演员，还曾一针一线地给我缝制彩衣，那彩衣一直保存在我的衣箱中。前辈女演员给我洗衣服的事就更是家常便饭了。

在艺术上能力已经趋于平稳，也可以说是走入瓶颈期，要么就此平淡下去，要么碰到时机，发生质的飞跃。

1996年5月中旬，眼看到了下乡季节，我的心又有些活泛了。除了经济上的原因之外，也是想再多走走见见世面。总在一个地方称霸王对演员自身是没有好处的，演的都是重复的东西，接触不到新鲜事物，演员必须要见多识广，业务才会有所提高。

我向老板表达了要走的想法。老板当时没说什么，没过几天，老板找到我说："九台有副架不错，但现在下不来，我和那剧场老板商量过了，他同意咱们剧场用你来换。工资不变，你看咋样？"

我一琢磨，可以啊，正好九台我还没去过，据说也不错，很多名演员都在那唱过，那就换吧。

过了几天，九台的老板领着那副架来到梅河口，走时把我和当时与我搭档的女孩儿接走了。

晚上八点多，终于到了地方。我估计大客车此时也跑够了。这破道，像越野拉力赛的赛道似的，除了坑就是坑，还美其名曰柏油路。我呸！柏油路听见不得急啊？

下了大客，老板打了个倒骑驴拉着我和女孩儿来到了一家电影院门口，老板下了倒骑驴，用手一指告诉我："这——就——是——剧——场。"

这人说话语速非常慢，特别慢，声音还小，语气就好像我欺负他了似的。

我刚要下车，他说：“别——的，还——没——到——地——方。”

我说：“这不就是剧场吗？”

他说：“不——在——剧——场——里——住。”

我还要往下问，又一想，拉倒吧，等他说明白，都后半夜了，就跟着他走吧，反正也丢不了。

我们坐着倒骑驴又往前走，进了一条胡同之后又拐了几个弯儿，这才进到一个院子里。

一进院，老板就冲屋里喊：“来——接——下——啊！”

话音刚落，从屋里跑出一个两手沾满水的女胖子。只见她扎煞着双手，满脸堆笑，像个笑佛似的，但我能看出她那笑不是打心里往外笑出来的。

她边笑边和我打招呼：“来了哈，受累了哈，这坐一天车，快进屋吧，快。”我和那女孩儿拎着皮箱前后走进了屋里。

几个小房间都不大，老板把我俩安排住在外屋了，我俩放下东西，女胖子过来介绍自己：“那个，我是老板娘，接你那个是我对象，那啥，先吃饭吧，饿了吧？”

我一听她说才想起来，可不饿了咋的，中午在车上就垫补几口面包，我笑着说：“可不是呢，吃吧，真饿了。”

胖女人领着我俩来到另一个房间，见桌子饭菜已经摆好了，老板也早已经就座了，就等着我俩呢。

我一琢磨，别客气了，上桌吃吧。见我俩坐下，老板娘也坐下，老板端起酒杯说：“那——啥，欢——迎……”

我的妈呀，太费劲了，干脆我正常写，你们自己想象他的语速吧，要不然这一段三天都写不完。

老板说：“那啥，欢迎你俩来到九台，希望咱们合作愉快。你俩别拘束，到这儿就像到家一样，缺啥少啥了你就告诉我，啊，来……呀，你是喝酒啊还是……”

说到这儿他才发现我的面前还没有喝的东西，他媳妇急忙站起来要给我找酒杯。我说：“不用忙乎了，我不会喝酒，我喝水吧。”他媳妇拿过来两个杯子给我和女孩儿分别都倒上了水。

老板接着说：“来，水也行，干一个。”说完我们一起碰了一下杯。

不一会儿，吃完了饭，我俩与老板两口子打声招呼就各自休息了。

第二天白场演出前，我们在剧场看到了另外两副架。其中一副架是一个老头儿领俩女孩儿，据说是师傅带俩徒弟，这俩徒弟还是姐儿俩，年龄仅相差一两岁，一个唱上，一个唱下。

这俩姑娘，说实在话，当年我真没看出来哪里唱得好，但此地白天的老年观众却非常买她俩账，要按他们说的那这姐儿俩可就神了，什么字正腔圆、扮相优美、台风端正，这么说吧，要把这些优点全部凑到一起，梅兰芳听到都得气活过来。可见人世间的很多事是没有道理可言的。艺人讲：艺人别论艺，论艺就生气。何为好？何为坏？打倒老斗[①]吃饱饭。

我和他们相比，不敢说比他们好，但自认为也不照他们差。白天头二码，晚上压个轴，不算太红，可也不黑。

在九台那阵子还出了一段小插曲。

有一天白场刚下戏，剧场里进来三个人，两女一男，看样子是一对夫妻带着个女儿。夫妻二人都两眼瘀青，男的颧骨还肿了挺老高，女孩儿看年纪能有十六七岁的样子。

这三个人进屋就找老板，说是要进地儿。

趁着老板没来，大家就问这夫妻俩："咋回事啊，咋整成这样呢？"

那男的渍渍扭扭没好意思说，女的眼泪巴擦地说："别提了，这不嘛，养活姑娘养活出孽来了。在上个地儿唱戏，碰着个单毛子，这小子是吃喝嫖赌都占全了，知道我姑娘没对象，就黏糊我姑娘。我姑娘也不知道是吃错药了还是咋的，还真就相中他了。我和她爸说这小子不行，你跟着他肯定得遭罪，这小子他就不是个正经鸟。没想到，我这傻姑娘转身就把我与她爸说的这番话全告诉人家了，这小子也真不是个好饼，当天就找了几个社会人把我俩给打了。你看看这打的。没招了，我俩连夜就领着姑娘跑这儿来了。"

大家听完，震愤之余都不由感叹，真是世界之大，无奇不有啊！

第二天，我和这女孩儿唱了一场。嗯，相当不错了。我觉得白天那帮老观众应该把夸那俩女孩儿的话全部都拿过来放在这女孩儿身上。

---

① 老斗：外行。

第三天早上，我再到剧场去，看见那两口子正坐在化装室里哭呢。我问："又咋的了？"男的说："那单毛儿昨晚带人追来把姑娘给领跑了。"我听完一挑大拇哥——哈哈，能人！

不用说别的，这事如果放在我身上，女孩儿想跟我跑我都不敢领。

又过了大约二十天，我看在这儿也没什么可学的，再说我怎么瞅那老板怎么不像个好东西，表面热乎，言不对心，就找了个机会提出要走，让他找人吧。

老板说："这季节上哪儿找人去，再干俩月再说吧。"

我说："不行，我家里有事，得赶紧回去。"

老板看我走心已定，就给我俩结了账。这小子，我说他不像好人还真没屈他，到了结账时少给我俩开了七八天的工资。关键是一共才唱了不到四十天！

我说："你这差得也太多了。"

他磨磨叽叽用他那特有的语气跟我对付："那——你——说——咋——整——啊，我——也——没——挣——着——啊！"

我说："你挣不挣和我没关系，你是老板，我给你唱戏，唱一天你就得给我开一天钱。"

老板说："那——你——说——咋——整，就——这——样——吧，噢！——"

我本想和他再理论一会儿，又一想，这种情形，再锵锵下去也只会是白耽误工夫。在人家这一亩三分地，撕破脸也闹不到甜头。

我说："行啊，你这地方我也不打算再来了，就这一锤子买卖吧！"

老板笑嘻嘻地一脸无赖相说："别——的——啊，在——家——忙——完——你——再——回——来。"

我瞅瞅他心里咽下去一句话："你可拉倒吧！"

临走时我再次看看老板，憋不住笑地离开了那屋子。那老板看我笑着走了，脸上虚伪、僵硬的笑容一下就定格在那儿了。我猜他肯定在琢磨我的笑从哪儿来。

其实没什么，我只是想到了一个画面。医院里，老板半躺在病床上，身上乱七八糟插满了管子。他孩子站在床前焦急地喊着："爸！爸！"

老板表情痛苦："孩——子，你——别——急，噢——"

“爸！爸！你有什么遗言快点儿说，存折密码……”

“你——看——你，别——着——急，听——我——慢——慢——说……”

2. 口相干净：影响我最深的演员

从九台回来之后，我在家里小住了几日。虽说哪儿都不如家好，但家里也有不如意的地方——不挣钱，所以还得出去闯。

心下一合计，还是得往大地方去，向那些有名的艺人学习，小地方是学不到东西的。像九台这样的小剧场，以后能不去就不去，学不到东西不说，工资还不能保障。

眼看夏季将临，我将棉衣之类暂且放在了家中。选个日子，辞别父母，再次踏上征程。

第一站：长春站前。

到了天池曲艺厅，我先在门口看了看戏牌子，一个熟悉的名字跳进了我的视野。她是个单片儿，我们曾经唱过一场戏，她岁数挺大，名气不小，按行里规矩，我尊称为阿姨。

上午，戏还没开，剧场内冷冷清清。我从右边穿过观众席，进了舞台后的演员宿舍。以前来过，对这里很熟。

一个纤维板钉成的小屋，里边也没开灯，隐约能看到一张床，上边挂着白纱蚊帐。透过蚊帐，我看见里边面朝内躺着一个人，凭感觉，这应该就是那位阿姨。

我站在床边，透过蚊帐轻声地问道：“阿姨在这儿住吗？”

“谁啊？”随着问话，一张脸从蚊帐里伸了出来。

“是我，姨。”

那脸看了我一下，“哦，小宝子啊！”

不一会儿，阿姨穿好衣服出来问我：“你咋来了呢？路过啊？”

我说：“不是，打算在这儿唱几天，跟老板不熟，想请阿姨给费心问问，这里缺不缺演员？”

阿姨说："你不是在梅河口挺红的吗？怎么出来了？"

我笑了笑说："总在一个地方待着也不出息啊。"

"那你等着吧。"阿姨说完穿过观众席，向后边走去。不一会儿，回来了，那矮胖老板也跟来了。

阿姨向他介绍我说："就这孩子，唱得不错，杂耍也好，我和他唱过几场。"

老板上下打量了我一下，笑呵呵地说："我认识他，前几年来过，当时不缺演员就没用他，那，那唱两天看看吧。"

我急忙鞠躬感谢。老板说："走吧，我先给你安排住的地方。"我向阿姨道了谢，转身跟着老板穿过观众席来到了后边。

前行转角是一条走廊，进去迎面就闻到一股恶臭，地上还有不知道从哪儿流出来的黑水。又拐了两个弯儿，进了左边没有门的黑屋子。

首先映入眼帘的是一个烧开水用的大热水器，其次看见右边并排两个纤维板钉的屋子，里边那个看样子是有人住了。

老板说："你就住边上这个吧。晚上给你出戏。"说完他走了。

我进到屋里，打开灯，感觉很熟悉，有点儿像在辽源时我待的那个小黑屋。我放下皮箱，把我的绿毯子拿出来，铺在了床上。

躺了一会儿，我起身出了屋子，信步来到剧场内。此时已经开始进观众了，稀稀拉拉，三三两两。我站在后排看了看舞台，想起了当年我离家出走那会儿，就这屋，就这座椅，舞台也没变，只是中间那台电视没了，还有那些小兄弟。

我收回了思绪，转身朝剧场外走去。

出了剧场门，我向着右方，顺着马路边一直前行，不远就到了食品一条街。看见那里还有卖烧鸡和鸡腿的。靠边有个小锅烙部，我正好也饿了，就进去找了个靠窗户的位置，边吃边看着那些卖烧鸡的。

不一会儿，一个旅客模样的人和那其中一个小贩吵起来了。

那顾客激动地说："你那写得明白，两只五块，怎么买完就涨价？"

那小贩说："大哥，你看好了，是两只五元一斤，下边还有'一斤'俩字呢，你没看清楚你就买。"

我边吃边乐，奸商，真是奸商。我想起我买的那两个鸡腿，万幸，没挨宰。

下午开戏，我坐在最后一排观看台上的演出。

第一码的男演员嗓子不好，唱得也一般，上装不错，正戏之后，有几个岁数大的观众还给赏了几十块钱小费。

二码演员自称“小白鞋”，嗓音难听，言谈还有点儿大舌头，但挺有相儿，还挺会说。他媳妇唱得不错，嗓子很亮堂，两人唱了一段不大的小戏。

最后是阿姨压轴。

都说站前地儿硬，不好唱，但这三副架除了阿姨以外，我并没觉得有什么出奇之处。

下了戏，阿姨找到我，说我发型不好看，不由分说地拉着我去了理发店。我坐在那儿稀里糊涂地就被人把头发剃了。剃完我一看，两边一边一撮，前边一个桃形，像年画中抱鲤鱼那大胖小子似的。我看着镜子中的我，迷茫地看着阿姨。阿姨说：“挺好，就是这样的。”

晚上，我和阿姨唱第二个，我带着这发型，一露头，观众就乐了。我好像明白了，敢情是这么回事。那就这么演着吧。说口、请上装、正戏、唱歌、翻跟头，一路下来，还行，挺火。唯一不舒服的就是这发型，一出场挺好，观众很开心，但就那一下子好使，过后就变成累赘。进入正戏扮演人物，怎么演都感觉不咋舒服。

压轴的是小白鞋。这演员白天没看出什么特别，晚场可真出乎我的意料了。小白鞋个子不高，留着光头，脑后一条小辫子，蹦蹦跳跳的，脖子一伸一缩就像个小王八似的，一会儿对眼，一会儿晃屁股，观众反响异常强烈，就好像热水开锅了似的。那一刻观众好像突然忘记了他那难听刺耳的嗓音，原谅了他的大舌头。叫好声从前到后，一浪高过一浪，彩钱也像出灵撒纸钱似的往台上飞——比喻错误，应该是像街头撒传单似的往台上抛。

结束之后，我粗略地算了一下，这一场彩钱他怎么也得有五百块。

从此，除了唱戏之外，我就每天坐在台下看他的演出。

后来看得多了，我总结出了观众爱看他的几个原因。

第一，认真，不糊弄观众。他的彩衣、彩鞋从来都干干净净，我从来没见过上边有半点儿污渍。他从蹬赞头子开始，举手投足都一丝不苟，非常到位。进入正戏，该搞笑时搞笑，唱到悲处，表情严肃，真能唱出感情来。他能让观众在他的“认真”中忘记他嗓音刺耳、大舌头等缺陷。

第二，他能化腐朽为神奇。他可以把简单的东西，演得让观众信以为很难，就是会“卖弄”。比如转手绢、顶手绢、转扇子、用脚尖走路等这些小活儿，一般的二人转演员都会，但谁都演不出掌声来。他却能用这些小活儿要来掌声，而且观众是真的认为他这活儿演得好，不简单，不容易。我曾亲耳听到过观众议论他：“小白鞋那身功夫相当了得。”——其实他连个最简单的车轱辘把式[①]都不会。

第三，从容不迫，不说脏口。他什么时候出场都稳稳当当，一步是一步，任你前边演员闹翻天，他还是不慌不忙地走路、说话，从来没见他慌里慌张过，心态非常沉稳。他也从来不说过头话，脏口什么的就更不搭边了。

第四，非常会说，而且能说到观众心里去，行话说叫“上条子”。大家可别小看上条子，这也是门学问，虽与拍马屁有相通之处，但拍马屁也有拍马腿上的时候不是？

他看出来我挺好学，也挺喜欢我，没事就和我闲聊几句。有一次我要出去买换季衣服，正好他在剧场门口听见了，非要领我去。我拗不过他，就随他去了。没想到他把我领到一个大商场去了，在那儿买了一个半截袖、一个大裤衩，一结账，三百多块！

三百多块啊！

我咬着后槽牙付了账。大哥，我一天才挣多少钱啊，拿我当你了！这套衣服至今我也没舍得扔，还在我的皮箱里放着。

当年同台的艺人后来告诉我，那时候阿姨和小白鞋因为争彩钱互相吃醋，阿姨把我头发剃了就是为了铆小白鞋的。没想到后来不但没铆成，我还被人家给收编了。

这件事到底是不是这样我不知道，我只知道我感谢阿姨。没有人家给说话，我不可能进到这个剧场。但从此事我也悟到了一些道理：看似平常的一件事，站在不同的角度、立场，它就变成了另一件事。

在站前唱了一个多月之后，小白鞋下地儿要去吉林市。他临走之前跟我说，那里是他的地盘，还说可以带着我，工资比这里给得高，问我去不去。吉

---

① 车轱辘把式：侧身翻。

林剧场是我当年梦寐以求的去处，据说能在那里久占的都是东北二人转界一等一的高手，如此良机我岂能错过，于是我无比兴奋地随口就答应了。

走那天，小白鞋租了个半截子[①]，前边驾驶室有两排座那种。后边车厢内装着他的家当，像搬家似的，拉了满满一下子，里边居然还有一台电视。

我第一次看见这么有份儿的二人转演员，挪地儿还打车走，我一直都是自己肩扛手拎地坐大客、挤火车。坐大客还可以，累也累不多大一会儿，怕就怕挤火车，遇到站台多的车站，光拎着这些东西跑就是要累死人的，每次上了车之后都得喘上老半天才能缓过劲来。座位也时有时无。有一次不但没座，连站的地方都没有，被逼无奈，我在厕所里撅了好几个小时。在座席底下趴着就更是常事了！再说往行李架上放皮箱，就我这个头儿，我这小身子骨——行了，不说了，全是眼泪啊！

3. 慷慨解囊：老戏迷为演员救场

下午一点多，车在一栋三层楼前停住了。我当时也不管如何给安排住宿之类的闲事了，迫不及待地钻进了剧场。

台上正唱《汾河湾》，一个五十岁左右的下装，陪着一个二十岁左右的上装。下装年龄偏大，嗓音还不透亮，那声音就像打碎了一个没烧透的二大盆似的，闷不出溜的，但还算挺有味道。那女的胖胖的身材，嗓音有点儿飘，不实成，听着像鸡崽子叫唤。

在梅河口时曾无数次听演员们说起过，这地方地皮怎么硬，怎么难演。在我的心中，能在吉林坐住地儿的演员都是三头六臂，都得像哪吒、韦陀、孙悟空、二郎神一般神通广大。如今看来，也不过如此嘛！

这副架下去又上来一副架，下装也是沙哑的嗓音，像没睡醒似的，听着干巴，一点儿也不水灵。上装是个瘦弱得如林黛玉般的女孩儿，虽说看似弱不禁风，但唱起来还真是不错，嗓音甜美、字正腔圆、韵味十足、满腔满调。这女

① 半截子：一种小型货车。

孩儿我在科班学戏时就听说过她的大名，今天一见果然是名不虚传。扮上戏也漂亮。虽说个头儿不高，但很有台风，用艺人话说很“压台”，气质的确与众不同。

他俩演完我以为结束了，刚要起身，没想到又上来一码。最后出来压轴的演员我也早有耳闻，在东北二人转界算是位名角了。以前都是在磁带里才能听到的主儿，今天在此得以见到尊容，我的心情格外激动，也真感觉到不一样就是不一样，这次是真来对地方了。

下午，剧场老板来了。因为暂时没有空屋，就给我预备了一套行李先让我住台上。小白鞋媳妇让我以后就在他家吃饭，我说也行，我每天交伙食费。小白鞋说不用了，一个人也吃不了多少，就是多双筷子的事。我又坚持了一下，人家还是不收，我一想那就算了，等以后分手时再一起算吧。

晚上这三副架可厉害了。

第一码这副架的大名我早就听说过，一出场就带着自信，嗓音洪亮，喊起赞来一丝不苟。他爱人站在台上，别有一番风味，两只大眼睛忽闪忽闪像会说话似的。正戏之后，俩人合演了一段包装式的歌曲，不但搞笑，歌曲唱得也好。特别是俩人你一言我一语的“疙瘩口”，既不春，还不粉，但听完就是可乐。

二码更要命了——磕巴。磕巴的功夫东北三省一绝。他和他媳妇俩人从出场开始就小活儿不断，踢个腿、下个叉、翻个跟头，手到擒来，在不经意间，把功夫在舞台上运用得淋漓尽致。正戏之后，一首《站台》唱得那叫一个火爆，当中霹雳舞跳得那叫一个好，我会那两下子，跟人家一比简直就是垃圾——垃圾中的垃圾，跟不会一样。

美中不足的是，说口一般——他结巴。虽说没到一字一卡的地步，但严重影响演出情绪。说口讲究的就是最后抖搂包袱那一句，他却往往就在最后一句上结巴。观众看不出来，以为他说话就这样呢，但我是内行，我知道他那是说不出来，越着急越说不出来。所以他一说口，别人不乐，就我自己乐。那笑话都赶上给我一个人讲的了。

大轴小白鞋，这位就更不用说了，这剧场还是他熟地儿，一露头观众就鼓掌，他再把相儿往出一使，观众更买账。那场戏彩钱他又得了一千多块。

以上介绍这三码戏，他们谁和谁都不犯相儿，节目上也不发生冲突。头码两口子是靠年轻、合手来打动观众，一个眼神、一个动作都透着默契；磕巴是全凭功夫，卖力气，每场都倾尽所能，不把自己的那些活儿卖弄完绝不下场；小白鞋是卖相儿、上条子。这三副架把晚场承包了，一二三码轮番调换，今天你压，明天我压，后天他压。我在吉林待那几个月，差不多每天晚场都是这样的。

有人问了，那你呢？咋没看你上场？你唱哪码？不瞒大家说，在吉林那段时间，连白天那两位艺术家晚场都轮不上，何况是我了。那几个月我就唱白天戏了，有时候演员多，我全天都没戏。但我也没闲着，我有我自己的活儿——打板儿。

以前在别的地方最多时打过六码戏的板儿，在这一天打过九码——这剧场上午、下午、晚上各三场戏。

一开始演员来接板儿还客气客气，“我自己打吧？”

我说：“没事，我打吧。”

“那你受累。”

后来他们一看是我坐在那儿，干脆就不来接板儿了，有几次差点儿没让尿把我憋死。

那时的吉林剧场晚场已经逐渐向不唱正戏过度了。每副架四十分钟，后边留出半个小时，全体演员每人一首歌，恰似一个小型音乐会。压轴的演员基本已经都不唱正戏了。

我开始进地儿的时候是在舞台上住，后来给我安排到了一个堆放杂物的仓库里，在里边安上一张单人床，单间还很肃静。

后来又把我借到临江门去唱了几天。没想到在那儿还唱红了，老板时不时地就给站前这边打电话，求老板派我去给唱一场。有一位老观众还特别喜欢我，经常去看我，有时还给我往舞台上扔个十块八块的。那年的八月节，那老爷子还单独请我吃了顿饭。

那天我在站前剧场演出，即将结束快下场时，他凑到台边小声说：“我在剧场门口等你，你卸了装就出来吧，我请你吃饭。”

因为在那之前我对他已经很熟悉了，卸了装没多想我就出去了，在剧场门口见到了他。

他推着一辆破旧的自行车，上身穿件蓝制服，下配一条黑裤子。稀疏的头发向后梳成背头，年纪有五十岁左右，自行车车把上挂着一个黑色的上边有俩半圆拎手的黑皮包，就是人造革的那种，皮包上还印着到某某地旅游留念的金色标志。当年很多人都拎过这种包，特别是经常出差的。

从穿着打扮、言谈举止上能看出他不是个富人，可能还有些贫穷。他推着车领着我来到剧场后边那趟街，进了一家火锅店。

我俩找了个角落坐了下来，点了两盘羊肉片、一盘粉丝，他让服务员给他打了二两散白，给我点了一瓶啤酒。我俩边吃边聊。我说了一些我在学习艺术方面的情况，他也表达了一些他的个人看法。他提议我应该多学些正戏，他说我的唱腔韵味非常浓，不唱正戏可惜了等等。我能感觉到他对二人转的喜爱和对我的欣赏。

从这顿饭上我也看出来，他的确不是位富人，他喝着白酒，只吃一些很小很小的肉丁，把大块的肉片都夹到我的碟子里。

那顿饭吃得我很感动，不是什么山珍海味，也不是什么南北大席，但真的吃出了那份感情。直至今日，我依然铭记于心。

后来又发生一件事，使我对他的尊敬更增加了一分。

在临江门剧场，一个小女孩儿在第二码唱正戏，一个不喜欢听正戏的观众在台下起哄，非要把小女孩儿撵下台去。那天他在现场，我在台上打板儿。就在小女孩儿哭着不知所措之际，只见他从后排站了起来，快步走上舞台，拿出一百块钱，搭在麦克风架上。然后他拿起麦克风，说了一段相当精彩的话。可惜原话我不记得了，大致意思是说，这个小女孩儿是个非常不错的演员，正戏唱得相当好，像这样的演员在当今的舞台上已经很少见了，作为观众应该鼓励，而不应该起哄，应该尊重演员的劳动成果等等。说完之后，观众掌声雷动。

我当时在台上非常感动，这才是观众，真正喜爱二人转、欣赏演员的观众。

特别值得一提的是那一百块钱，放在大款身上可能不算什么，但在普通老百姓手里，说不定那就是一家人一个月的生活费啊！我估计当时那观众，一个月至多也就挣个三百五百的，他能直接掏出一百块钱来为演员救场，这种恩情得用什么来报答？

多年以后，我又到吉林去演出，那位观众还曾去看过我，我们还互相留了电话号。可惜，后来在几经辗转中，电话号弄没了，也联系不上了。但我真的发自内心感谢这位老观众。

我也很惭愧，面对今天的舞台，今日的二人转，我惭愧。可我无能为力，也只能是望台兴叹。我能做的，就是在我本人的演出中，二人转，我能多唱一段就多唱一段——我也只能勉强做到这些了。

话说八月十五那天，我与老观众吃完饭后回到剧场，晚场演出小白鞋登台就又给我上了一课。

这天，剧场早早就人满为患，后来据说因为买不着票，急躁的观众把卖票亭都推倒了。

第一码两口子开码就没唱正戏，说口、歌曲、小品，开场就把气氛挑到最嗨，彩钱也得了四五百。

二码磕巴更是拼命了，功夫、杂耍、口技、霹雳舞，一样没落。一位观众五百五百地连着往台上扔了两次。

那天观众也疯了，庆幸剧场是楼房，要是平房，房盖都得挑喽！

当时在那剧场的所有演员，有戏的、没戏的，唱完的、没唱的，都趴在边幕旁，等着看这场好戏。

其实就是等着看小白鞋怎么压这个轴。

那场戏，要是放在别的演员身上，十之八九是散帘子了。我试想了一下，那场如果换作是我，别说散，我都不一定敢上台了。但人才就是人才！大将就是大将！角儿就是角儿！二码磕巴得了一千多块，收拾彩钱往台下一走，小白鞋，微笑着，缓步走向了舞台，来到舞台中心站定，用电视台主持人的腔调，动情地说："亲爱的观众朋友们，欢迎大家来到站前剧场。今天是八月十五，喜庆团圆的日子。常言道，每逢佳节倍思亲！我们民间艺人，四海为家，一年四季，漂泊在外，今天不能回家陪伴亲人过一个团圆节，为人子，我很惭愧，为人父，我非常难过，但令我欣慰的是，今天能为这么多观众演出，能为你们送去欢乐，为你们带来笑声，我觉得——值了！"说到这儿，就看前排一个观众随手递上来一千块钱。

多么生动的一课，简简单单的几句话，让观众瞬间忘记了前边的演员。我本以为他上台会说口卖相儿，甚至也会和磕巴一样玩命，可他却偏偏反其道而行之，化骨绵掌，四两拨千斤。那一千块钱上来，说啥观众都乐，演啥都火。直到今天，每次提起，都让我感到无比兴奋、感叹、佩服。

过了八月节之后，东北名头很大的一位女演员联系到我，想请我去和她搭架，工资比我现在高。那我当然高兴了，这是可遇而不可求的事。跟名角唱戏，本身就是个学习、锻炼的机会。

我和吉林剧场结了账，又和小白鞋及他媳妇道了别。临走时，我给小白鞋伙食费，他说啥也不要，来来回回撕巴半天。后来我看人家是真的不想要，就不再坚持了。

不过后来我听到过不少传言，说小白鞋夫妻俩骂我是白眼狼，说我在他家吃了好几个月饭一分钱没给。

传言的真实性并不重要，但不得不承认它影响到了我。自此，像这样主动的恩惠我大都选择拒绝。就算接受，也尽快把人情还回去，很多时候是当场就还。我不知道我这么做到底对不对，但至今我还保留着这个习惯。

4. 乐极生悲：若要断酒法，醒眼看醉人

从小到大，我很少过生日。

小的时候家在农村，没有那么多讲究。看过别人家孩子过生日，出来玩时手里拿个煮熟的鸡蛋。我从五岁开始家里就开小卖店，鸡鸭鹅基本没养过，养都没养过，就更别说下蛋了。初中以后，家里生活条件直线下降。父母每天为了生计而奔波，自己的生日都想不起来过，孩子的就更被忘到爪哇国去了。

唱戏之后，一年四季流浪在外，没有人去关心你的私生活，谁管你过不过生日。我自己有时知道，今天是我生日，可那又能怎样？多添个菜？钱不允许。打个荷包蛋就算对自己的特别照顾了。

印象中第一次有人专门为我过生日，还是在梅河口那次。老板听说我过生日，特意在家里给我摆了家宴。做了几个菜，还给我定制了西式蛋糕，请我和当时的搭档去他家做客。

虽说那是第一次，但今天你让我去想当时的每个环节，我却无论如何也

想不起来。我只能记得都谁在场，至于吃的什么菜、什么饭，席间都说了什么话，那只能去问天了。当时吹了几根蜡烛，许了什么愿，也都不记得了——如果今天实在要我说，我想那时候可能因为第一次玩这种洋式，乐得都找不到北了，这愿许没许都两说了。

唯一记住生日经过的一次，是1998年在绥棱。

那时候我在当地还算受欢迎，老板也非常喜欢我，出去吃饭一般情况下都带着我，使我一直有个错觉，这两口子对我真的挺好。后来在一次闲聊中他媳妇无意中说出了心里话，我才知道自己在人家心里其实没那么重要。

他媳妇说："当年对你好是因为不想让你走，为啥不想让你走，你便宜啊！不但便宜，还好使。白天、晚上轴，都能压。同级别比较，那我当然不想让你走了。"

虽说老板娘这么说，咱也大概知道人世间这点儿事，无非是互相利用，可这也证明一件事，那时我就已经有利用价值了。

有点儿扯远了，咱们还是说我怎么过生日吧。

当时剧场里同台演出的有三副架，一对年轻的，年纪和我差不多，小两口儿，刚在家生完孩子出来；另一副架四十多岁，还带个徒弟。

徒弟年纪比我稍小，圈里圈外有点儿不大懂事。这徒弟不咋懂事，小两口儿那下装就有点儿看不上他，平时说话唠嗑总有点儿别着人家说的意思。这徒弟呢还没啥心气儿，人家看不上你你就离远点儿呗，他不，非得往人家跟前凑。

有一次，俩人不知道因为啥就闹了个半红脸，最后徒弟的师傅出面才平息了此事。虽说俩人没打到一起去，但弄得都不怎么愉快。那年轻的下装眼睛斜楞斜楞的，还是有点儿不服气。

本以为这事就这么过去了。没过几天，正赶上我过生日。

晚上散了戏，老板让老板娘摆了一桌子菜，一个喜欢我的观众还特意为我送来了一箱易拉罐的老五星啤酒。

我们一桌子人，演员、老板外加老板几个朋友，团团围坐，共同举杯来为我庆贺生日。这一喝上酒，大家可就有点儿收不住了。推杯换盏，觥筹交错，不一会儿，桌子上的人都有点儿高了。我平时不喝酒，但那天是为我过生日，我当然得喝了，我也高了。

大家正兴高采烈、频频举杯的时候，也不知道是因为啥，那下装和那徒弟俩人吵起来了。大家都喝得快找不到北了，谁都没注意这茬儿，等我们都回过劲来的时候，俩人已经动手了。

大家一看打起来了，赶紧酒也不喝了，都起来拉架。这下装不依不饶的，满剧场追着打这徒弟。他一个徒弟，怎么也不敢和演员对着干哪，就东躲西躲地哀求。

这时候人家师傅不干了，起身一边护着徒弟，一边和这下装商量："兄弟，有啥事你冲哥说，他一个小孩子，你这当叔叔辈的，能过去就过去呗，有啥大不了的？"

按理说，人家师傅这几句话说的挺在理。怎么说，你也是长辈，那还是个孩子。再说师傅都这么说话了，你就着台阶下来得了呗。没想到，这下装不但没消气，反倒更急了，轮着拳头就奔人家师傅去了。

这一屋子人哪能让啊，赶紧上前拉住，他媳妇也紧着商量。那也不行，这下装就好像疯了似的，谁拉着就骂谁，还连踢带打的。

我一看这谁也不好使了，就赶紧凑上去，我认为我俩平时处得关系还不错，就晕晕乎乎地说："哥，今天我……"我这"过生日"仨字还没说出口呢，这小子迎面就给我一拳。

我本来就喝多了迷糊，这一拳打完我更找不到东南西北了。我正迷糊着，这小子随后又是一脚，直接踹我小肚子上了，我倒退了几步，扑通，坐到了台上。当时酒也醒了，好像也忽然明白怎么回事了，嘴一咧——哭了。

我一边哭一边抄起麦克风架奔他去，众人一看我俩干起来了，赶紧又上来拉我俩。这屋里可就乱套了。

众人把我按在台上，找个凳子让我坐下了，我坐在凳子上一边哭一边骂。自己也生气，这刚刚日子有点儿好过，戏也唱得随心，观众也捧场，老板也得意，结果又出了这么个事，真是乐极生悲啊！

我正胡思乱想瞎琢磨呢，那边又炸庙了。那下装说啥也不干了，连夜就要走，让他媳妇赶紧收拾东西。他媳妇说这大半夜往哪儿走啊，这小子随即又把愤怒转向了他媳妇。

他媳妇不是刚生完孩子嘛，白天新买的鸡蛋，这时就派上用场了。他从床底下拿出鸡蛋，冲着站在炕上的他媳妇，像公园里拿球打奖品似的，啪啪啪啪一顿砸。他这边砸，他媳妇那边躲，片刻工夫，就看他媳妇背后整面白墙上，一片焦黄，顺着墙往下淌溜儿。

他媳妇一看实在拗不过他，就当真开始收拾东西了。

老板一看这种情况，这大半夜的也不能让他走啊，就和他好言商量：“不干也行，明天早上再走也不迟啊，这黑灯瞎火的，半夜还没车，绥棱屁大个地方，你咋走啊？”这小子，一声不吭，铁了心就是要走。

等他媳妇收拾完，两口子大包小裹地来到剧场观众席的夹道上。他回头看看我，我坐在台上还在哭。他三步并作两步，箭步蹿上了舞台。我一看，这怎么还没完了，还要打我呀？我急忙往起一站，准备拼命。结果他到了我面前，没打我，而是单膝跪地，冲我一抱拳，“哥对不起你了，以后有机会哥给你补回来。”说完，起身下台，手忙脚乱地推着媳妇出了剧场。

众人跟到剧场门口，还想再劝几句，可一看真的是走意已决，也只好无可奈何地望人兴叹，任他而去了。

临走时他媳妇回过头来有些不好意思地对大家说：“那就走吧，他就这样，喝酒犯病。”

当时黑龙江天气那个冷啊，两口子踩着大雪窠子，顶着北风，着急忙慌地走了。

第二天没事的时候，大家坐在一起闲聊，探讨昨天晚上的事到底是什么原因。有的说是因为那徒弟的事，白天没打起来，晚上喝点儿酒冲动了；也有的说是因为我和他媳妇曾经唱过一场戏，可能是他吃戏醋所以才借酒劲打我。我说：“你们说的都不对，我认为他是——喝酒犯病。”

晚上唱戏之前老板联系上了他，他自己在电话里说的：“别提了，喝多了。一睁眼睛在大客车上呢。所有发生的事，都不记得了。我还问我媳妇，怎么在大客车上呢？这是要去哪儿呀？”

这个生日虽然没过好，但却让我记住了，也从中吸取了教训。做任何事情都要有个度，要懂得适可而止。

我本来就不会喝酒，这件事之后，我喝的就更少了。酒这个东西，少喝强身健体，多喝的确无益。直到今天，我不论参加什么场合，基本没喝醉过。因为我看见过喝酒之人醉酒的丑态。古语说“若要断酒法，醒眼看醉人”，就是这个道理。

5. 边走边学：那些江沿上的撂地艺人

1998 年春天，我离开绥棱来到了哈尔滨江沿的北七道街百花曲艺茶社。

这茶社当时在东北二人转界也算小有名气。唱上之后，老板、观众都还算满意。我也不招灾、不惹祸，到点就演出，空闲时间就看书、学习。

剧场坐落在一个院子里，院门口紧挨一条马路，过了马路就是松花江。江沿绵延二三里的范围内，有不少江湖艺人“撂地”。我以前只是听说过“撂地画锅”，在这儿算是真正见识了。

撂地演出是民间艺人最初的舞台雏形。以前没有舞台，艺人在空场平地上画个圈儿，自己站在圈内，手敲锣鼓之类的响器，以招徕观众驻足观看。艺人在演出精彩的时候，停下收钱，收完之后再继续表演。

撂地要艺人有真功夫，因为它与卖票演出不同。卖票演出是观众买完票了，好坏就那玩意儿，不好看你也退不了票；撂地是先看后给钱，看好了你再给钱，看不好转身就走，没人冲你要。所以不论是杂技、魔术、相声、大鼓还是二人转等民间艺术，想要撂地挣钱，艺人必须要有真才实学。

撂地艺人很辛苦。它不似在剧场里演出，有固定表演时间，其余时间可以休息。撂地演出一场结束，假如还有其他艺人在这一个“锅”里吃饭，那就大家轮流着表演。如果就你自己一个人或一副架，那就这场演完，中场休息个三五分钟，马上接着再来下一场。因长年累月地演出，嗓子得不到休息，所以大多以说唱为主的撂地艺人嗓子都不好，声音嘶哑，仅仅是能发出声来而已。

撂地艺人还得看老天爷脸色吃饭。他们艺人自己有个艺谚：“刮风减半，下雨全无。”意思就是，刮大风天还能有零星的人前来观看，下雨天就完了，门都出不去，更别说赚钱了。

我在茶社演出的时候，正赶上春夏季节，气候适宜，江沿上人来人往、络绎不绝，所以差不多每天都有这种露天表演的演员在此撂地谋生。我平时下了戏之后，就沿着江沿挨个儿圈子溜达、转悠，开眼界、长见识，从中也学到了不少东西。

因为艺人每天都来，所以基本也都固定下了各自的表演范围。各演各的，互不侵犯。声音大的离声音小的远点儿，别搅扰着，大家都挣不到钱。

那时下了江沿，靠左边的是一伙吹唢呐的，看情形应该是一大家子人。最大年纪的得有八十多岁了，白发银须，年纪小的还在怀里抱着呢。每当吹奏的时候，全家老少一起抄家伙。以两个看年纪应该是儿子辈的为主，爷爷辈的吹笙和拉二胡，孙子辈的打锣鼓、拍铙钹等小件。我以前跟我师傅上过活儿，所以对这套家伙都不陌生。而且我还特别喜欢，喜欢动手也喜欢听，当然我也能看出里边的门道来。

这一家子说话都是山东口音，也都是实在人，不会上条子，就是实打实地表演。撂地要会上条子的话，就能比别人多挣。

一段吹完，妇女就抱着孩子端着小锣开始收钱。收一圈儿，回来捡起，几个人喝口水，再接着吹下一通。赶上酷暑炎热三伏天，江沿上没遮没挡的，那俩吹唢呐的，汗水把衣服都湿透了，脸上被阳光晒出了一层油，真真看出不容易来了。

我特别佩服吹唢呐那哥儿俩，的确是有真功夫。像我吹唢呐，那哨片还得修出漂亮的形状，软硬适度，再用烙铁加热使它闭嘴儿。人家那哥儿俩没那么多讲究，就是普通的苇子，用剪刀剪下一小段，下边丝线缠出个底座，往喇叭钦子上一插，用手捏扁了，送到嘴里就是吹。

我一般在这儿听一两个曲子，之后再接着往前走。如果感觉今天给钱的人少，我就给个一块两块的，起个带头作用。

前行不远，右边一棵柳树下坐着两位唱东北大鼓的。后来常来常往经过攀谈知道，二人是亲哥儿俩，家是榆树乡下的，哥哥双目失明，弟弟身体也有点儿小毛病。弟弟弹三弦，哥哥唱。

我非常喜欢听大鼓，平时在他们哥儿俩这儿听的时间居多。一把三弦，一面鼓，没有乐队、电子琴、麦克风啥的搅扰，不吵不闹，纯原生态。听时间久了就听出门道来了，敢情他们的鼓词和我们二人转的戏词都一样，所用的调门儿也都差不多。不知道是大鼓学习的二人转，还是二人转抄袭的大鼓。比如《罗成算卦》《大西厢》《白蛇传》，戏词辙口都一模一样。

在这儿还能听到一些二人转舞台上听不到的小段子，如《剑阁闻铃》《江湖叹》《大烟叹》等。

我平时给那些吹唢呐的一次一块两块的不等，给这兄弟俩最少是三块，有时候人少我也会点一出我喜欢听的段子，那样我就给五块。后来我离开哈尔滨，一度还挺想念大鼓书的呢。可惜，那么好的民间艺术，现在基本听不到了。

再往前走有几个练杂技的。

我不喜欢看这些，有真功夫者少之又少，蒙事唬人的东西居多，我们行话说都是“老腥儿”。什么钢枪刺喉、吞铁球，然后钢丝缠脖子，弄得大喊大叫跟要杀人了似的，看着闹挺。

那钢枪刺喉是纯老腥儿，据行里人说，其实这个节目并不需要演员具有超人的气功，它是有一定窍门的：一是枪尖较钝，并非锐利；二是枪上的木杆质地很软，两人轻轻一顶就弯；三是枪尖并不顶在喉部，而是随着木杆的弯曲，枪头侧部的面顶在喉部下方的胸骨上了。

吞铁球、缠钢丝更是骗人的，铁球没真进到肚子里，钢丝看着是缠上了但都不吃力。演员故意演出那个难受样，像要憋死了似的，其实一点儿事都没有，呼吸顺畅。

还有嘴叼自行车、胸口碎大石等等，这些旧社会走江湖卖假药的耍的伎俩，现在又都起死回生了。有不少电视台也跟着起哄架秧子，不明白他们是真不知道还是装不知道。

反正这些东西，我不看，也不给钱，因为我觉得这既不是真功夫也不是艺术。

还有一种以变魔术、耍杂技为名招徕观众，然后卖东西的，这些就是实打实的骗人。

但在他们这里也能学到为我所用的东西，比如开场聚拢观众，那可就是纯耍嘴皮子功夫了，有点儿近似于脱口秀。一个人连说带忽悠，真的假的全来，嘴角冒沫，口水横飞，“各位三老四少，学徒的今天在这儿给老少爷儿们鞠个躬，行个礼，没别的，脚踏生地眼观生人。那位说了，你是干啥的啊？我是干啥的？放心，我一不是卖大力丸的，二不是走江湖卖假药的，我是 ×× 市 ×× 杂技团的一名演员。（说着从兜里掏出个小红本）这是我的工作证，哪位上眼瞧瞧，看看证上的照片是不是我这小老样儿？这次出来我不为赚钱，就是为了扬名。我先给大家露两手，我们大队人马随后就到。不瞒众位说，我师傅今年九十高龄，拿手节目轻功绝技，你们在电影、电视剧里看到的那都是假的，今天我师傅给你们来真的。（一指旁边柳树）看到这棵柳树没有？我师傅一个跟头就能站到树枝上，那树枝还不带折的……”就这一套白话，任你神仙也得驻足观看。

我第一次也被他给忽悠住了，就站那儿等着看他师傅，一直等到他把他要卖的什么治疗高血压的手表都卖没了，收拾东西转变战场了，我才明白过来，敢情刚才他说的话就是一托儿，行话也叫“拴马桩”，我被人家当马拴那儿了。

后来我又看到过不少使这招法的，也记住了其中不少版本。办法损点儿，但是实用，也算人家的智慧。我后来在演出中也用过几回，的确好使。

这些小圈子都看过了，再往前走就是二人转的地儿了。这聚的人最多。演员大都在五十岁往上，我的理解可能是因为年纪大了，外加本身艺术水平所限，剧场干不了了，为生活所迫才在此撂地谋生。

每次来看的时候，有唱得好的老艺人表演，我就看一会儿，学一学老词老调啥的。但这里的演员无论唱得好坏我都不能给钱，因为我也是唱二人转的，给了会被艺人骂，意思是：你比我强啊？

继续往前走，那里有台阶可以走到上边的马路上。路两侧是一棵棵参天大树，树下有一伙唱歌的。他们不要钱，近乎自娱自乐。观众谁想唱谁就唱，乐队都是无偿的，有吹小号的、弹电子琴的、吹萨克斯的、打架子鼓的，还有音响、麦克，不知道谁组织的，反正很热闹。

我一开始是看，听人家唱，后来看有的时候没人打架子鼓我就上台去帮他们打一会儿。但不知怎么的，后来被剧场老板听说了，老板警告我不许再去帮他们打鼓。老板说跟撂地的混在一起“掉价”。

那以后我去江沿看他们唱歌，大多时候就只是看看了。不过有时看着没人打，我心里着急就还是会上去帮着打一小会儿。有啥掉价的，我不就是干这个的嘛！

——今天回忆到这段，我想那时之所以每天不厌其烦地去观看，除了喜欢以外，最主要的还是想从中学到有用的东西。

记得那时候有一位同台的演员跟我说：“你的艺术已经到头了，说学逗唱都没有什么再发展的余地了！”我听后很难过，还躲起来偷偷哭过。今天想来应该是心有不甘。不甘心生活只能如此，不甘心技艺就此止步。

6. 艺术值钱：角儿就是角儿

在百花曲艺茶社演出不久，老板又给我找来一个搭档。

这个单片子是位誉满东北的名角，录过磁带，二十世纪九十年代中后期在二人转观众当中影响极深。那年她才三十多岁，长得非常漂亮，论辈分我管她叫“姨”。

她正戏唱得好，我的杂耍在同时期的演员中也算佼佼者，我俩搭档应该算是互补，所以唱上一段时间之后反响还不错。

白场我依靠她，我嗓子一般，但跟她唱还可以，不给她背包袱。有的戏我不会，她就在空闲时间教我，比如《楼台会》《百年长恨》《阴魂阵》《罗章跪楼》这些戏，都是她教给我的。至今离了她，我自己还抱不起来，唱不了。因为当时都是口述的，没有形成文字，所以只有在人家的拉帮下才能唱，自己挑梁就唱不了。

晚场她依靠我。那时候的晚场观众以不喜欢听正戏的年轻人居多，所以晚场上装的任务基本就是兜口，顶多再唱一个歌，剩余时间都是在耍毛子一个人。把“吃饺子吃馅，看戏看旦”这句话给彻底颠覆了。

但我个人认为，男演员再厉害，也需要有一个漂亮沉稳的上装搭配。就如同美食一样，要色香味俱全。吃着香，品相不好，也会搅了胃口。艺术就是给人欣赏的。

那时候，同台有个演员在当地很有影响力，他的朋友不说遍天下，最起码每天每场都不下五个人来为他捧场。

他交这些朋友都赏钱，而且别的演员不赏，就给他自己。他不压轴，基本就是头二码，所以他这样就无形中给后边的演员增加了压力。

他这人有一个不算太好的习惯。比如说，我现在出去演出，进剧场时能不走观众席就尽量不走，不得已必须走的话，我肯定是用手遮住脸以最快的速度跑进后台，这是为了不引起观众的注意，不搅扰台上的演出，下台也如此。

但他就不这样。

这下装每天唱完戏，也不打板儿，让他媳妇去打，不论中场晚场，他在后台卸了装，走到台边，不管你台上演员在说口还是在唱，他冲观众席一摆手，那些赏他钱的朋友就一窝蜂似的站起来和他出去吃饭。

每次他一摆手，我和搭档就得在台上把戏暂时停掉，因为这时候说口也没人听，扭也没人看，等到他们这些人呜嗷喊叫地把桌椅板凳弄得叮当山响地出了剧场门，我俩再接着该说说、该唱唱。

还得说角儿就是能耐。我搭档那是艺术家，完全不把这事放在心上，白天就全凭一口唱，在彩钱方面却很少有掉地上的时候。虽说没有前边那演员得的小费多，但基本每场都有。

那时候我俩对上的戏很多，还有几块戏我唱得也还算可以。比如《回杯记》和《包公断后》这两块专业团体的谱子戏，我俩每次唱都没有跑空的时候。

记得有一位老观众，那年他得有七十左右了，穿着不俗，气质儒雅，说话慢条斯理，举止文质彬彬。每次看我俩唱这种戏的时候他都会赏给我俩一百块钱小费，演出结束之后还请我俩出去吃饭。

从此也可以看出，还是艺术值钱。

那段时间，我俩得的小费去了给乐队的都是平分。她不似有些单片子，得了彩钱之后，少给或者不给下装。这方面也能看出，为什么人家能成角儿。

有时观众是给她的小费，下了戏我不和她分，她就领着我用得到的小费吃饭。那段时间她领着我把江沿附近有特色的饭店都吃遍了。

那年我二十二岁，长那么大，还第一次那么有口福。

那时候，前辈在生活上对我也非常照顾。我自己一个人，男孩子不愿意洗衣服，所以每当我的衣服脏了都是她收拾起来帮我洗。

就在我俩搭档的这段时间，我还第一次见到了我现在的爱人：金玲。

有一次，我和前辈中午吃完饭从江沿往回走，迎面走来一位四十多岁的女人，领着一个身材高挑、眉清目秀的女孩儿。

那女人和前辈认识，也是演员，俩人就站下聊了一会儿。她俩在那儿聊，我就一直没住眼地看旁边那女孩儿。

她不是特别漂亮，但就是招人看，给我的感觉，这是一位非常稳当的女孩儿，用什么词语形容呢？大家原谅，这一写到媳妇我这脑子还有些迟钝了，反正就是给人一种贤妻良母的印象。

女孩儿看我在不住地看她，生气地瞪了我一眼，然后就把脸转过去了。

回到剧场，我和前辈说："那女孩儿真好看，那是谁啊？"

她说："那是演员的女儿，你相中了？"

我说："嗯。"

她说："那你等着，我去给你说媒去。"

我不知道她啥时候去的，但没过一两天，她回来跟我说："不行，我去给你问了，人家母亲说孩子太小，才十五啊。"

这事当时就是一说一乐的事，没想到后来她还真成了我媳妇。真是有缘千里来相会啊！

大概在六七月份的时候，身边演员用手机的就越来越多了。我当时连寻呼机都没有，看人家买，我也眼馋。后来看他们用手机联系演出场所啥的确实很方便，就咬牙也买了一个——爱立信 788。

买完之后我弄个手机套天天别在裤腰带上，平均两天都没有一个电话，可自我感觉也挺美的，好像突然就高人一等了。

刚买的那几天，见人总喜欢腆着肚子，故意把手机露出来。或是与人聊天时，下意识地把手机拿在手里摆弄。

有一次在剧场门口的饭店吃饭，吃的时候手机拿在手里显摆，走的时候就忘在桌子上了。回到剧场，一摸腰间，当时汗就下来了，一路狼跑地回到饭店。还好，那老板见我常来常往，知道是我的，就给我收起来了。我的妈呀！这要是真丢了哭是肯定的了，没准牙又得疼几天。

手机挎上了，演出也很舒心。按我的经验，又该到出事的时候了。

当时在一起同台的还有一个单毛儿，在黑龙江一带很有名气。不知道是他吃我戏醋了还是怎么的，有一次因为化装的事，他差点儿把我揍了。虽说后来我给他赔礼道歉他才没打我，可他随口爹娘祖宗地也骂了我好几句。以前就听说他爱打人，圈里有两个有名的都被他打了，有名气的都照打不误，更别说我这无名小辈了。那以后我自己就加小心了，尽量不往他跟前凑。

没过多久，松花江开始涨水，而且越涨越高。剧场紧挨着江边，每天都过得提心吊胆的。

那段时间我经常能看见下水井咕嘟嘟嘟往外冒水，井盖上边压着灌满沙子的编织袋子。晚上睡觉还能听见呜呜的声音。喇叭匠子说洪水来了就这动静，吓得我整夜整夜不敢睡觉。

没几日，那水眼看着就上马路了，老板让我们停戏回家听信儿。为了让我洪水过后还回来唱，老板还压了我五十天工资没开。

等我回到家不久，那要打我的单毛儿来电话问我："你还来吗？"

我说："来啊，那儿还压我五十天工资呢。"

他说："你别来了。"

我说："为啥啊？"

他说："肯定对你有好处，别来了，啊！"

直到今天我都没明白，这是啥意思啊？

后来我去别的地方唱了，就真的没敢再回哈尔滨。那工资钱打电话要了无数回，老板也没给我。后来听说剧场黄了，那老板也不知道哪儿去了。

7. 人能保戏：可惜他没有赶上好时代

1998 年的 8 月份，我应约返回长春。

这次可能是我艺术有所长进，唱上之后竟然大受观众欢迎。特别是晚场，我一出场就有碰头彩[①]，俨然一个名人。

和老板谈得很称心。有压轴的我就唱头二码，没有压轴的我就压一个轴。晚场压轴的时候居多，有一段时间十场有十场都是我压。

那时候的剧场，白天还是以正戏为主，但晚场头二码还唱正戏，压轴唱的时候就很少了。

当时与我同台演出的有个老艺人，在此咱们就先尊称他一声老爷子吧。老爷子那年得有七十多岁了，但化上装之后仍然很精神。

他高个头儿，略微有些驼背。年纪虽大但嗓子还很敞亮，正戏唱得非常好。今天要说的"人保戏"说的就是这个人。

① 碰头彩：演员一出场，观众即报以热烈的喝彩声。

何为“人保戏”呢？这得从“戏保人”说起。我本人那时候就属于“戏保人”的演员。

比如说，我会三十块正戏，但里边有大有小，有拿手的，也有不精炼的。《丁香孝母》我会唱，能唱，我在正戏前后还都能把你们逗乐，但看完之后你会说我这戏唱得一般。为什么呢？因为我把你们逗乐是在戏外，真正唱上之后，你就听不出“好儿”来了。这戏既不逗乐，也不悲伤，哭不哭，笑不笑的，而且它没有拿人的戏词和情节，唱腔也唱不出劲来。

但要换成《六月雪》那就不一样了。这戏情节曲折，词曲动人，我再唱出些感情来，不用唱得太好，只要全须全尾地把戏唱完，观众就会非常满意。

这是什么原因呢？因为戏好。戏本身好，只要你唱得别太“水”，观众都能认可。这就叫“戏保人”。

这位老爷子和我就不一样。他会的戏当然也是有大有小，但人家不挑戏，不论大小，唱上就保证能让观众鼓掌，听出“好儿”来，这就是“人保戏”。就好比一个武功大师，不论长兵器短兵器，甚至没兵器，对人家来说是一样的，人家赤手空拳你都打不过。这才叫高手。

有熟悉老爷子的演员曾经给我讲过一个关于他的传奇故事。

有一年长春站前演出，白天最后一码是《包公赔情》，老爷子和另外一位东北赫赫有名的女将合演。因为彼此都是观众熟知、认可的演员，两人也想借此机会兵对兵、将对将地唱一场，所以俩人那天在台下就开始铆上劲了。

那天老头儿化的是京剧黑头的装，黑脸、白月牙，戴着相纱——包公戴的乌纱帽，挂着黑满——戏曲中包公所戴胡子的特称，穿着黑蟒，足蹬厚底儿。

那女演员也是一身京剧老旦扮相。

两人上台从头开始唱，从头至尾，甩腔没有跑空的时候，观众掌声、叫好声一直没断过。整场戏唱完，不光观众过瘾，把看戏的演员都看傻了。观众一边退场还一边感慨：这才叫唱戏呢！

遗憾的是，他们没有赶上好时代。老爷子唱得那么好，却没有我挣的工资高。有时演员在一起闲聊时，他会半真半假地骂我：“小孩崽子都比我挣得多，你会唱啥啊？”我也不急眼，就是看着他嘿嘿傻笑。

老爷子从那里撤地儿后去了一个小县城。

后来听有来往的艺人说，有一天老爷子压晚间轴，出的正戏是《包公赔情》，在他前边演的是两副年轻架，上台全是歌曲杂耍。到老爷子上场时，没唱几句，观众就开始往外走。那演员形容，就听剧场的翻板椅子噼里啪啦直响。他说："我在那儿打板儿头都没敢抬，不忍心再看了。"正戏结束时，三百多座位的剧场，仅剩下五六十人。但就这五六十人，掌声却一直没间断过。

老爷子当时很感慨，情绪也很低落，他神色黯然，极度沮丧地对剩下未走的观众表达了谢意。最后含着眼泪说："二人转到寿了！"

从此我就再也没听到关于老爷子的任何消息。

我那些年行走江湖，碰见的演员很多，包括各路红角和所谓的艺术家，但就"人保戏"来说，今天能想起来的，仅此一位。

可惜，如今"人保戏"也好，"戏保人"也罢，都不复存在了。今天把它写出来，主要也是怀念那个年代。二人转，兴与我无关，衰与我有关。

8. 悔恨至今：望前辈恕我年少无德

1998年中秋过后，我先是在长春二道街的线材俱乐部演出，后来就和站前剧场两头跑，这边演几天，那边演几天。有的时候，白场在站前，晚场在二道街。这俩剧场是一个老板开的，打车来回很方便。观众看着也不腻，我也乐得享福、安稳，避免了经常挪地儿的辛苦，钱还不少挣。

搭档这方面，还和我以前一样，有单片儿就和单片儿唱，没有单片儿就和夫妻架轮班来。我也习惯了，面对不同的对手，格外长能耐，积累了相当丰富的舞台经验。比如说《西厢写书》这块戏，我会三种唱法，这就是陪不同的上装演出不经意学来的。

有一次，因临时找不到演员，老板就请来了一位专业团的女演员来帮忙。这位女演员，出过磁带，录制过光盘，在东北有些微名。她长得很漂亮，还总喜欢笑。

老板跟我说："就你会谱子戏，所以就得你陪你姐唱了。"

我因见识过专业演员瞧不起民间艺人的嘴脸，所以就实打实地说："行。但我会的谱子戏少，有的曲子高的地方我嗓子还唱上不去。所以只能说是勉强能陪，还望姐姐担待，多多兜着我点儿。”

晚场给我俩出的《猪八戒拱地》。

这戏我会，但从来没在台上唱过。我小时候家里买的第一盘磁带A面就是这个戏。

这种谱子戏都有一个特点：小，非常短。《猪八戒拱地》要是唱上的话大概也就二十多分钟，而且这戏唱上就停不下来。它不似我们民间的梁子戏，梁子戏我随便停，想在哪里加说口就在哪里加。这戏一停就连不上了。

上台之后，我把她请出来，说了几个口我就明白了，她和别的正规团演员一样，都不会兜口。看她在舞台上的表现，好像还很反感说口，甚至拿她开玩笑，她也会真的生气，认为是在戏耍她——这可就不好办了。

戏本来就短，她还不会兜口，所以我只能自己说口，而且还得大段地说，以保证唱完正戏，少剩时间，争取在一首歌两首歌之内结束一个小时的演出。如若不然，前边说口短、正戏小，那等正戏结束了，至少得剩二十分钟。这二十分钟光唱歌是不行的，演员在台上接连唱三个歌的时候非常少见。要是压轴，两个歌最多了。超过三首，观众就起堂儿走了。想演包装式的歌曲也不可能，那都是夫妻架或者两个演员搭档合手了以后才能演的。

那天我在正戏没唱之前，就尽量多说口，看时间差不多了，才让她开始起正戏。一段《猪八戒拱地》唱完，观众还挺喜欢。毕竟她是艺术家级别的，唱得确实好。民间的剧场里极少有唱这种戏的，观众也看个新鲜。

正戏结束之后，我架拢观众，让她唱了两首歌。她嗓子好，还非常有穿透力，唱完观众非常买账。我俩就着热乎劲儿，结束了那场演出。

下了戏，她很高兴，说没想到民间还有像我这样的演员，除了嗓子有点儿不够高以外，其他都不错。我听了她的夸奖当然很高兴了，谁都愿意听好话。要不怎么说，顺情说好话，耿直讨人嫌呢！

打那以后，我俩就算搭上架了——不搭也不行，她会的戏别人都不会。不过我也跟老板讲了清楚，白天可以压轴，但不能常压。晚场轴一场都压不了，唱正戏没人看，不唱正戏一个小时就要我命了。

接下来我俩唱了几天顺过架，感觉挺好。白天观众很喜欢，隔几天压个轴，也不错。晚上不压轴，基本都是二码——这是艺术家，你不能让人家唱开场码去啊！可艺术家也有一样很讨厌：唱头码，可惜了；压轴，压不住；唱二码，祸害人。她嗓子那么好，唱得也好，她唱完了，后边压轴的还就真得费点儿劲，关键是还有我在边上插科打诨呢！

有一个时期我俩这副架在长春还挺火。

可后来发生了一件事，唉，怎么说呢，至今想起来，我这心里还是很不舒服。

当时也不知道是哪位演员向老板进言了，或者是老板看我俩挺火，认为应该让我俩露露脸了，总之在一个平常的晚上，老板抽风似的给我俩出了个轴。

要不说人要在自己身上找毛病呢。戏牌子出去之后，我看见了，但我没在意，可能是被胜利冲昏了头脑，我合计毕竟那是艺术家，而且通过这么长时间的演出，观众对她很买账，一场轴有啥顶不下来的——人往往失败在高估自己的能力。

那艺术家晚上来，看完戏牌子也没反驳。我高估了自己，她也犯了同样的毛病。

那天观众特别热情，前边的演员也都铆足了劲。

我出去以后，还算可以，赞头子有掌声，说了几个口也不错。可万万没想到，事情在我把她请上来之后出现了逆转。

她出来后，我开始说口，拿她这“艺术家”的名头调侃了几句，说完她拿扇子打了我两下。正规团的演员都这毛病，不会兜口，你说完她就拿扇子打你。民间艺人不论是打嘴巴子还是拿扇子打，都是“老腥儿”，假的，打得响，演员还不疼。但他们正规团的不会使那股巧劲，打得都真疼。

我这几个笑话说完，观众稀稀拉拉只有几个笑的。我一看这不是好现象，就赶紧又说了几句，观众还是没什么大的反应。此时她还是拿扇子打我，连打带用扇子头抽我大腿。本来观众不笑我就有些着急，她这一扇子一扇子地抽我，还都是“磕老尖儿”，真疼，我可就有点儿吃不住劲了。然后我犯了一个最不应该犯的错误，掉小脸子了，我也生气了。

其实那时候，我可以打住说口，让她唱一个或者我自己唱一个，把气氛调节一下，转变一下台上台下尴尬的气氛。但可能是我年纪小，性格还是欠磨炼，我做了一个让我至今都很后悔的举动：停止了演出。

我冲她生气地来了一句：“你自己唱吧！”转身我就下台了，把她自己撂在了台上。

观众也愣了，开始还以为我是在开玩笑呢，但后来看过老半天了我也没回来，他们才反应过来，我是真的把她撂台上了。

这艺术家也的确让人钦佩。这事要是搁在别的演员身上，肯定也和我一样下台了。演出又不是我一个人的事，你下台不演了，我也可以啊。但人家没有，自己一个人唱了一场戏，就那么一首歌一首歌地唱，最后是自己哭着把这场戏唱完的。就凭这个，她就够上一个“艺术家”的称号。

下了戏，她装都没卸，收拾好自己的行头急匆匆地走了。第二天也没来上班。

打那以后我俩就再也没有一起合作过。

此事已经过去十多年了，但每次想起来我都后悔不迭。其实我一直想找机会给姐道个歉，之前也和姐见过几次面，但都因为脸小，没好意思说出口。在此，我正大光明地给姐道个歉：还望前辈恕我当初年幼，学艺不精，缺少艺德，让您受委屈了！

这件事如果深挖根源，还是会回到前边说的正规团演员不会兜口的问题上。试想一下，假如她会兜口，也犯不着用扇子打我，我更不至于因说口不响而着急，我就是想把她撂在台上，也没借口啊！

9. 听戏看人：形形色色的观众

那些年行走江湖，每天大部分时间都在剧场里度过。接触最多的是演员，其次是观众。

你别看观众就是看戏，和演员一个台上一个台下，散了戏就谁也不认识谁了，其实他们的关系也是很微妙的。现在我就给你们写几个观众的故事，那可真是形形色色、五花八门。假如拿出些时间，单独写本专讲观众的书，我想那也不是不可能的。

今天咱们就从我开始登台写起吧。

我初登舞台是在农村乡下，那里的老百姓非常纯朴，他们是打心眼儿里喜欢二人转。下乡都是太阳照射最足的那两个月，老百姓说这是庄稼“晒粒儿”

的季节，庄稼成不成熟就靠它了。野台子戏，台前没遮没挡，观众就那么坐在台前的空地上，甚至连伞都不打。有的老人手里拿张小纸壳，挡在眼睛上边，遮下阳光就行。有的怀里还抱着孩子，孩子也完全暴晒在烈日之下。我们演员看到这种情形内心都非常感动，恨不得把浑身的能耐都演给他们看。因为他们才是真心喜欢我们，喜欢二人转的人。

演员和观众不一定非得有金钱关系，绝不是赏我钱就好，不赏我钱就不好。我在梅河口演出的时候，有个老爷子，个头儿不高，当时年纪得有七十往上了，每天白场都坐在头一排把边儿的位置。他从不赏钱，能看出他也不富裕，但他捧场，乐呵呵地给你鼓掌。你唱好他也拍，你有时候忘词了，他也不生气，就好像朋友一样冲你挤一下眼睛，那意思告诉你，他听出来了。这种观众，他对演员有包容心，谁还没有个马失前蹄的时候。

梅河口还有一位观众，他这人有些当面说好话、背后使坏的嫌疑，演员都很烦他。有时候你跟他走个对头碰，他马上笑脸相迎，满脸谄媚地夸你："你唱得真好，那小味儿真浓啊，大爷今天就是来看你的。"你听完很高兴。转身他又碰到另一位演员，马上就是另一副嘴脸："我最烦他，唱的那叫什么玩意儿啊。"后来演员都知道他这毛病，所以每次见到他，没等他说话，演员先把他那篇词说一遍。他听完也不生气，也不尴尬，还乐呵呵地自己给自己找台阶下，"呵呵，净逗我。"真是让人哭笑不得。

我和百灵儿在那唱的时候，还有一个像混黑社会的人物，整天戴着个黑色礼帽，披件呢子大衣，就像《上海滩》中的许文强一样，有时后边还跟两个兄弟。

他看戏很讲究，只要你认识他，你前边的演员得多少彩钱你都不用怕，他肯定不会让你掉在地上。等我在辽宁下完乡回来，他就不行了，能看出来经济上已经捉襟见肘了。他在我这儿借了一千块钱，我离开时也没还我。

最后一次去梅河口，他听说我来了，还特意去剧场看看我，那时他已经蹬倒骑驴了。剧场里熟悉他的人都说，他这人有点儿讲究大劲儿了，后来都没有经济来源了也不省着点儿花，最后沦落到这种地步。

长春是我这些年待的时间最长的城市，这里观众的脾气秉性基本把东北三省的都概括了，这地方有啥样的，别的地方肯定也不例外。

在长春有四个老头儿被称作"四大天王"，他们的绰号分别是"串地龙”“卖油郎”“汽水刘”“坷垃张”。出名的观众不是美名就是丑名，听着他们的绰号，大概也能了解他们的特点。

这四个人都是白场的老观众，他们不看晚上戏，一是因为晚上杂耍多，另外晚场票价也贵，白场可以办月票，很便宜的。

“串地龙”的名字是演员根据他看戏的习惯给起的。这老爷子当时能有六十五岁左右，个子不矮，整天嘴里叼根烟卷，脑袋周围总是冒烟咕咚的。

他经常坐在头一排。他最大的特点是，无论你台上唱啥戏，他不到五分钟就站起来溜达一圈，从来没有坐着超过五分钟的时候。

串地龙本是黑龙江所产的土豆品种名，演员就根据他没事可剧场出溜的性格，给他安上了这个名字。演员看不上他是因为他搅局，你在台上正唱得起劲的时候，他也不管你那许多，站起来就溜达。有时候你说口刚要甩包袱，他往起一站，一下子就给你搅了。

有的演员嘴损，他一站起来，演员就半开玩笑地说：“大爷，你屁股长尖了？坐不住呢？”他也不生气，笑呵呵的，看着你的脸，继续溜达。

“卖油郎”那年得有七十多了，很矮小瘦弱的一个小老头儿。卖油郎这名字是他自己叫出来的。

二人转有个传统正戏《卖油郎独占花魁》，说的是卖油郎秦重在街上卖油，看见窑子里的伙计领着名妓花魁在大街上揽客，他见花魁长得漂亮，就用卖油钱逛了一把窑子，最后凭借自己善良的本性打动花魁并与之喜结连理的故事。

老头儿自己说他就是卖油郎，说一个剧场的老板娘就是花魁，他要独占她。每次说到这儿的时候，都异常兴奋，手舞足蹈的。不知道他说的是玩笑话还是当真。

有一次中场没开戏之前，他因为来得早就和旁边的一个老观众吹嘘上了。他说哪个单片子被他领出去摸了，哪个女演员被他给亲了之类的，说得眉飞色舞，像真事似的。

我个人认为他那是在吹牛，就他那黑不溜秋的脏手，哪个女人会让他摸？但他的确给女演员赏钱，这是真的。

“汽水刘”我不咋熟，印象中只见过一两次。据说他以前是推倒骑驴给小卖店送汽水的，他用这汽水钱给女演员赏钱，后来被汽水厂老板发现了，结局我就不知道了。

“坷垃张”其实应该叫“张坷垃”，演员是为了这四个人名放在一起赶最后那个辙口才这么叫的。

他当时能有五十岁左右，经常穿一件黑蓝色的制服，上衣兜好像还总别着一管钢笔。四方大脸，一笑露出满嘴的大黄牙。

他总在宋家洼子一带的剧场活动，很少来站前这边。我在线材俱乐部看见过他几次，骑个自行车，每次赏钱都极不情愿似的，得旁边的人架拢、忽悠，几番之后，他才慢吞吞地从怀里掏出个十元二十元的。他还不扔台上，而是直接递给演员，演员要伸手来接，以示尊重，然后他冲观众摆摆手，意思是——我赏钱了。

观众演员都拿他当笑话看。他这个名好像就是这么来的。“坷垃”在东北话里有不被人重视，被人瞧不起的意思。

写到这儿，思路才打开，那就再给你们写几位，都是长春的。

有一个老爷子，据说是个国企退休的老干部。冬天经常穿件灰蓝色的呢子大衣，稀疏花白的头发梳成背头，戴眼镜。这老爷子有个特点，喜欢评论。

他不是观众与观众之间的评论，而是演员在舞台上，唱完他就评论。

我第一次听他评论是在站前。那时我陪一位名气非常大的女演员唱，正戏刚结束，我和女演员鞠躬施礼，那老爷子在台下直接就站起来了。一说话把我吓一跳，我以为唱得不好，演砸了，观众起哄提意见呢。我愣在那儿细听才听明白，闹了半天是夸奖。

后来他总这么评论，我们就明白了，也知道他大概在说些什么，翻过来掉过去无非就是那几句话，字正腔圆、舞姿优美、台风端正之类的。

这老爷子也赏钱，但不是谁都赏。具体怎么赏，都什么情况下赏，我还真没摸透他的脾气。

他习惯把钱都换成硬币，那时候刚有一块钱的硬币，有时候他弄十个，有时候弄二十个，走到台边，一撒手，当啷啷啷啷……硬币叮当山响，满台乱滚，不知道他是怎么个想法。

据说当年基督教皇曾经用这个方法敛财，他准备个钱箱子，来布施奉献的人把金币扔进去，当啷一声，教皇说，一个灵魂已经上天堂了。老爷子的这个“当啷啷啷”不知道是想让自己上天堂去还是想让我们上去。

因为他的影响，有一位老爷子也学会了评论。他不在的时候由这老爷子负责干这活儿。只是这老爷子学艺不精，本身还没啥文化，每次一站起来都这水平："字正腔圆，那个，啊，嗯，啊……好！"所以他每次评论完接着的不是掌声，而是一阵哄笑。他还不自觉，乐此不疲。

我们唱正戏《秦香莲》的时候，当中有一段秦香莲诉说三年前家乡的往事。每到这段，女演员多数都用评剧唱腔演唱。而每次唱完他都站起来，大声评论："这小白玉霜闷腔儿唱得好，好！"我知道白派白玉霜那叫面条腔儿，新派新凤霞称疙瘩腔儿，这"闷腔儿"我还真不知道是哪派的，可能是我孤陋寡闻吧！

最后我给大家介绍一位我的特殊观众。

他家是梅河口市的，据说他那年能有个十七八岁的样子。他身体有残疾，但我不知道具体是什么病。

他双手往肘内抽搐，伸不直，五指也打不开。两腿从小腿开始向外撇，两只脚尖向内形成八字，走路只能一点儿一点儿往前挪。五官已经挪位，嘴歪眼斜。看似智障，但其实他头脑很正常。

他看戏都是白场来，每天来去有一个倒骑驴专门接送。

他就喜欢看我，每次我一上台把他乐得不行。有一个时期，他每天给我五毛钱。不扔到台上，而是在剧场门口等我，见我出来，因为说不出来话，就用残疾的手向我比画，嘴里发出嗯嗯的声音。我走到他身边，他用他那伸张不开的手指指缝夹着五毛钱递给我。不要不行，必须看我接过来，他才上车离开。

一开始我以为他是智障，我接过钱就乐，路人看见也乐，蹬倒骑驴的也跟着乐。后来接连几天连着给我，我就明白了，他不傻，他只是想对自己喜欢的演员表达一下自己的内心感受。他不富裕，他只能在他有限的可支配的金钱范围内，向我表达——他也很喜欢我。

他身体残疾，但心不残疾，他也有好恶，也有追求快乐的权利。知道他的真实想法以后，他再给我钱，我也会像在台上得小费一样，向他说一些祝福的话，这时他就会开心地大笑。整个脸虽然已经扭曲得不成样子了，满嘴流哈喇子，但却透着童趣的顽皮，很可爱。

写到此，心情有些激动。好了，今天就到这里吧。想起了几句话，一并记下来！

经历的不必都记起，
过去的不会都忘记，
有些往事，有些回忆，
成全了我也陶冶了你。

10. 柳暗花明：这就是我苦苦寻找的女孩儿

2000年秋季，我在长春不知不觉已经唱了两年有余了。

年龄悄无声息地背着我增长，可感情还是没有个落脚的地方。眼看着同年龄段、岁数相差无几的圈内男女一个个都找到了自己投心对意的另一半，唯独我像一个孤魂野鬼，独自飘零。夜深人静之时，我也是思前想后，辗转难眠。

生活中缺少一个恩爱的伴侣，舞台上也没有一个称心如意的搭档，总是“抓”着唱，不一定能碰到啥样的上装，因而日子过得极其单调，演出中也总有种有劲使不上的感觉。

正当我满肚子花开不出去，天大的能耐也使不出来，可东北托人给我物色能跟我一起唱戏的女孩儿的时候，一个女孩儿的母亲也在四处托人给自己的女儿物色下装。这人不是别人，就是那年我在江沿上碰见的那位女孩儿的妈妈。

当年与我搭档的前辈去给我说媒，被她以女儿年龄小给推托了。如今她女儿已经十七岁了，而且也学了二人转。她走了一辈子江湖所以她知道，孩子一旦选择了这一行，那就得找个内行的对象，不然婚后的生活会有很多麻烦。

可物色来物色去，普遍推荐的都是同一个人——我。

鉴于这么多人推荐，她看眼下也实在是找不到特别相当的，就托一个拉弦儿的媳妇给我传话，让我去一趟，意思是要相看相看我。

我接到信息是心花怒放，乐得一个高就蹿房上去了——不好意思，太夸张了。反正是高兴坏了。真是踏破铁鞋无觅处，得来全不费工夫啊！

知道她们娘儿俩在辽宁本溪之后，我向老板请了几天假，只简单地背了一个包，里边装上一套彩衣、一把扇子、一双鞋，还有一只唢呐，买张车票我就上路了。

临走时我胸有成竹，还在剧场里大言不惭地扔下一句话——领媳妇去。路上我的心情也格外舒畅，就好像那边一切都已经为我准备好了似的，一场戏就手到擒来。

要不说，嘚瑟大劲儿了，就要遭雷劈呢。

到了本溪，找到剧场，见到了女孩儿的母亲。老太太上下打量了我一下。老艺人，跑一辈子江湖了。她用淡淡的口吻对我说："这次让你来想必你也知道我们的意思。"

我说："我明白。"这有啥不明白的，二人转演员找搭档都是心照不宣，行内人都知道，基本就等同于找对象。

老太太说："我女儿正巧不在这儿，离此不远有个弓长岭，她和她哥在那儿帮几天忙。你今天晚上先在这儿住一宿，明天你坐车去弓长岭让我姑娘看看再说。"

因到本溪的时间早，下午没事我就在剧场演员宿舍里闲逛，这屋聊几句，那屋说几句。因为在长春待时间长了，总觉得，我待的是大剧场，东北名剧场，你们这小地方都是小剧场。再加上大大乎乎惯了，说话没个把门的，心里又总合计这次是来领媳妇的，兴奋过头了——总之，这屋里屋外让我嘚瑟的。等到晚上睡觉的时候，我就听到了别人对我的议论。

一个说："这小子怎么那么傲呢？"

另一个说："瞅他那个熊色[①]！像个跳子！"——跳子就是说我能嘚瑟。

我心里有种不祥之兆。

第二天早起，我辞别了女孩儿的母亲，上了一辆通往弓长岭的大客车。在那里的剧场宿舍，我见到了我未来的老婆——金玲。

那天她正好刚化完装，等着唱白场戏。天气比较冷，她坐在床上，腿上盖着被。我进了屋，简单做了一下自我介绍。她也没说什么，只是冲我笑了笑，露出两颗小虎牙。我感觉她化装不如本人好看。

我在她屋里待到她登台，还坐在台下看了她一场戏。

唱得还行，按刚学来说，还是有发展的。嗓子也不错，够用。使我惊讶的是她会翻跟头，还不是一般女孩子常翻的"前桥儿"之类软绵绵的那种，而是

① 熊色：令人厌恶的样子。

跟我一样翻的按头，很有阳刚之气。她还会“鲤鱼打挺”，更是大大出乎我的意料。

距第一次和她见面已经时隔两年多了，之前对她的印象还停留在江边那次好看的阶段。看完这些，她在我的脑海中有了立体的形象。

晚上，老板让我俩出的最后一码。我出去一顿卖弄，目的是想把气氛先做起来。可那天的观众怎么演都热不起来，害得我使尽了浑身解数，最后还是弄了个“搞笑未遂”。

这种情况常见，我们艺人管这叫“混子把条”。“混子”是鬼，“把”是看，“条”是唱，合起来的意思是有鬼在看戏。所以演员演得不舒服，观众也死气沉沉的。

把她请上来之后，比我自己在台上时稍好了一些。

小帽儿唱完，我感觉出来，不愧是艺人家的孩子，兜口啥的都还不错。唯一不舒服的是跟我不熟悉，外加岁数小，在台上总想与我拉开距离，有点儿放不开。

之后我唱了一首歌，她也唱了一首，最后我俩合唱了一首《站台》。她在歌曲中又使了一遍她那些翻跟头等小活儿。好在她会的那些我都会，无形中给观众一种错觉，以为我俩在比赛呢。她翻什么，我就翻什么，她用什么小活儿，我也一般无二。观众很喜欢，我俩也很高兴。

最高兴的是我。我觉得这就是我这么多年在苦苦寻找的女孩儿，这应该也是上天特别为我预备的。

转过第二天，白场还是我俩唱。正戏她也还算可以，只是在唱腔上略显稚嫩了一点儿。老艺人说：“二人转演员跟黄鼠狼似的，都是熬年头儿的玩意儿。”意思是演员就得长年累月地在舞台上磨炼，不经过岁月的洗礼始终难脱稚气。

一晃在一起唱了三天，我觉得也相看差不多了。我相中了，但不知道人家那边啥意思。那几天可真是有点儿如坐针毡了。

终于来信儿了，我接到了她母亲的电话，电话里她说她姑娘还小，让我回去吧。我一听当时这火就上来了，我说：“啥呀？你要我玩呢？姑娘小你早说啊！大老远把我忽悠来了，一句姑娘太小就把我打发了？你这老艺人，唱一辈子戏了，咋不走艺人道呢？咋这么没艺德呢？你姑娘哪儿小啊？那个子比我高出那么多，还小？”——别怕，以上是我心里想的，没真说出来。等我想说的时候，对方电话已经挂了。

放下电话，我心里这个懊糟啊！你说这扯不扯，白在这儿演好几天，力气也白卖了。这几天翻跟头把我累的，差点儿整吐血了。

我看那女孩儿对我还行啊，没感觉出来讨厌我呀！我像丢了魂似的，心烦意乱地在宿舍里来回转圈，演员们看我像得啥病了似的，都乐。

老板说：“要不我再给你找个片儿，你就在这儿唱吧？”

我说：“不行，我得回长春。”

我怀着复杂的心情回到长春，一路上心里这个难受啊！

进了剧场，演员们看见我回来，都问：“你媳妇呢？没领回来啊？”我尴尬地不知道该如何作答。

回到宿舍，我躺在床上，眼望天棚，自我反省。

忘记了哪位哲人说过：“你有没有拿出过一个小时仔细地思考一下你的过去、现在和未来？问一下你自己，究竟想要过一种什么样的生活？”不好意思，我总是能记住哲人们说的话，但却记不住他们的名字。

人世中活了二十四年，我还真就从来没有拿出过一个小时，问过自己这些问题。

从小到大，我一直在学习中度过。

咿呀学语，蹒跚学步。学大人怎么用筷子，怎么吃东西，怎么穿衣服、裤子、鞋。跟比我大的孩子学玩各种游戏。上学以后跟老师学不知道将来有没有用的知识。

大了以后，看人家学唱戏，我在父亲的指引下也稀里糊涂地学了唱戏。看人家搞对象，我也想搞对象。看人家吃好的、穿好的，我也学着人家，努力赚钱吃好的、穿好的。甚至都不知道啥叫好啥叫坏，买件衣服还得让别人帮忙看看好不好看。

先秦思想家杨朱有一次外出，到了一个岔路口，竟然情不自禁地哭了起来。我不想哭，我只想静下心来给自己选择一条适合自己的路，为自己的将来思考、抉择一回。

晚场唱完戏，我饭也没吃就回到自己的宿舍，把皮箱放在床上，拿它当书桌用，然后在上面铺上白纸，拿好钢笔开始思考。

经过深思熟虑，我觉得圈内再找别人基本是不太可能了，知道的那几个都名花有主了，不知道的基本也就不知道了。找外行的话，那也是后患无穷。思来想去，还是得回去找那女孩儿。

但我都被人家拒绝一回了，再回去怎么也得有点儿改观。上次失败的原因到底在哪里？

听到有人说我傲，能不能是我吹牛了，总认为自己比别人唱得好？再去我得低调点儿，聊天时不能说过五关斩六将的事，只能说走麦城那回。

还说我像跳子。看来我得少说话，蔫巴点儿。

那能不能又说我不搭理人，傲慢？那就有人问话的时候说，没人问的时候蔫巴点儿。

还有什么？上回去我跟演员吹牛说领媳妇去，话有点儿说大了，她母亲是不是知道了所以不高兴了？那这次去就不提媳妇的事，只唱戏，好好唱戏，然后再说。

……

第二天我跟剧场结了账，直奔本溪。

下午五点多，我背着双肩包，左手拎衣箱，右手拎着萨克斯箱再次来到本溪剧场。我一进屋，把大伙儿吓一跳。

女孩儿的哥哥看见我，眼睛都直了，脱口而出："你咋来了呢？"

我说："没什么，搭班唱戏。请问老板在吗？"

一个挺高个子，身材魁梧，面呈绛色，梳着短平头，大约四十多岁的男人从里边屋子走出来，边走边说："谁找我？"

我笑着说："我找你。"

上回来一次了，老板认识我。见我笑嘻嘻的样子，他大概已经明白了我这次来的目的。

他问我："真要在这儿唱啊？"

我说："啊，是啊。"

他说："我这工资可低啊。"

我说："给多少接多少，不给不要。"

老板说："这可你说的啊。来吧。"

我拎着我的东西，跟着老板进了演员宿舍。

女孩儿的母亲连同她的儿子、女儿，个个都用疑惑的眼神看着我，目送着我进了里屋。

事后我老丈母娘对我说："其实那时候看你再次返回本溪，我还是挺高兴的。"

搭上班就是好事，只要能让我在这儿唱，我初步的目的达到了，剩下的就是看我怎么表现了。

那时候，金玲还没顶码唱戏，只是有时候她母亲累了，她就上台帮着唱一场。大多时候是晚场唱，白天唱的时候很少。我来了之后，老板有时也有意无意地给我跟我老丈母娘出戏，这样我就有机会与金玲唱。

我深知自己的模样吸引不了金玲，当年曾有过一个女孩儿亲口把我疑惑了多年的问题当着我的面给定性了——她说我长得太砢碜了！所以只要有机会表现，我就尽量发挥我的能力。我的强项就是唱戏，只有凭这个才有可能博得她的欢心。

上次我和金玲在弓长岭唱了几场，从她的眼神和闲聊时的态度上，能看出来她对我的业务还是很认可的。但她母亲没看过我的演出。所以这次，我要先让她母亲在业务上看好我，进而再想接下来的事。

而且我还看出，金玲是那种特别听她母亲话的好姑娘。生活上也是绝对的贤妻良母，做饭、洗衣服、收拾屋子，件件拿得起放得下。

我抚心自问，这样的女孩儿上哪儿找去啊？

11. 一字之师：拉弦儿师傅为我指出错别字

本溪这地方，虽说在我看来不算是个大地方，剧场也没那么有名上档次，但戏可真难唱。

这地方每场戏三码，每码一个小时。白场三码正戏，晚场三码都不唱正戏。

我在长春压轴时长也是一个小时，但后来演员都轮流给后边带时间，一二码尽量多唱，最多的时候给后边只剩四十分钟，这样就能减少压轴演员的压力。

可到了这儿，跟别的演员都不熟，而且这地方也不是轮换压轴，唱哪码固定就唱哪码，谁也不会惯着你。不压轴吧，自己觉得屈才了，压轴吧，说实话还真有点儿压不住。

那年女孩儿的母亲将近五十了，而我在长春已经待了两年，业务也算出息得不错了，但我在她后边唱戏，无论是白天还是晚场，我都没显示出来半点儿优势。

白天唱不过她情有可原，她那个年代的演员，正戏都不错，虽说嗓子不那么出类拔萃，但做戏投入、表演认真，颇得老年观众的欣赏。

但晚上不如她就有点儿没道理了。我年轻，还会唱歌、跳舞、翻跟头，这些她跟我都没法比。但观众就是喜欢她，每场都很火爆。我与女孩儿在后边压她轴很费劲，在那儿唱了不到半个月竟然被贴散了好几场。我的未来老丈母娘啊！上哪儿说理去？

我这人生性比较懒惰，小富即安，只有切身感觉到压力才肯行动。事到如今，想要博得观众的认可，吸引金玲和她母亲的注意力，我必须想点儿办法了。

当时二人转演员有不少吹萨克斯的，吹的最多的曲子是《北国之春》。还有的穿上日本军服，连耍带吹。但这样演出观众虽然爱看，却总为媒体所诟病。

我也有一套日本军服，是在长春电影制片厂买的。虽说已经买来很长时间了，但一直没在舞台上穿过。这回，我想也该用上它了。

那几天我没事就琢磨，怎样才能演出特色跟别人都不一样呢，忽然有一天我开窍了：我穿上军装向中国老百姓道歉。这样我既能把相儿卖出去，还能吹萨克斯《北国之春》，媒体就算看见了，也挑不出我的毛病，如此一来，岂不是三全其美！

晚上演出，我先把蹬赞头子那一套演完，把金玲请出来，说了几个笑话，然后我一首《不老的爸爸》把气氛挑起来。接下来我背对观众把军服换上，把白天特意在市场买的雨靴蹬上，腰带、枪套都扎好。腰带、枪套是我在长春电影制片厂买军服时一起买的。在鼻子下边，我抹上日本人留的仁丹胡。我戴上帽子一转身，观众掌声立时就上来了。

我的脸型和个头儿都极适合模仿日本人，外加这身行头，观众非常买账。而且我的军服与别的演员穿的还有区别：他们穿的都是黄白色布料做的，还弄得脏兮兮的满身褶皱；我这身衣服是呢子的，而且是新做的。相比之下立时就提高了一个档次。

这思想都是当年在小白鞋那儿偷学来的。

在我转过身之后，无论观众怎么笑，我都不笑。虽说听见掌声我心里很高兴，那我也不表露出来。我一笑，怕又被媒体说我拿日本军服耍笑。

我拿起麦克风，用一本正经的腔调说："尊敬的中国人民，你们好！我是一名日本战犯。在此，我代表当年的侵华日军和日本天皇，为自己在战争中所犯下的罪行向你们表示深深的忏悔，并向你们做真诚的道歉。"说完这些，我扑通跪倒台上，脑袋用力地向下一顿，随口说出一句日语——阿里嘎豆鼓代以玛斯！

我不知道这是不是日语，更不知道这句话什么意思。只是以前好像在哪里听过，自己感觉放在这儿应该能不错。

观众反响如我所料，叫好声一片。

我接着说："希望中日两国世世代代友好下去，再也不要发生战争。下面，为了表达我的诚意，我为你们表演一段萨克斯独奏，我的家乡日本北海道民歌《北国之春》献给你们。"伴随着掌声，乐队起前奏，我回身拿出萨克斯，表情严肃地吹奏起来。

……

那场戏观众看得很高兴，等我下台的时候，一看表，一个小时没够居然还过点了。我心里这个乐啊！

观众退完场，我收拾服装道具刚要往台下走，乐队拉弦儿的把我叫住了。我刚来几天，而且我这人又不怎么善于言谈，所以这几天跟拉弦儿的师傅基本没怎么说过话。

他叫住我说："小宝老师，我给你提点儿意见。"

听他说完，把我吓一跳，我脑海中瞬间想了一下，演出中有没有什么地方磕碰着人家？

说口？我今天没拿他说口。我知道有的乐队不喜欢演员拿他找乐子，所以我每次都是看着对方的脸色行事。喜欢的，不在乎的，我就多说几句。不喜欢的或是忌讳的，我就尽量不说人家。

说口上没说他，动作上更没有。我面部僵硬地冲他干笑了一下，“不敢，有事吗？”

他说：“你刚才在台上说错了一个字，念了白字。”

我脑袋转了一下，有些疑惑地问：“哪个字啊？”

他说：“那两个字是‘chàn 悔’，不是‘qiàn 悔’。”

我当时一下就明白了，可不是咋的，我念的的确是“qiàn 悔”。

我赶紧鞠躬道谢，连着说了好几个谢谢。

他说：“要是别的演员我就不说了。看你演这个节目挺好，挺新颖的，就差那一个字，怕观众笑话你，所以才忍不住告诉你。你别生气就行。”

因在一起演出的时间短，所以也没记住这位师傅的大名。只隐约记得他岁数不大，那年也就三十岁出头，个子挺高，长脸，有点儿轻微谢顶。

在此，我对他当年的指点深表感谢，不是他指出我的别字，那些年不知得被多少人传为笑谈。教我认识一个字，也应该算我的老师。

其实那时候我就已经读过不少书了，但每次遇到不认识的字，都是先大概地读过去，等有机会在别的有注音的书上看到或是听别人念出来，几次之后才会真正地认识这个字。

那时候识字很麻烦，也不可能走哪儿都带着字典呢！还是现在好啊！现在我的手机里就下载有《康熙字典》，碰见不认识的字，随时都能查。如今这么方便，再不学习，可就有点儿对不住时代了。

演出上增加了节目，可能也就是在那时候，金玲看出了我的与众不同，渐渐地就不怎么讨厌我了，而且还时不时地和我一起聊聊天、对对戏。

这次我也是真下决心了，尽量把自己第一次来时给人家留下的不好印象转变过来。我还找了个机会，把我上次来时的心理活动向她解释了一下。她听后没发表意见，只是露出虎牙善解人意地对我笑了一下。

在本溪唱了大概半个月，有一天，女孩儿的母亲把我叫进了她的宿舍。她说通过这十多天的观察，发现我这人还不错，她暂时决定，让她女儿和我搭架先唱着。但她让我先不要有过多的想法，只是一起唱戏而已，处对象的事等条件成熟以后再说。接着她说，她已经与兴城剧场联系好了，让我明天就与她去那个剧场演出。

我听完这番话，当时那个心情别提了，简直就像中了特大奖那么高兴。虽说恋爱关系还没有确定，但能一起搭架唱戏也算迈出了可喜的一步，这多么难得啊！

第五章　行走江湖

自从我带金玲出来演出，的确感觉到不容易，人心复杂，能力又有限，到哪儿都得拼尽全力，有时甚至是拿命挣钱。

1. 艺无止境：我可以俗但尽量不低

2000 年秋天，我和金玲离开本溪去往兴城。

在火车上，我俩靠窗对面而坐。路途漫漫，怕她烦闷，我从盘古开天讲起，我把我所知道的、能想起来的故事通通给她讲了一遍，七个小时，我足足白话了七个小时。最后我把坐在旁边的旅客都给讲服了，不住地冲我挑大拇指。

现在有时候，金玲嗔怪我怎么不给她讲故事了，我说你看谁还给钓上来的鱼喂食？开玩笑，其实是因为那时候一次性都讲完了。

兴城是座古城，古时称宁远。明朝抗清名将袁崇焕主持重新修建并镇守在这里。史上著名的战事宁远大捷就发生在这儿，现今是中国保存最完好的古城之一。我俩即将要登台的这个剧场，就在城外临街的一座楼房之内。

我俩到了剧场，老板给我俩安排了宿舍。开始以为我俩是小两口儿，给安排住在了一起，后来金玲告知老板我俩的关系，才分别又给安排了宿舍。

这剧场也是白天晚上两场戏。只是有时候白场人少，“悔戏”不演的时候居多。晚场上座率一般，可能是因为县城没有流动客人的缘故。

我俩来之前，金玲母亲为我俩谈好了场费，白天晚上都压轴。

其实以我俩当时的情况来看不适合压轴。因为我俩刚搭档没几天，还处于磨合阶段，假如前边有稍硬点儿的架，压轴就会非常吃力。

好在这里白场观众还听正戏，我俩当时也能对上几块还算不错的戏，外加白天人一少就不演了。晚上的话，当时在我俩前边的那两副架水平也一般。所以在兴城唱了不到二十天，压那几场轴观众反响还不错。

我俩借此机会，趁着没有竞争对手努力学习，争取在这个地儿把演出的节目全都磨合好，以防到别的剧场碰到高手，压轴压不住。

我把我常说的笑话都给她讲了一遍，告诉她哪里可以垫话，哪里不可以垫话，哪里我甩包袱，哪里她还能翻出个包袱。还有在小帽儿里，都加什么动作，怎么样能使动作整齐，怎么样能要上来掌声，哪里可以加跟头，哪里可以加小活儿。

别看金玲年纪小，领悟东西却非常快。聪明人，一点就透。可能也与她常年跟着母亲行走江湖，见多识广有关。

杂耍要学，正戏也不能扔。不管二人转艺术初创时有没有正戏，也不管将来的发展趋势如何，正戏毕竟曾是二人转的根，所以我当时告诉她暂时先学我会的，等把我会的都学会了，再一起学俩人都陌生的。

学戏这方面我很佩服金玲，那时候她每天要演出、做饭，有时候还要给我洗衣服，但在学戏上却从来没有耽误过，每天闲暇时间就是不厌其烦地背戏词、听磁带。

那时我俩会的那些东西，观众初看还可以，可要连续看上几场就露馅儿了——每场演的节目都一样。其实不光我俩，很多演员都犯同样的毛病。

所以那时我无时无刻不在琢磨怎么样提高自己的演出水平，不要求太高，会三场不重样的节目就行。不仅是为了让金玲更加认可我，另外我也真是爱这一行，想既然有搭档了，就要努力在行当中干出点儿名堂来。

我自己知道，我就是个民间艺人，文化底蕴有限，收入也有限，我自创不出什么高雅的节目，也雇不起编剧，请不起导演。但我明白，艺术来源于生活，但也要高于生活，通俗不是低俗，希望不是欲望，精神快乐不等于感官娱乐……有些人对二人转心存芥蒂，其实问题出在演员身上——我所从事的这门艺术，本身并没有高低雅俗之分。演员演得雅它就雅，演员唱得俗，它就俗。

所以，当我对艺术的思想性有了一定的认识，在演出上我给自己设了个底线：可以俗，但尽量不低！

以前跑单毛子时，陪人家单片子或夫妻架唱戏，费力不讨好。有的演员不自重，上台净说脏话，靠骂人、洒狗血取悦观众。这样的演出，我不喜欢。但我不能对人家提要求，一不是固定搭档，二不是两口子，就是临时唱一场戏，凭什么批评人家？现在好了，带金玲唱戏虽然累点儿，但至少她演出的时候什么都听我的，“包产到户”，我自己承包自己说了算。

那么眼下，我弄点儿啥呢？

说口可以把以前说过的、别人已经遗忘的再捡回来，重新编排，赋予它二次艺术生命。

那时候我想学一个好口、好段子非常难，我们民间艺人学习笑话的主要来源一是听别的演员说，二是买笑话书自己找。

听别的演员说，那种口等我学会了，在圈子里基本上也就“开花”了，人人都会了。等每个人都会的时候，轮到压轴演员说的概率几乎等于零。

从笑话书里找，往往一本书里一个能在舞台上用的都找不出来。

流行歌曲就那么几首，十之八九也轮不到我唱，等轮到我唱的时候，基本也就不流行了。而且适合我嗓音的歌曲也非常少，想一唱即能让观众认可的就更加稀缺。

剩下的就是特长类的，翻跟头，打架子鼓，还有“神调”。

翻跟头就我俩的水平来说，已经够用了。大跟头没人教，自学也学不会。架子鼓自打自唱我会，而且不谦虚地说，与同行相比我打得还算不错的。难处是不一定哪个剧场都有架子鼓，而且打架子鼓对乐队电子琴键盘手的要求非常高。“神调”我会，属于经常用的节目，需要铺平垫稳之后才能出彩。

思来想去，我感觉还得在歌曲包装上下功夫。这节目观众喜欢看，还占时间。恰好我又会简单地吹几支唢呐曲，不如在这方面琢磨琢磨。

那时二人转演员会吹唢呐的非常多，但吹得比较好的多数都是乐队后改唱的。这样的演员唢呐吹得好，但唱功、演技都稍差，内行人一看就能看出他是后改的。我只会简单地吹几声，技巧上可以说是一窍不通。要是跟人家去比吹的技巧，那无异于找死，所以只能在说口表演上找突破口。

我琢磨着，二人转舞台上，吹小唢呐的比较多，大唢呐吹得少。而且观众心里都明白，大唢呐一吹那就是死人了，这在舞台上表演出来肯定有喜感。

说来也巧，我们乐队吹唢呐的师傅正好因为身体有病急用钱，要卖唢呐。他是专业干这行的，唢呐比较全，从七寸到一尺六的都有。

本来我打算要一尺六的——大唢呐碗子比我脑袋都大，唢呐杆夸张点儿说，都快比我高了。那样我把唢呐往出一亮，十足的喜剧效果，观众都得笑。可我拿起来一试验，不行，我的手太小，无论怎么努力，任凭我把手指之间的连接处都快抻裂了，唢呐孔也捂不严。后来我又试了试一尺五的，还是不行。最后试了一下一尺四的，勉强能够到。虽说能用，但后来上台演出证明，相比一尺六的，这个还是太小了，效果没出来。

此时我不由得想起了一句话：“上天没给你，想要也要不来。”可见世间的许多事并不是靠勤奋就能做到的。我想吹大唢呐，但手指头不够长，我再勤奋、再努力，它也是不够长啊！

由此看来，人生在世，干哪一行，天赋都很重要。

2. 莫名其妙：我到底哪儿得罪他们了？

离开兴城后，我领着我媳妇——更正一下，应该是搭档，那时候连对象都还不算呢——来到了与之毗邻的城市葫芦岛。

那剧场在一个公园门口。据金玲母亲说，能来此是因为这个剧场的老板听说我和金玲搭架了，所以特意邀请我们俩来给演几天。

可到那儿第一天我就有点儿后悔了，看那老板老板娘的神情好像不怎么待见我们。我心里有些郁闷，不喜欢我俩还请我俩来？

第一场晚场唱完，我更郁闷了。

那老板与老板娘唱第一码，俩人年纪都不小了，老板非常有相儿，舞台感觉一点儿都不输于年轻人。他俩我倒也没怎么在乎，毕竟我们的演出风格不一样，我还会乐器和跟头。让我郁闷、感到有压力的是第二码那小子。

这小子据说是老板的干儿子，嗓子不错，跟头也会，还会吹唢呐、萨克斯，而且也经常唱《不老的爸爸》。

我跟他比，嗓子不如人家，跟头在伯仲之间，但唢呐、萨克斯的吹奏水平照人家就差远了。唯一能与之抗衡的是台缘比他好点儿，《不老的爸爸》他唱得没我好玩。但他在前边把这一套演完，我基本也就没什么可演的了，总不能他在前边唱一遍，我在后边再“描”一遍啊！

不过这不怪人家，每个演员会的能耐都是有限的。人家就会那些东西，你总不能让人家什么都给你留着吧？给你留着人家演啥？再说，我一直认为，你有能力压轴，你就挣那些钱，没那压轴的能力，你就上前边唱去，指着前边演员让路算什么能耐？

但让我感到不平衡的是，他们这两副架好像事先商量好了似的，谁唱第一码，都给第二码带时间。二码剩的时间少，演出的节目就让人感觉非常紧凑，看完了意犹未尽。而我在后边一个小时，与前边一对比，就显得比较松散、拖沓。一场两场、一天两天没关系，怕的是日久天长啊！压力陡增，多年不疼的牙又开始跟我作对了。

就在这时，我的贵人出现了。

此人是金玲母亲的朋友，以前他们都在一个剧团工作。论辈分金玲管他叫小姨夫。当时他在这个剧场里吹唢呐，他媳妇也在这，那年他家孩子刚会说话。两口子人都比较好，我俩去了以后，夫妻俩对我们非常照顾，闲暇之余还带我俩去海边玩。

在葫芦岛那半个月左右的时间，演出上多亏小姨夫了，有了他的帮忙，我的压力减轻不少。他在那个剧场工作的时间长，观众都熟悉他。因为平时爱好钓鱼，因而浑身被太阳晒得黝黑，他门牙还缺一个，一笑一龇牙很喜感。

那时候二码一下台，我出去就开始说口，连赞头子都不蹬。因为蹬赞头子无非是要卖弄那一个跟头，可前边别人都翻过了，你再翻也不响，还不如换个打法。

我自己调侃几句，就引到喇叭匠子小姨夫身上。我一边讲他的糗事，就好像相声演员，逗哏的说捧哏的一样。我这边说，他那边配合，不时地还塞几句口，卖卖相儿。

在演出的最后阶段，《不老的爸爸》不能唱了，金玲就唱宋祖英的《辣妹子》。这歌当中有伴唱："辣妹子辣，辣妹子辣，辣妹子辣妹子辣辣辣。"一到这节骨眼儿，小姨夫就会把麦克风拿过去，一边喊叫一边跺脚晃臀，一顿疯狂地伴唱。有时候带动观众也跟着喊，台上台下的气氛非常热烈。

没黑在葫芦岛，真是得感谢小姨夫。

后来我怎么知道那老板是故意使坏呢？

在葫芦岛后期，他们见在唱戏上整不了我俩，就换了一招。每次我一上场，那老板娘就站在台下冲我喊："翅丁儿把条！"

这是行话。"翅丁儿"就是文化稽查方面管理我们演员的人，"把"是看，"条"是唱，合起来的意思就是有文化稽查的人员在台下看戏。

那时候，因为个别二人转剧场和演员的不自重，使得整个二人转圈子都颇受诟病。所以演员在台上一听说"翅丁儿把条"，那在表演上就得加小心了。

老板娘一喊这话，我虽然说口没什么毛病，但也会情不自禁地感到紧张。

后来我才明白，她的用意就是让我紧张。不但这样，我小姨夫每次给我俩配戏，她都看着生气，有时候当着观众面站在台下就开骂。按理说，乐队给演员配戏，老板看见应该高兴才对啊！我小姨夫不管那些，她骂也照配不误。

接下来，咱们再说说老板那个干儿子。这小子每天在我前边演出，把我会的节目基本都演个遍。这些我都不生气，那是人家的能耐。我生气的是，他没事就坐我跟前吹牛，有点儿近似于瞧不起我、数落我的意思，一般都这种口气：

“你那跟头，翻得也不行啊，太沉，落地扑通一声，我都怕你把台子砸塌了。你看我翻的，落地贼轻，蜻蜓点水一样。你呀！学艺不精啊！改天我教教你。”

“你那唢呐吹得也不行啊，你是不是不会吹啊？啊？不出正经声呢？像鸡崽子叫唤。萨克斯吹得像撵大鹅似的，嘎嘎的，扎耳朵，改天我给你修修哨片。”

“你那《不老的爸爸》跟谁学的啊？唱的那叫啥啊？嬉皮笑脸的，啊？”

……

把我气的，想打他吧，还怕打不过他。没辙，我只能躲。他这人还不知道咋想的，追着我聊，像有病似的。我走哪儿他跟哪儿。

有时候我怕他跟我吹，我就去公园的树林子溜达。他看我去，他也去，撵着我唠。真能把人逼疯啊！

还有一次，要跟小姨夫去海边玩。出发之前，我们都去买盒饭。

那天我们一起来到盒饭摊，这里菜和饭是分开的，你点啥，卖盒饭的女的就给你盛啥。我和金玲这边点着，那小子也跟着在我旁边点。我点完装上，付完钱就走了。这小子看我走了，既没跟我说让我给他付钱，也没说今天没带钱暂时帮他垫上，就那么愣眉愣眼地看着我。

半天，他转身跟那卖盒饭的女的说：“我不要了，你都倒回去吧。”人家一听当时就急了，盒饭想必大家肯定都吃过，你说那玩意儿都盛出来了怎么往回倒？

后来听别的演员说，他受过刺激，是跟他媳妇离婚以后才这样的，不知道是不是真的。

在葫芦岛演了差不多二十天后，鞍山铁西文化宫的剧场经理打车来把我和金玲接走了。

3. 老友重逢：漂亮的嫂子把头发剃了

“小哥，怎么还没到？”金玲有些着急地问我。

“快了。我刚才打完电话，他们已经下高速了。”我看出金玲有些焦躁，下地儿的演员基本都这状态。

说实话，一晃在铁西唱了四十多天，如今要走了，心里还真是有点儿舍不得。

在这儿演出已经习惯了，观众也很认可。虽说老板一再让我俩在锦州下地儿就马上回来，可我知道演员一旦离开，就身不由己了。

我的电话响了。我接起电话，“哎，啊，到了？好，我们这就下楼。”

剧场门口停着一辆黑色的老式皇冠，车头前站着一个小孩儿。看年纪能有十二三岁的样子，一身深蓝色的西服，里边白衬衫，小小年纪居然还扎条领带。皮鞋擦得一尘不染，乌黑锃亮。腋下也像大人似的夹个黑皮包。看见我们一帮人涌出剧场，他急忙碎步跑上了台阶。

剧场老板连忙向我介绍：“宝啊，这位是锦州剧场的经理，特意来接你的。”

我一愣，马上就明白了。我急忙放下手里的衣箱，伸手与他握了一下，“你好，你好，不好意思，让你受累了。”

“嗨，这说啥话，应该的嘛！”他说话也是小孩子的声音。

我以前听他们谈起过，说是侏儒分两种，一种是面部、身体都是成人的，只是个子矮。还有一种是面部、身体就如小孩儿一般。今天一听他开口，原来说话也是小孩儿的声音。

我俩闲聊了几句，他吩咐司机把后备厢打开，众人帮我把大包小裹都装上了车。老板老板娘还是那几句话：“在那儿下地儿就回来。”

轿车在剧场院里掉了个头，转弯驶出了大门。穿过市区，平稳地开上了高速。

“小哥，你看，地里庄稼都收完了，咱俩从葫芦岛来时庄稼还是绿的呢，真快啊！”金玲看着车窗外对我说。

我把目光顺着她注视的方向看去，野地里一片秋色萧杀的景象。能感觉到车外此时正刮着凛冽的秋风，枯黄的野草，随风仄仄。

“哈哈，金玲怎么还管你叫小哥？”小孩儿经理笑着问。

“她就那个叫法。”我说。

“那应该叫啥？”金玲问。那年金玲才十七。

小孩儿经理说：“应该叫老公呗，你们俩不是对象关系吗？”

我笑着说：“正在处，呵呵。”我说这是实话，的确正在处，而且到此我俩还没有明确恋爱关系。

我又问小孩儿经理：“你们那儿几副架啊？”

“加你四副架。”

“那咋演呢？”

“正常演呗，每副架四十五分钟。”

“哦，白天唱正戏吗？”

“你随便，愿意唱就唱，不愿意唱就不唱。”

“有人听吗？”

“说不准。你说听吧，有时候还喊不要正戏。你说不听吧，有的演员在这儿唱，感觉还挺好，也没人吱声。”

“现在都谁在你们那儿演呢？”我又问。

他说了几个演员的名字，其中我只认识一个，其他的都只是听过名字。“我记得我的一个朋友在你那儿演呢，听说他在你那儿待了挺长时间了？”

“哦，我知道你说的是谁，他呀，请假了，得过一阵子能回来。你俩关系好啊？”

“嗯，应该说是非常好。”

“是吗？哈哈，我俩是磕头的①，你不知道吧？”

“我听说过，呵呵，所以我才提起，这回到你地盘儿了，还望多多照顾啊！”说着我冲他拱了拱手。

“放心吧，那还用说。还真是，我大哥走时没说你俩这关系啊，我还现跟

① 磕头的：结拜的兄弟。

他说的，我说过几天孙小宝来。”

“可能是他没想那么多吧，反正他在这儿，等见面再介绍也不迟啊。”

“嗯。你俩在哪儿一起待过啊？”

“我俩以前都在长春线材。”

“哦，听说过。”

“你听过我俩的事啊？”

“没有，没有，我听说过那个剧场。”

我没再接话，目光又转到了车窗外。思绪回到了两年前。

那时候，我刚进线材俱乐部不久，观众很是捧场，可以说红得都要发紫了。就在那时，来了一副架。

两口子与我之前只是认识，互相没什么交情，来了以后当天晚上就出的轴。那晚我唱二码，正戏结束之后，我唱个歌就下来了。他上台说了几个口，媳妇还没等上台呢，观众就起堂儿止不住了。等他媳妇上台，观众就像散戏了似的，排队往外走。

第二天，老板给他调站前的剧场了，也是给他出的轴。可听说后来也散了。而且在他前边唱的还是从小与他一起学戏、曾经患难与共的哥们儿。

演员戏唱黑了，心里都不好受。我是演员，那种滋味我尝到过。

说实话，那副架在一般的剧场和一般的演员相比还是不错的。上装正戏非常好，人也长得漂亮。下装有相儿，嗓子也不错，只是唱腔、表演稍差，缺少真东西，但台缘极好。

他这两场都散在没有真东西上了。所谓真东西就是无论你说口多么响，之后你得有的演，跟头、唱歌、跳舞、小品、乐器之类的，总之你不能光说口。过去老艺人总说：“光说当不了唱，光美当不了浪。有了咸盐才不酸大酱。唱戏唱戏，不唱能叫唱戏吗？”说的应该就是这个意思。

因为我以前与他在一起待过，知道他的能耐。于是我找到老板，向他介绍了这个演员的长处。

我说这副架不错，只是观众还不咋适应他的表演方式。这样，我去站前与另一副架换着压轴，留他自己在线材，你再看看，我觉得肯定能不错。

就这样，我回了站前，把他自己留在了线材俱乐部。没过几天，果然火了，而且还是大火。

我看过他一场戏，的确挺好玩的。

他出场时头上梳着过去老电影中汉奸常留的那种中分发型，上身穿个时尚女孩儿常背的绿色的双肩包，下身穿个大花裤衩子，脚下穿双草鞋。这些装束一搭配本来就很有喜感，外加上他大眼珠子咣啷咣啷的，一露面观众就买账。

他站在麦克风跟前，磨磨叽叽地也不说话，就是在那卖相儿，然后乐队三个人每人上来打他一番，他随着打他的人插科打诨，台上台下跑。他故意把腰带弄松，一跑起来裤衩就往下掉。每演到此，整个剧场观众都跟着嗷嗷直叫。那气氛超级火爆。

后期我到线材都演不过他。

后来他可能知道了是我向老板提的建议，所以打那以后，没事大家就在一起吃个饭什么的，关系也是越来越近。当时我身上穿的衣服他们两口子看着好，我脱下来就送给他们。对于我这么小气的人来说，能对他这么大方，他俩在我心中的地位也就不言而喻了。

后来我们相继离开长春，之后就再也没有见过面，只听说他在辽宁这边混得不错。

说实话，我心里还是很想念他们两口子的。而且自从我带金玲出来演出，也的确感觉到不容易，到哪儿都得拼尽全力。

那阶段所碰到的演员也不知道都因为啥，就好像跟我有仇似的。你演啥，他就演啥。你说啥口响，他马上就在你前边说。有的时候，你头一天来，他在台下看戏，第二天他在你前边，把昨天你演的节目从头到尾演一遍。演的不如你，甚至有的节目他都不会，那他也照演不误。

唉！人啊！这么做的意义是什么啊？这次见到老朋友，我得跟他好好喝点儿，好好向他倾诉一下我心里压抑已久的郁闷。在这剧场我不指望他拉帮我，别像其他人那样拆我台就行啊！

轿车下了高速，进了市区，也不知道拐了几个弯儿，最后在临街的一栋大厦门口停下了。

小孩儿经理童声童气地招呼我俩下车。我俩拎着衣箱跟着经理进了大厅，坐着电梯上了楼。这剧场在大厦的楼上，场内很是宽敞。我和金玲把演出用的服装道具放在了化装室，而后拎着生活用品，跟着经理出了大楼，七拐八拐地来到一个民居。这里是演员宿舍。

宿舍里几间房都经过了简易的隔断。我俩各自找了一个没有人住的隔断，放下了生活用品。因看到其他演员都在休息，怕打扰到人家，我俩急忙躺下歇息，等待晚上的演出。

晚场演出之前，我来到剧场提前熟悉了一下环境。舞台离观众不远，我脸上小活儿比较多喜欢这样的感觉。

站台上往下看，也很舒服。乐队离演员的距离稍远，可能说口上要借不到劲。而且琴架上的两台琴把弹电子琴的小女孩儿捎带吹喇叭的都死死地挡住了，观众一点儿都看不到。我看了一遍之后，心里琢磨晚上该怎么个演法。

七点正式开场，观众上座率还不错。

第一码是一对极其平常的演员。二码这副架也一般。三码一上台，我心头一紧。这副架我认识，是我老乡，以前在一起唱过。那下装跟我活儿有些犯相儿。他会大跟头，也总唱《不老的爸爸》。

见他上台我就化装去了，一边化装一边从化装室门口往台上看。

这副架看来也是铆足劲了。下装那脸化得像鬼似的，大白脸，眼睛化两个黑窟窿。辽宁当时很流行这种化法。

这大嘴巴子打的，啪啪直冒烟。为啥冒烟？那下装出汗，顺脖子往下淌，他搭档大嘴巴子就往脖子上打，手和汗水接触，能不冒“烟”吗？观众的掌声、叫好声不绝于耳。

金玲问我：“小哥，演啥呢？这么火？”

我说：“啥也没演，就是干擂大嘴巴子。”

两人一顿打，下装最后唱了《不老的爸爸》，一首《站台》，翻了几个跟头就下来了。

他下我上，在台口相遇，我冲他笑着点了一下头，他没理我。

我懒洋洋地出场说了几个笑话，观众挺喜欢。可能是因为第一天进地儿，观众看个新鲜，气氛始终保持不错。

我把金玲请上来，说了几个口，然后我吹了一段萨克斯，最后唱了一首《中国功夫》，在火爆的气氛中，我与金玲互相比赛似的把跟头与小活儿使完。在观众意犹未尽之时，时间到了。我这边宣布演出结束，观众那边还在喊“再来一个”。

下了戏，小孩儿经理来到化装室，高兴地对我一番夸奖。然后他向我介绍了一个人。这个人跟他一样的打扮，西服领带。他说这位也是经理，剧场归他俩管，他俩上边还有大领导。听完他俩介绍我才明白，原来这剧场是公家的。

我洗完脸，小孩儿与那个经理要请我出去吃饭。

我说："别的了，我看你们剧场边上不就是食堂吗？干脆咱就在食堂吃得了。"

经理说："那能行吗？那是给演员预备的伙食饭，没啥好吃的。咱们还是出去吃吧，请你吃点儿特产海鲜。"

我说："不用了，我不喝酒，吃那些也没啥意思，咱们就食堂吧。"

小孩儿和经理一看我是真没有去的意思，就领着我俩来到了食堂。

我们进了食堂，食堂就开饭了。他们工作人员有规定，一定要等大轴演员进屋才能开饭。

这是我第一次到供饭的剧场演出。其他演员早已经就座，等待开饭。我们几个在大圆桌边坐定，小孩儿让厨房又添做了两个菜。

经理问我："这些演员你都认识吗？"

我说："有认识的，有不认识的。"

经理站起来挨个儿又给我介绍了一遍，我站起来跟他们每个人握了一次手。握到我熟悉的那人时，我说："咋了啊，哥，不认识我了？"

他皮笑肉不笑地说："认识，呵呵。"

我看他的脸色还是不怎么好看，他媳妇在一旁也耷拉着脸。我开始纳闷儿，这两口子以前与我在一个剧场演出时，不说怎么好吧，但咋的也不至于这副嘴脸呢！

一桌子人都不喝酒，那两口子一副讨债的样儿，众人尴尬地吃完饭，又闲扯了几句就陆续回宿舍休息了。

回到宿舍，金玲给我铺床。她小声问我："小哥，那两口子，因为啥不乐和啊？"

我说："不知道啊。"

金玲说："我记得以前听你说起过他，你还说你们都德惠人，乡里乡亲处得挺好的，怎么他看见你一点儿都不热情呢？而且好像还有点儿看不上你。"

我说："可能因为当年在一起时我小，现在我长大了吧。"

金玲说："你都说些啥啊？"

我笑了笑，叹口气没再说话。

一晃几天过去了，演出都还算顺利。我与金玲抽空去逛了辽沈战役纪念馆。我想吃肯德基了，金玲陪着我满大街找了好几个小时，最后也没找到。

这天中午开戏之前，我一进剧场。哈哈，我乐得一蹦高儿——我朋友回来了！

他看见我也很高兴，一把抱住我，“你来几天了？”

“我呀？来不到十天。你回家干啥去了？”

“没啥事，就是回家看看，你嫂子说要看看病。”

“啥病啊？”

“没啥病，快走吧，你嫂子在化装室呢。”

我俩手拉着手来到了化装室，一进屋，我就看见了嫂子。她的形象吓了我一跳——她剃成了光头！

我说：“咋整的？这么漂亮个人，头发咋还剃了呢？”

嫂子说：“别提了，头皮上长疙瘩，没招就剃了。你来几天了？在这儿干得咋样啊？”

我说：“有十天了吧！还行，挺好的，就是有点儿想你俩了。”

嫂子说：“我俩也想你啊！听说你有对象了，快，哪个是？让我看看。”

我从身后拽过金玲。朋友和嫂子把金玲连上带下好个夸，我在旁边美滋滋的。

热乎一会儿，我说：“你俩刚回来，回宿舍收拾收拾吧，一会儿下戏，我请你俩吃饭。”

我朋友说：“哪能让你请，我请，正格的，你到哥这一亩三分地了。”说着一指不乐和那两口子，“这都是我磕头的，剧场经理都我拜把子兄弟。”

“我听说了，哈哈。”说实话，其实我还真不知道那两口子也是他磕头的，然后我又说，“咋说也是你刚回来，这顿饭还是我请吧，把你磕头的都叫着。”

朋友思索了一下，“这样吧，你别请我了，我也不请你了。咱俩就算都互请过了。今天中午我干爹请我吃饭。”

我愣了一下，“哦，那也行，呵呵。以后吃饭日子长着呢。”

4. 兄弟反目：你能不能把轴给哥？

中午吃伙食饭，桌子上就头码两口子、我和金铃四个人吃饭，走了一副架，不乐和那两口子也没来吃。

晚场我朋友唱贴轴，一上台，还是当年在线材时那身打扮，只是裤衩子和背包的颜色与当年稍有差别。

我一边化装一边顺着门缝往台上看。

他还是当年那套活儿，乐队拉弦儿的、吹喇叭的每人上来打他一番，都用廉价的塑料脸盆劈头盖脸地一顿打，他台上台下乱跑，往观众席跑，最后裤衩子跑掉。

观众反响热烈，气氛极其火爆。

出乎我意料的是，那小孩儿经理也跟着上去打了一番。

他本身就个子矮，像小孩儿似的，这一番打得非常出彩，观众的掌声、喊声就好像爆炸了一样，连绵不绝、起伏不断。

金玲停下了化装，回头问趴在门口的我："小哥，台上演啥呢？"

我回过头说："那小孩儿经理上台了。"

"啊？他怎么还上台了呢？"

"上去帮着调节一下气氛呗。"

"那一会儿咱俩咋演呢？"

我笑着说："没事，该咋演就咋演呗！"我嘴里虽是这么说，但我这心里也有些犯嘀咕了，感觉好像哪里有点儿不对劲。但具体哪里不对劲，我还说不出来。

一顿砸巴之后，我嫂子戴着假发就上去了，上台之后两人又是一顿大嘴巴子。他俩这活儿都多少年了，我以前就看过。没想到，我嫂子上去之后的一个动作却大大地出乎了我的意料，甚至可以说是把我给吓到了。两人正说着口，我朋友突然伸手，一把就把我嫂子头套拽下来了，底下观众看见女人光头立时就炸了，他们头一次看见这种演法。

不瞒大家说，唱了这么多年戏，我也是第一次看见，而且至今没看到过第二回。

金玲此时已经化完了装，也趴在门口看。看到此，她回头看看我，我也看看她，我们俩极不自然地相对笑了一下。我朋友和嫂子耍完之后，唱了个“神调”就下来了。

台上锣鼓一阵紧似一阵，我站在台口任凭乐队催我，我就是不出场——我要空一下舞台。

看时间差不多了，我冲着乐队一举手，嘴里大喊一声“呔”，一个箭步冲上舞台，随着鼓点来到舞台中间回身一个亮相。

我那天穿了一身蓝色的箭袖——戏曲中武生常穿，白大袜脚下一双打鞋——戏曲中僧道常穿。这身衣服不适合搞笑，但却非常精神。

我知道，今天我要是再搞笑，必散无疑。与其和人家硬碰硬，倒不如另辟蹊径。我也学学当年中秋小白鞋在吉林那场戏。

我出场一个亮相，立定，甩头，观众随之一振。之后我一招一式，一丝不苟。这一招的确奏效，一个赞头子蹬完，台下掌声一片。我鞠躬立定站在麦克架前，字正腔圆，语速缓慢地说了几句祝福语。

谁都愿意听好听的。借着观众愿意听的劲儿，我适当地在里边穿插了几个小包袱。

这时候就得让气氛降下来，然后再慢慢地往起挑。等观众把前边的演员完全忘记了的时候，我这场戏就成功了。

我说了几个小口，没敢恋战就把金玲请了出来。

金玲那天穿的是白色打衣，这是武术演员表演时穿的衣服。白色镶着蓝边，胸前对襟疙瘩扣，紧袖口，脚下一双红色的小靴子。我俩往台上一站，观众立时就是另一番评价。

我不是金童，但金玲确是玉女。

那场戏我自己都很佩服自己，以往开场第一个歌要么是《不老的爸爸》，要么直接就来一首节奏欢快的，我俩好翻跟头亮绝活儿。这场《不老的爸爸》前边唱完了，《站台》也唱完了，我竟然一反常态，让金玲起了个小帽儿，真是有点儿剑走偏锋的意思了。

《孙子兵法》云：“出其不意，攻其不备。”一个小帽儿唱完，观众居然还很欢迎，这真是天助我也。

我偷眼往台下的角落里瞄了瞄，我朋友、我嫂子和他那几个磕头的都在台下就座。

我再接再厉，当时感觉就好像马上要赴战场一样，热血一阵一阵地往脑门儿上冲。那一刻我好像突然明白了，为什么战士冲锋时会不顾一切。

我起唱《中国功夫》，第一句刚出口，观众掌声立时就上来了。

上了节奏以后，我与金玲开始比赛小活儿。我以前说过，金玲会使的几个小活儿都是男孩子用的。所以每一个动作都非常有爆发力，第一次观看的观众都会不自觉地被她的功夫所震撼。

我也铆足了劲，她表演完，我再给她重复一遍，而且比她做得还要好，还要到位。那场戏，光鲤鱼打挺，我就连着打了五十个。生命在那一刻没有脸面值钱。不惧怕死亡的人，没有什么可以阻挡他前进的方向。

下了戏，我与金玲的衣服前胸后背整个儿都湿透了。我朋友和我嫂子进了化装室，俩人非常高兴。

我朋友说："你又出息了，真的，这家伙真火啊！"

嫂子说："是呗！金玲还会翻那跟头呢？你们这副架可不好整了。小宝子有眼光啊！"

我坐在椅子上，光着膀子大口大口地喘着粗气，听完他俩的夸奖，我闭眼干笑了几声以示回应。

演员们都去食堂等着吃饭了。我与金玲一边洗脸一边互相看着对方笑。

我俩卸完装，换上衣服来到食堂。此时演员们都已经坐好了，服务员看我与金玲一进屋马上就开始了上菜。

我让金玲去买啤酒，回身问演员："谁喝？我请客。"众人都说不喝。

我问我朋友和他磕头的："你俩整一瓶呗？"他俩摇头，摆手。

我说："那我可喝了。"

金玲买回了啤酒，又拿出她特意给我买的辣椒酱。因伙食饭没啥好吃的，总出去下饭店也吃不起，金玲就给我买我喜欢吃的老干妈辣椒油，里边拌上点儿花生米、火腿肠啥的，随吃没了随往里加。

我平时就一瓶啤酒的量，那天我喝了三瓶。开心，也算是对我自己辛苦的奖励吧！

接下来的日子，好像又回到了我遭罪的时候。我朋友与他磕头的这两副架换班贴轴，轮番对我施加压力，我差不多每天都是在忧虑中度过的。每天早晨起来睁开眼睛就开始琢磨：今天晚上的戏咋唱？

有一天白场，我俩唱第三个。那剧场白天也有年轻的观众，而且比例还不在少数。我俩唱的正戏是《刘三姐上寿》。

这戏我挺拿手，连说带唱，我演得就像带唱的小品似的。

我正演到说口的空当，就听下边一个老头儿大声喊道："下去吧！"

我一愣神，赶紧又回到戏里。

这时候，我不能搭话，搭话有两种结果：一种是吵起来，演员最忌讳跟观众吵架，没意义还降低身份；另一种是真的被撵下台，更尴尬。

那老头儿见我没搭茬儿，继续又喊了一声："下去吧！"

我还是假装没听见，继续演。

这时候前排一个二十多岁的小伙儿回头冲那老头儿来了一嗓子："你喊啥？"

那老头儿也不示弱，身边好像还有几个天天在一起混的老观众跟着起哄架秧子，"我喊他下去，怎么的？"

那小伙儿站起来就奔老头儿去了，观众一下就乱了。发生这种情况，我在台上不想停也得停下了。

那小伙儿一边往上冲一边骂："你个死老头子，我整死你！"小伙儿身边有个女的，看样子应该是他媳妇，急忙用手拽住了他的胳膊，不让他动手。

我站在台上见此情景赶紧对双方说好听的。我说："兄弟，消消气，少说一句，他都那么大岁数了。爷们儿你也压压火，我这戏马上就唱完了，剩最后几分钟，咋的你还忍不了。"

老头儿斜楞我一眼，转过头没理我，小伙儿听了我的话冲我笑了笑，挑衅似的大声喊了一句："唱得好！"之后自己小声又骂了几句。

我看台下双方都没事了，继续与金玲忍着泪水唱完了那场戏的最后几分钟。

我知道咋回事，我就是不说。

当天晚上贴轴的是我朋友。我在门缝里看着他把他那一套节目演完，他一下台，我跟着走上去。小孩儿走到台边，冲着我小声来了一句："翅丁儿把条。”我听完一笑，呵呵，明白了。

我站在麦克风前，用余光扫了一眼乐队。喇叭匠子不在，弹琴的小女孩儿琴挡着看不到，拉弦儿的抱着板胡闭着眼睛打起了呼噜——睡得真快啊！

接下来的日子，每天都是相同的场景。戏是越来越精彩了，也越来越难唱了。但慢慢我也好像习惯了这样的日子，突然感觉人有点儿压力其实也挺好，业务出息得飞快。

那天新来了一副架，看样子和我朋友他们以前就认识。

晚场下了戏，我与金玲来到食堂。食堂里一个演员都没有。我俩面面相觑。

服务员问：“你俩在这儿吃吗？”

我说：“吃啊，不在这儿吃去哪儿吃啊？”

服务员说：“今天新来的演员请客，没叫你俩啊？”

我看看金玲，金玲摇头，我说：“没有啊。”

服务员没再说什么，进厨房给我俩端饭菜。我和金玲坐在桌边，突然感觉食堂里很静，静得都有点儿瘆人。特别是灯管发出电流的声音，更让人觉得心里有些发毛。

吃着饭金玲说：“小哥，咱俩没有宿舍钥匙，一会儿咋进屋啊？”

我说：“没事，一会儿找他们要去。”

我俩吃完了饭，出了剧场。我拿出电话，拨通了我朋友的手机。我说：“你在哪里啊？我进不去宿舍，你把门钥匙给我呗。”

他说：“我在饭店呢，你来取吧。”然后他说出了饭店名与所在位置。

在饭店门口，我又拨通了他的手机。他说：“你进来取吧，天冷我就不出去了。”

进门前我猛吸了一口气，感觉是很冷。应该算初冬了吧？

这是一家海鲜店，门口灯火通明。我推门进到店里，一个矮胖的女服务员热情地过来接待我，我摆手示意她：我不吃饭，我找人。她把我领到一个包房门口，我敲了几下门，里边传出了一个女人的声音：“请进。”是我嫂子的声音。

我推门进到屋里，那新来的演员见我进屋，急忙站起来让我，“坐下一起吃一口呗？”

我打量了一圈屋里的人，连演员带乐队还有小孩儿，我红着脸连声说：“不了，不了。我来取钥匙。”说完这句话，我就觉得嗓子眼儿里有痰，还想说点儿什么但没说出来。

近几日天气转凉我有点儿感冒。

我朋友把钥匙递给我，我倒退着出了房间。

出了饭店，我拉着金玲顶着寒风步履艰难地回到了宿舍。这种感觉可能有的人一辈子都不会有，但一旦有了，终生都不会忘记。

有一天金玲突然问我：“你确定你们以前真的像你所说的那样好？”

我说：“是啊，呵呵，应该是。”

那天白场我去得早，进剧场路过经理室的门口，听见里边有两个男人在争吵。话语中似乎还提到了我。我见四下无人，就悄悄地站在门口听了一会儿。

“你们怎么能这样？人家怎么招你了？啊？”这是那个经理的声音。

接下来是小孩儿的声音：“他没招我啊，我也没把他咋的啊！”

“还没咋的？你们这天天一群人上台去搅和，轮到那小两口儿满台上就剩他们两个人，你们不觉得过分吗？”

“那过啥分？他有能耐就压，没能耐就走人呗。”

“我也看出来了，你不就是想把他们两口子弄走吗？他走了，你那些磕头的就能在这儿干到死啊？啊？以前也不是没试过。不是没人看了，剧场都要黄了才把人家两口子请来的吗？现在你又来这套！”

“我什么时候想把他俩整走了？”

“没想整走，那你们整那什么翅丁儿什么玩意儿的，啥意思？我跟你说，老大把剧场交给的是咱俩，你要再这么整下去，告诉你，我肯定不干。”

“你看，你管那么多干啥，业务好不掉座儿就行呗。”

“我不管那些，再这样下去，我就去找老大。”

就在我听完俩经理吵架的当天晚上，唱完戏，演员们都在食堂吃饭，我朋友从外边拎了几瓶啤酒进屋了。

进屋他直接就坐在了我的身边，用牙启开一瓶啤酒直接放在我面前的桌子上。我冲着他笑了一下，“呵呵，不喝。”

他说："喝吧，来这些天哥也没陪你好好喝点儿。"我没说话，拿起酒瓶跟他撞了一下，喝了一小口。

他一边喝着一边和我聊，聊的都是他以前的事。他和与他一起长大一起学戏的哥们儿的事。

他说当年，他和那小子两个人在长春一个露天市场卖菜，每天天不亮就蹬着倒骑驴去上菜，然后推到市场去卖。大冬天手都冻裂了，一天也就能挣个十块八块的。吃不起好的，最常吃的就是馒头就咸菜。晚上没地方住，就在菜床子上睡，底下铺一层褥子，上边盖两层被。

他说那些年冬天也不知道为什么会那么冷，每天临睡之前他俩都一人先喝二两白酒。那小子比他小，晚上他就拼命地给他盖被，他这边就搭个边。早晨起来，他俩的脸上身上整个床子上都是白色的，上着挺厚的一层霜。

我不知道他跟我说这啥意思。我也不插话，边吃边听。

他说："后来，我俩就去学了二人转。一晃几年过去了，我俩混得都不错，但我对那小子的感情还是和原来一样，一直没变。可那年我去站前演出，第一场就被他给贴散了。那时我突然就明白了一个道理，人不为己，天诛地灭啊！"

我已经吃得差不多了，酒基本没喝。听他说得很动情，我也不知道该怎么接他的话。

他接着说："兄弟，你这次来，哥有点儿对不住你。来干一个。"说完一仰脖，真的干了一瓶。

我拿起啤酒又喝了一小口。我也想干，但我酒量不行。我越来越看不懂了，我来了一个月他都没跟我喝过一顿酒，今天这是咋了？我看他媳妇一言不发地坐在那儿干看热闹。

他又开了一瓶啤酒，拿在手里。另一只手搭在我脖子上，搂着我往他跟前靠。

他打了个酒嗝，接着说："兄弟，你能不能把轴给哥？"此刻虽说他满嘴酒气，但我能感觉到他没喝多。

我说："嗯？你说啥？"

他又重复了一遍："你能不能把轴给哥？"

我说："啥意思？"

他说："你没来之前，哥在这挣大轴价，你来了以后，哥挣的是二码的钱。这样，你把轴给哥，你上前边唱去，行不行？"

闹了半天是这意思！

他接着说："我和老板、经理这关系你也都知道，你上前边演，不用走，就是少挣点儿。不然我和经理说一声，你也是立马走人。"

我头一次遇见这种事，估计今生也就遇见这么一回。他说完这句话把桌子上没吃完的几个演员都惊呆了。不用说，他们也是第一次听说，还有这样的事——要轴！

我看了金玲一眼，金玲已经吃完饭了，坐在另一张桌的桌边等我。见我看她，她冲我笑了一下，没发表意见。

我看了看光头的嫂子，她也尴尬地笑了笑。

我又看了看那几个低头吃饭的演员，他们也都自顾自地捧着自己的"饭碗"，谁都不言语。

我收回目光，皱着眉头，舔了一下嘴唇，又叹了口气说："朋友，我觉得我现在就值这个价，当然我也就想挣这个价，而且我还认为我到哪儿都能挣到这个价。所以我在这儿干一天，我就要挣一天这个价。至于你说的要压轴，这我不反对，只要剧场给我这个钱，我唱哪个都没意见。你说只要你跟经理说一句话，我立马就得走人，这我相信，我相信你有这个实力。那怎么办？呵呵，那我就等着吧。"

说完我攥着啤酒瓶子直直地看着他。他看我注视他，不知道出于什么想法，他把目光挪开，看向了他媳妇。

他媳妇面无表情，双眼紧盯着地面，手里还夹着一根烟。

半天他回过头来，酒也不喝了，小声地说："那就那么地吧。"

我松开手里的啤酒瓶子，站起身来大声说："都没事了吧？我回去睡觉了。"

这句话我也不知道自己是对谁说的，说完我也没再看他们夫妻俩一眼，转身和金玲手拉着手昂首走出了食堂。

来锦州的第三十四天中午，小孩儿告诉我："你今天晚上最后一场戏。"

晚上下戏，我与金玲拎着我们俩的服装道具，直奔海城剧场——工资不变，打车钱剧场报销。

临走前，经理送我俩到楼下，满脸愧疚地对我说：“实在是不好意思了，唉，啥也别说了！”

我笑着说：“没啥，呵呵，挺好。”

我问他：“三十四天掉座儿没有？”

他说：“没有，没有。”

我又问他：“有没有一场散帘子？”

他说：“没有，没有。”

我说：“那就行了。”

他还要说什么，我与金玲上了出租车，我告诉司机：“开车。”

车开上了正路，金玲说：“你朋友和你嫂子都没说下楼送送你？”我长出了一口气，没有回答她的话。

5. 拿命挣钱：一连翻了九场跟头

二十四岁那年冬天，我与金玲在海城很火爆地演了一个多月。之后应鞍山剧场约请，又二次返回到铁西文化宫。

在文化宫演了大约半个月，一天中午没开戏之前，老板把我找到了他的办公室。

原来，海城剧场想与辽阳剧场互换演员。海城想要辽阳那副架，可辽阳却不想要海城那副架。海城老板就问辽阳的老板想要谁，现在辽宁的大轴可以随便挑。辽阳的老板就说：“我谁也不要，就要北边来的那个孙小宝。”——这是当年鞍山老板跟我说的，具体是不是这么回事我不清楚。

如此，海城老板就给鞍山老板打电话，问能不能帮他个忙，去辽阳换那副架。

按演员的规矩，肯定是不帮忙。本来我想在你这儿唱我就唱，不想唱我就走，自由。换架则不然，好了坏了的，事多。

要是平了所换演员的地儿，也就是换过去受观众欢迎，那还能好一些。要是没接住所换演员的地儿，观众不认可，老板不介意的不会说什么，如果碰到事比较多的老板，那么就会当面、背地说一些难听的话。

我那时在海城唱得还不错，与老板关系不是特别近，但也还过得去。我这人性格直爽，吃软不吃硬。见老板说得也挺客气，就答应了他换架的请求。

第二天上午，三个剧场的演员同时启程，辽阳的演员去海城，海城的演员来鞍山，我与金玲去辽阳。

以前我在辽阳也没少唱，这座城市小剧场挺多，我知道的就有青年湖、三角地、白塔、科技馆、北门、天天乐、老年宫。那时北门与三角地是一个老板，我这次换架就是被换到他这儿来。

去的当日，老板给我俩在北门出的戏。白场第三码，晚上压轴。这个剧场每场戏四码，每码四十五分钟。

白天不压轴，我俩唱得还可以，不红不黑。白场上岁数的老年观众多，这地方不听正戏，都是京评剧段子，好在我还会几段，唱得还都过得去。

晚场可就要命了。

咱们先介绍一下我换这副架。这副架当年在东北赫赫有名，上装正戏好，下装非常有相儿。特别是这下装，这么说吧，在当年，他如果承认自己第二，在东北肯定没人敢称第一，不要脸者除外。他超级能要，台缘非常好。好到什么程度？白场的老观众都不喜欢搞笑能要的演员，但唯独不烦他。

我来这个北门接人家的地儿，说实话，之前心里有些压力，但不大。因为我个人觉得我与金玲这副架与当时同级别的演员相比也算是不错的了，怎么也不至于黑到这儿吧？——唱了几场红戏，我又有些自负了。

白天演完，没觉出怎么样来。晚上一出场，坏了！出去赞头子就没蹬响，赞头子没响我赶紧开始说口，两个笑话讲完，底下观众基本没有笑的。演到这儿，我这汗可就下来了。我心头暗想：此地不能硬到这种程度吧？

我讪讪地把金玲叫了上来，又甩了两个包袱，底下观众的反应还是不见有啥起色，一张张表情严肃的脸，就好像歌曲大赛的一个个评委，说像我欠他们钱似的一点儿都不为过。

我打住说口，唱了一首我最拿手的《不老的爸爸》。

这首歌唱完我都要哭了，台下观众不但没有笑的，竟然连一个鼓掌的都没有。我明显感觉到此时观众看我就好像在看一只怪物。

我蒙了。

金玲本来就指着我，看我蒙了，她更蒙了。连乐队看着我俩都蒙了。

我脑袋快速地运转：往下该怎么演？

我看了一眼乐队，我从他们三位的眼神里也看出来，他们也在琢磨：看你咋演？我尴尬地都不敢瞅观众了，抱着必散的决心报出了下边要唱的歌名——《站台》。

我也想好了，散就散了吧，我已经尽全力了。

乐队一起前奏，我与金玲一句没唱，直接就开始翻跟头。要不说我直到如今都非常非常感谢我媳妇，那几年在辽宁，有多少回这样的危急时刻，都是人家发威才挽救了我丢人的局面。

金玲这跟头一翻，观众情绪立刻就被调动起来了。我一看现场气氛有起色，这就是还有希望啊，立时也来了精神。我俩一人一段地往出使活儿，观众的掌声也一阵高于一阵，到最后那几个绝活儿时甚至还有了叫好声。我俩一听下边有叫好声更来劲了，又拿出了拼命的精神。《站台》唱完，前排一个观众竟然给我俩一百块钱小费。

我的妈呀！人世间的事真是阴晴不定、难以琢磨啊！

这小费一上来，观众反应马上就不一样了。当时就说啥都响了。

我又来了精神，“谢谢，谢谢这位朋友的赏金鼓励，祝这位大哥身体健康、万事如意、家庭和睦、笑口常开。观众朋友替我来一次掌声送给这位朋友好吗？那个，还有没有给小费的了？”

这包袱是二人转演员最常用的，只要上来彩钱，啥时候用啥时候好使。观众哇的一声，连笑声带掌声一下就全上来了。大家从我的描述中也能看出来，这一百块钱小费上得多么及时、多么值钱，我真想给那赏钱的观众鞠三个躬。

下了戏，我俩回到三角地那边的宿舍。这一宿我因压力过大翻来覆去地一直都没怎么睡踏实。我心里知道，这地儿我俩干不了，弄不好就得黑到这儿。

第二天上午，我找到剧场老板说：“我不行了，这轴太难压了，你们找海城老板商量一下，还是换回来吧。”

老板说：“换回来干啥？挺好的呀，昨天观众反响挺好的啊！”

我说：“那反响还好？要不是后来上来一百块钱，肯定就散帘子了。你还是打电话吧，我真压不了，要不我就不干了。”

在台上演啥啥不响的滋味是真难受啊！到现在我都说，那地儿是我唱了二十年戏所走过的剧场中地皮最硬的。

老板笑呵呵地说："行了，别闹，真的挺好的，就这么地吧。我有事出去一趟，就这么地吧，噢！"说完径自穿上衣服推门走了，把我晾那儿了。

我一看，那就继续唱吧，不然咋整？也不能给人家撂这儿啊！——这些年我因为拉不下脸、磨不开面子、下不了狠心，多遭了多少罪啊！

白天还是不咸不淡地唱下来了，晚上坐那儿打板儿我这心就开始哆嗦。台上演啥我都没心情看，心里净琢磨那点儿事了。

三码下台，我跟着就上去了。

这回我也不蹬赞头子了，先说口试试。两个笑话放出去，还是跟昨天一样的效果。我这汗从脑门子上又流下来了。妈呀，这是要整死我啊！不把我砢碜到这儿是不肯罢休啊！

我把金玲叫上来，又试探着说了两个笑话，气氛还是没有什么起色。我心下一合计，干脆，开翻！《站台》！音乐一起，我俩又开始折腾。

我心里想着，这哪是唱戏啊，这不拼命呢吗？

折腾完一看，还行，观众情绪又上来了。这是什么观众啊？啊？不能就看翻跟头吧？这下可真是要命了，明天说啥我也不唱了。

这场勉强拿下来之后，转过天我又来到老板办公室。

我说："老板，你还是换回来吧，我真的是不行了，压不住啊！"说完我都要哭了。

老板还是笑呵呵的，好像有啥喜事似的，"挺好的呀，我昨天晚上在台下看你戏了，挺好的，观众也挺买你俩账。"

我说："啥买账啊？不行，肯定不行，你不换回来我就不干了。"老板笑得更欢了，这把我气的。

老板说："刚换了这么两天，换啥换，挺好的，唱着吧。要不这样，你就唱你的，散了也不怨你，这还不行吗？"

我还想坚持，但一看人家老板都说这话了，我一咬牙，行啊，唱吧，谁让我脸小呢！

接下来的日子，可真的是拿命换钱了。每天晚场轮到我俩时，第一个歌都是《站台》，连翻带打地一阵忙活，把观众气氛挑起来才能再往下演别的。

朋友们啊！翻跟头连着就是九天哪！整整九天哪！平时我俩到陌生剧场也就是进地儿第一天能翻几下子，过后都是觉得哪天观众气氛不热烈才偶尔使一回。不瞒大家说，那几天每天散戏之后我俩都是互相搀扶着一步一步挪回演员宿舍的，浑身像散架子了似的，每个骨头节都疼。

更倒霉的是那剧场舞台是外行用水泥修筑的，实心的，摔、磕都是实实成成的，小磕小碰都得疼上几天，何况我俩这顿狂折腾了。那时候差不多每场戏下来都会增添新的伤痕，身上青一块紫一块，那形象，惨不忍睹啊！

剧场伙食饭也只是一菜一饭，没什么好吃的，更没什么营养。从北门回三角地，中途会路过一家三毛粥店，那阵子我俩夜饭天天都在那儿吃，改善改善伙食，补充补充营养，也算是给自己天天拼命的一种补偿吧！

我现在每天晚上都咳嗽，打空腔，心脏有时还偷停，这毛病就是刚进辽阳连着那九天拼命累出来的。

6. 难上加难：夹缝之中求生存

十天过后，我和金玲在演出上的压力稍有缓解，观众好像逐渐接受了我俩的表演风格。虽说有时气氛还是很冷，但只要我俩一拼命，观众的情绪立刻就会被调动起来，弄得我也是苦笑不迭，心里暗暗发誓，以后说啥也不换架了。

刚刚演出上压力减小一点儿，一个让我更懊恼的事情出现了：老板从三角地剧场那边调过来一副架。

这副架在当年的辽宁省二人转圈子内也算有那么一号。下装留着披肩长发，上台总是“小李飞刀”李寻欢的扮相。对这副架我以前只是有所耳闻，但从未同台表演过，可以说我们是素昧平生，往日无怨，近日无仇。可不知道为什么，那时他们却对我做出了让很多艺人都惊讶的事。

前边我说过，他长发飘飘，长得比较帅，所以化装也往俊了打扮。没想到，自打调到北门开始，他每天都化丑装。而且还跟我学，我怎么化他就怎么化。因为他天天只唱第三个，我唱压轴，这下可把我坑苦了。

我那时是在脸蛋儿两边各点一个拇指肚大的红点儿，他第一天跟我同台，看完我的装束，第二天他在我前边就把那妆给用了——每边脸蛋儿一个红点儿。

这我也没介意，毕竟这妆不是什么经典脸谱，基本上是个二人转演员就会化，也经常化。所以第二天演出，我看他一边脸蛋儿点个红点儿，我就换了个化法。我化了个黑八字眼眉，脸蛋儿点两个黑点儿，嘴唇也化成黑的。

这妆给观众的感觉，面部五官非常清晰干净，逗乐还不脏——我敢保证那时候东北二人转演员中还没有这么化的。

转过天他一上台，我一看，嘀！跟我前一天化的一模一样：黑八字眉，黑点儿，黑嘴。这我可就有点儿生气了，这不是明摆着铆我吗？

但我这人老实，本着能过去就过去，没什么大不了的想法，自己生完气就拉倒了。那天我在他后边化的绿八字眉、绿嘴、脸蛋儿点俩绿点儿。

这绿油彩，我可以大言不惭地吹牛，东北二人转演员就我有。因为这油彩我们二人转演员化装根本就用不到，这是京剧演员化花脸时用的。我当时在长春文体商店买油彩时看见了，因为喜欢才随手买了一管。买时只是觉得新鲜、好玩，没想到这关键时刻还真派上用场了。我琢磨这回我看你咋学我？你没有这颜色的油彩。

要不说至今我都没弄明白这小子到底是何用意，转过天他临化装之前，都没问我，直接就打开我的化装箱，一边把我的绿油彩往他的彩盒里挤，一边回头跟我说："哎，把绿彩给我点儿，噢！"把我气的，你说人怎么能这样啊？！

惹不起，咱躲吧，也不能因为这点儿事和他翻脸呢。再说翻脸我也打不过人家，只能选择忍气吞声。他化红的我就化黑的，他化黑的我就化绿的，关键是这剧场不是就我们两副架，还有另外两副架哪，他们也化装啊！这样我就得既躲着其他演员，还得躲着他这个故意使坏的。有一次把我挤对得实在不知道咋化了，我化的白八字眉，白点儿，白嘴。

哈哈，活人还能被尿憋死？

后期这小子故意坏我的意图就更明显了。

他每天把我常说的笑话通通在我前边说一遍，有的不说全，说个一两句就说下一个。虽然唢呐、萨克斯他不会吹，但他有招，他把乐队吹唢呐的弄上来吹一段。我演的小品他不会，他就把我小品里最好笑的包袱，在他临下台之前，一句话就给“刨”了。

不仅如此，在我表演的时候，他还用各种方法搅我。

比如他在下台之后，我紧跟着上台正要亮相儿，他就赶在这节骨眼儿上，适时地冲上台来，还没等我亮呢，他先亮一个，完事就下台了，把我弄得是哭笑不得。

有时他演完不下台，他就穿着唱戏的装束坐在台边与观众聊天。他在那个剧场唱得时间长，很多观众他都熟悉。可这样就把我玩了，你说我是上不上台呢？上台吧，他在那台边坐着与人大声聊天，我就是上去也没人看我。我不上台还不行，他演完了，轮到我的了。弄得我啊，杀人的心都有了。

在这个剧场，演员必须经过观众席中间的过道才能出剧场。所以有时候赶上他下戏回家，他还在走到过道中间的时候，冲着台上正要抖包袱的我大喊一声：“好好演！”再不就冲观众喊：“这码戏不好，都回家吧！”

你说这厮……唉！本来地儿就硬，我与金玲接得就很费劲，又无缘无故地碰到这么一位。

后来有熟悉此人的演员跟我说，他就那个揍性，跟他要好的朋友他也同样使坏，想让他不搅局只有一个办法——跟他拼命。有一次，他也是像搅我似的搅一个演员。但那演员脾气不好，沾火就着，下了戏二话没说到食堂厨房抄起菜刀就奔他去了。这家伙把他吓的，满剧场台上台下来回跑。那演员拎着刀就在后边追，后来没追上，那演员也真急了，直接把菜刀撇过去了。也该着他命大，他一闪身，菜刀砍门框上了。这小子当时就吓哭了，就差没给人家跪下了，事后不但再也不敢搅人家了，还请那演员两口子吃的饭，席间给人赔礼道歉才算完事。

那位演员讲完对我说：“你要想他不搅你，你就也得跟他拼一回命。”

我一想，拉倒吧，别再因为挣俩钱整出人命来。

都说人善被人欺，马善被人骑，唉，看来我这辈子就是被人欺负的命了。

这天晚场，唱二码的小两口儿闹别扭。

两口子那年都是二十左右岁的年纪，小夫妻难免有个言语不合、吵架拌嘴的时候。那天俩人下午吵完架，晚场上班第二码戏，因互相还没消气，戏唱得就很别扭。台下一个观众见此情景就大声起哄："下去吧！噢！下去吧！"

他要是就喊那么一嗓子也就拉倒了，演员就当没听见，认真把剩下的时间演完就得了。可他一连串就是好几嗓子，演员就是想掩饰也掩饰不过去呀，整场的观众都在那儿听着呢。台上台下的气氛瞬间就降至了冰点。

小两口儿在台上尴尬地互相看了看，然后又低头看看时间，此时距离他俩演出结束还有挺长时间呢，现在想下台还不行。于是二人唱了一首占时比较长的《囚歌》。

《囚歌》唱上之后，这俩演员的泪水可就止不住了。

演员被撵的滋味的确是难受，面子上搁谁也挂不住，都是人，都有个脸。我坐在打板儿的位置，看着他们小两口儿这通哭号，当时心里也禁不住跟着泛起波澜。后来那女孩儿哭得都站不起来了。

我联想到我带金玲来到这儿以后，戏唱得太难了，地皮硬，还天天被人家搅和。再看观众那一副副冷漠的表情，我不由得热血沸腾、怒火中烧。

这是为什么呀？啊？为了观众的一个笑脸，演员恨不得都拼上性命了，还想咋的啊？机器还有个出毛病的时候呢，何况我们这血肉之躯了！谁还没个七情六欲？谁还没个不如意？小两口儿把台下的情绪带到台上的确不对，可你喊一声给他个教训就可以了，何必赶尽杀绝呢？都说观众是水、演员是鱼，可这水今天不但没养活鱼，还要呛死它，演员与你们也没有那么大的仇恨吧？

我当时就是这么想的，越想心里越不是滋味，越想心里越难受。看着他们两口子，我也哭了。

这戏唱得太不容易了！我甚至有点儿后悔，后悔干上这一行。在家种地也比这强啊，最起码没人看着，拔掉一根苗也没人知道。这可倒好，每天几百双眼睛盯着你干这点儿活儿，稍有疏忽，观众轻则脸色难看，重则撵你下台……

到我上台时，我好像突然就对演出失去了兴趣，对把戏演好失去了欲望。我不蹬赞头子，不讲笑话，不要掌声，不要笑声，不要叫好声，今天我啥也不要，我就想散！马上散！

我表情严肃地走上舞台，没有蹬赞头子直接就站在了麦克风前，说着我自己都听不懂的话。然后我把金玲叫上来，继续面无表情地聊着闲话，没有包袱，没有笑点。

然后我让金玲唱歌，金玲问我唱啥，我说随便，挑你喜欢的。

金玲唱完两首，我唱了两首。时间一到，正在唱的歌，我从中打住，一分钟时间都不过，之后冲着台下冷漠地来了一句："结束了！都回家吧！"

说来也怪，整场演出，没有一次掌声，没有一次笑声，我俩就那样冷冰冰地一首接一首地唱歌，观众也都面无表情地坐在那里木然地听。那时我都想好了，有撵我的，我会二话不说直接就下台。可没有，一个都没有，甚至连个咳嗽的声音都没有。

我宣布演出结束，观众站起来，也都一声不响地离开了。像电影里演的鬼魂，都无声无息地飘走了。

这场演出我至今记忆犹新，每一个环节都历历在目。

往天，为了博得观众一个笑脸、一次掌声，怕他们走，我恨不得把我的心掏出来给他们看，以表我的诚意。可就那样，也难免有不满意而抽身离场的。

可那场，我甚至就是为了让他们走、撵他们走，却一个走的都没有，个个纹丝不动，不笑、不说话、不鼓掌，也不走。真奇了怪了！

不过，今天想来我还是觉得有点儿对不住那天的观众，毕竟撵演员下台的就那一个，大部分的观众对演员还是挺宽容的。而且细追究下去，也的确是演员失礼在先。

在北门压了三十九天轴，换架结束。我和金玲拎着东西离开的时候，恰逢"李寻欢"在台上唱戏。

他冲已走到观众席的我，用他那特有的口音大声喊道："不好意思啊，兄弟，铆了你这么多天！"

我低着头没说话，快步走出了剧场。

7. 临场发挥：抓口差点儿抓出人命

2001 年夏，经一位老板推荐，我与金玲来到营口一家洗浴中心演出。

当时营口的几家大洗浴差不多家家都上二人转，有的上一档，有的上两档。我要去这家就上我这一档。每天两场戏，下午一点一场，晚上九点一场，每场一个小时。

我之前在夜总会表演过，但那里非常不适合我的演出方式，我内心也极度排斥到那种场合表演，我总觉得那个舞台不是为了正常的演出而准备的，观众也不是为了观看演出才去那里消费的。洗浴这种地方，以前听别的演员提起过，根据他们的描述，我觉得这里的舞台十有八九也不是我能胜任得了的。

在我来之前，据说这地方来过不少东北的有名上将，可演出效果都不太尽如人意。所以来这儿唱戏，内心还真有点儿忐忑。

没想到，晚上的演出效果大大出乎了我的意料。

那天我一上台，就看下边大厅内放眼望去全是一张一张的单人床，每张床上都躺着一个穿着睡衣的客人。

我站到麦克跟前，拿眼神一扫观众，当即随口抓了一句："这是到太平房了？"观众的笑点瞬间被我点燃了。

这句话乍一听不咋顺耳，好似说我在给死人表演，可要是细一琢磨，全都躺着看戏，可不就像到太平间了嘛！这是演员临场发挥的好处，情理之中，意料之外。

接下来我说了几个笑话，把金玲请上来，按着我俩的演出顺序，在观众的热烈欢迎中圆满结束了进地儿的第一场演出。

说来也是该着我时来运转，从我俩登台的第二天开始，洗浴人数就直线增长。一开始是几个人用一个衣物箱，后来没有箱，观众就都穿着衣服进来先看戏，看完戏等有离开的客人腾出箱来，再脱衣服洗澡。最火的时候，那塑料凳子都加得没地方可加了，差不多每天都有站着看戏的观众。

那些年我行走江湖，感觉最享福的地方，就应该数营口这个洗浴了。刚开始进地儿的时候，每场演出都保证至少一个小时。后期演出时间我自己说了算，今天高兴就多演一会儿，明天累了就可以少演一会儿。除了演出上没压力之外，生活上老板对我俩也是照顾有加。

以前来的演员都没有自己的休息室，都睡洗浴大厅，化装、睡觉都在其他客人的众目睽睽下完成。老板给我俩单独腾出了一个包房，里边还配有影碟机和电视。

每天三顿饭也有了改善。以前来的演员都和服务员一起吃伙食饭，而我俩想吃什么，只要厨房里有食材，我俩可以任点。每天厨师都给我俩换着样做好吃的。营口出海鲜，我那时候最经常吃的就是油焖大虾。老板小舅子和厨师有时候散戏还来我屋里陪我聊天喝酒。

以前在别的剧场，我每十天二十天才能洗一回澡，还都得自己花钱消费。在这儿，我每场演出之后都洗澡，足不出户就能洗，有时候甚至一天洗个五六遍。

那种生活，神仙般的日子，一度把我养得白白胖胖的。我现如今这么胖就是从营口开始发福的，那之前我才九十多斤。

在营口那阵子，我嗓子也达到了唱戏以来的最佳状态。

刚学戏时我嗓子非常不好，嗓音发闷，不透亮儿，艺人行话叫“云遮月”。后期在长春时与一位黑龙江省的女演员唱戏，她嗓音比较高，我随着她唱，把我嗓子吊出一宫“小宫调”来，行话叫“脑后摘筋儿”，它的好处是唱出来韵味特浓。可虽说有了这宫嗓音以后，嗓子比我学戏之初要好很多，但与好嗓子的演员相比还是要差不少。

在营口唱了一段时间后，我竟然能唱阎维文的歌了，什么《好一个少林僧》,《母亲》，我都能游刃有余地完成。特别是《好一个少林僧》，我不敢说自己唱得有多完美，但每次唱完，观众的掌声都非常热烈。

熟悉我的观众都知道，我在演出中临场发挥的时候非常多，最多时可达演出时长的三分之二。这种表演方式，我们二人转艺人行话叫“抓口”，它的好处是能瞬间把观众带入剧情。

一般演员大多时候是抓同台的演员、乐队，或知名度较高的明星、大腕，这样不容易惹事。都是同行，他也知道你拿他找笑点没有恶意。但我最喜欢的也是比较常用的还是抓外行、抓观众。

这样的抓法有好处也有坏处。

好处是观众会出其不意地获得开心。比如上边提到的，“这是到太平间了？”还有二人转演员经常用的，观众上厕所顺前边走过，演员就会随口来一句：“尿尿去啊，大哥？”看似不经意地打声招呼，但起到的效果却每每惊人。

好观众他知道自己本来就是来寻开心的，演员与他一搭话，他也会意地一笑。有的观众甚至还随话搭话：“是啊，一起啊？”演员马上再接话：“您先来，我还能憋住。”这样台上台下的气氛就会非常融洽，演员开心，观众更开心。这就是我演出时常说的那句话：一场成功的演出，绝不是由演员一个人完成的。

可要碰上不喜欢开玩笑的观众，那可就遭殃了，轻者被骂，重者还有生命危险。

那年在营口演出就发生过这样一件事。

那天我正与往常一样在台上说口，浴区门口鱼贯地进来几个人。

那门口正冲舞台这边，所以他们几个一进来，观众的目光不自觉地就转移到了他们身上。这时候往往是演员最愿意抓口的时候，因观众目光不在演员这儿，所以演员要及时地把观众的注意力拽回来。

我当时冲着他们几个人随口就来了一句："才来啊，哥，快找地方坐下，我就等你们几个呢，要不我都开演了！"

这话按理说一点儿毛病没有，也就是打个哈哈、逗个乐子的事。可谁知我话音刚落，其中一个穿着浴袍的男的随后就骂了我一句："演你的得了！"

我一看这态度，赶紧尴尬地给自己打圆场，说："这就骂上了，呵呵，还演我的得了。"

那男的本来是往大厅里边走的，一听我说完，转身就奔台上来了。

我一看这不是好事，赶紧哀求，我说："大哥，别急啊，哈哈。"

那小子来到台边，迈步就要上台。

洗浴的舞台比较矮，不用费劲，抬腿就能上来。我一琢磨他要上来，那我不就遭殃了嘛，本来我就个儿小，他人高马大的，打我不就跟玩似的。我趁着他快要上来之际，条件反射地抬腿就是一脚，直接把他踹台下去了。

这下可惹事了，他们同来的八个人从后边全部都冲到台上来了。

我一看不好，护着金玲就往后退，为首一个男的趁我没注意，一巴掌就拍我脖子上了。金玲在后边一看我挨打，张牙舞爪地就冲出来了。

那天也赶上我俩命好，大厅值班的两个服务员都是二十多岁膀大腰圆的小伙子。俩人见我俩被打，直接就蹿台上帮忙来了，台上立时就打乱套了。

观众此时倒来了精神，一边鼓掌一边喊号，起哄架秧子。也就两三分钟的光景，八个人就被俩服务员全部打趴下了。

我看现场乱套了，演出也演不了了，就领着金玲回宿舍了。

回到宿舍我一琢磨，这不是惹事了吗？我一个外地人能惹起谁啊？三十六计，走为上计吧！

夜里十一点多老板回来了，打发人找我去饭厅喝酒。我与金玲忐忑不安地来到了小饭厅，见桌子已经摆好，菜也已经上完，老板正乐呵呵地坐在主位上。

我坐下就跟老板表达："我得走，别再出点儿啥事。"

老板笑着说："没事，都没事了。"

我略有疑惑地说："这么快就完事了？人家不追究啊？"

老板说："追究啥呀？是他们先闹事的。不怪你，这仗有你没你都得打起来。他们这伙人今天同学聚会，在饭店的时候就有些话不投机了。有的当年上学时啥也不是，现在混得人模狗样的；那些当年学习好的，如今生活却不算太如意。所以刚开始喝酒时，有几个同学相互看着就有点儿不服气，进而互相用话讥损，到洗浴的时候都是满腔怒火没地方发泄，正好你和他们搭话开玩笑，就把气撒在你身上了。"

我恍然大悟。

人生潮起潮落，有兴盛的时候，就有衰败的时候，谁也不可能总是一帆风顺。同学相会，本是一场怀旧开心的事，谁知道最后竟演变成了一场闹剧，你瞧不起他，他看不上你，有这个必要吗？把名利看淡一些就好了。

在营口演出了四个多月后，我找老板要求离开。

每天面对相同的观众，自身的能耐还是有限。后期我上台面对基本上天天来的观众，也有一种不知所措、不知道演啥的感觉。有的时候，我上台站在麦克风跟前看着他们就笑，他们看着我也笑。

我看着他们笑是因为，放眼望去，全是熟人，我那几个笑话，他们都背下来了。我的内心独白是：我说哪段呢？

他们笑的内心想法是：看你今天还讲哪个？

8. 捉襟见肘：雪中送炭才是真朋友

2001 年秋天，我与金玲离开营口。之后哪个剧场都没去，直接回德惠了——我俩决定回家买房。

当时我俩已经确立了恋爱关系。

我不知道怎么给心爱的女人幸福。在我的脑海中，幸福首先应该是吃饱穿暖，其次是高房暖屋、锦衣玉食，之后挣钱给她随便花。

我自己一个人唱戏时攒了点儿钱，与金玲确定关系后，我俩省吃俭用地合起来又攒了不少。特别是在营口这四个月，供吃、供住，工资基本一分没动。这些钱在长春买房子不太可能，只能是回德惠老家买。按德惠的房价，我俩的存款够买一个七十平方米左右的，如果省着点儿花，把亲戚朋友借去的钱都收回来的话，装修也差不多够了。

有了初步的想法之后，我与金玲外加我父亲，我们三个人满德惠大街小巷开始看房。

我从十八岁离开德惠，每年只是过年或八月节回家看看。这次回来面对纵横的街巷，我是既熟悉还有些陌生。

熟悉的是那些我曾经待过的地方。剧团大楼还像光棍一样矗立在那里，每次经过，我心里都有种说不出来的滋味。

陌生的是德惠这些年变化太大了，有几条新修的马路转悠得我都迷路了。

起初我们在东五道街那儿看了一个新开发的楼盘，但差在质量和价钱上。在老啤酒厂那儿又看了一个，差的是交工的日期比较晚。最后在七道街与八道街之间看了一个楼盘，从质量到环境都还不错，据说是由我们德惠非常有实力的一位大老板开发建设的，价格也在我俩的可承受范围之内。于是我们仨一致决定，就买这个了。

兜里有钱，买啥都快，当天下午就签了购房合同，交了全款。我与金玲看着当时就拿到手的门钥匙，乐得真是合不拢嘴了——我俩也是有楼房的人了！

在选择媳妇这件事上，我终于是对了一回。假如没有金玲的陪伴，我不可能住上楼房。金玲是一个非常有正事的女孩儿。当年在辽宁时，绝大多数二人转演员包括没我俩挣得多的都身上穿着貂皮大衣，脖子上挂着金链子。每天看着那些人耀武扬威地在面前走过，我一度也想去买回两件。我比他们差啥啊？

我把我的打算向金玲表达了："咱俩每人一件貂皮大衣，我买条黄金的链子，给你买条白金的。"

金玲说："房无一间地无一垄，有啥装的？你要敢买，咱俩就一刀两断。"

如今看来还是人家做得对啊！小丫头片子有远见。那时候有不少演员平时穿金挂银、胡吃海塞，过年回家却连个落脚的窝都没有。

感谢金玲！

转过天吃过早饭，我与父亲来到街里找到了我大叔。大叔那时候正在干家装，房子装修的事就交给他了。我的要求不高：一切从简，装上就行；不求奢侈，实用就中。

这样，我与金玲暂时先不唱戏了，开始了在家装修的生活。当时是秋天，我算计着，干得及时的话，上冻之前差不多能完工。

那段时间，我与父亲每天早晨来到楼房给他们干活的工人开门，晚上等他们干完下班，我俩再回家。中午就在附近的饭店对付一口，有时还请我大叔他们出去喝点儿酒。平时就等着看缺什么材料，我及时去买回来。

装修过程中，最大的障碍是打车难，住在后弯子，来回都很不方便。

德惠的出租车，市内无论多远就五块钱。后弯子那地方相对较远，出租车都不爱去。这出租车也怪，要么你就报个价，十块、八块都行！他不报价，一听你说去后弯子他回头就一句："不去！"所以每次都得在路边站上老半天才能打到车。

后来我们就想了个招，只要过来空车就拦住，先上去再说，大不了送到地方你要多少给你多少就完了呗！省得遭罪啊！

那阵子每天回家都很累，但看着自己的新房一天一天变模样，那心情绝对是无法用语言来形容的。

装修刚开工没几天，我兜里的钱所剩无几了。

也不能眼看着装到一半的房子停工啊！我赶紧给欠我钱的亲戚朋友打电话要账。几个欠得少的，打完电话马上就给送过来了。一个欠我比较多的，却无论我怎么催都是今天推明天、明天推后天。推到后来，人都找不到了。等我好不容易联系上能找到他的人，那人说，他已经被公安局抓起来了。我听完差点儿没昏过去，这是我装修的钱啊！我的血汗钱啊！一口一口嚎来的钱啊！

就在此时，有个黑龙江的剧场给我打电话，想请我和金玲去给演两个月。我一看，干脆也别客气了，我就跟那老板说，去可以，先给钱。也是我信用好，转过天那老板就把钱给我汇过来了。

原本是打算等一切都完事了，我与金玲再走，可如今，钱不够用，我俩得出去现挣去。

我对父亲说："你就自己在这儿看着装吧，等装完你开窗放几天屋里的味，然后你和我妈就搬过来。假如装完钱还有余富，你就先跟我妈买个双人床。如果装完没剩，那你们就先睡地板，等我俩年底回来再买床。"

嘱咐完我爸，我与金玲收拾服装道具准备启程去黑龙江，没想到，这时候，我大哥又来事了。

我大哥自结婚分家另过之后，一直都没有正经工作。

开始时是起早贪黑做豆腐，可累得够呛却不怎么赚钱。他的嗓子就是当年卖豆腐时喊坏的，至今声音还是沙哑的。

在我考进剧团科班时，他在市场卖拖鞋。

我出去唱戏以后，他与我嫂子在露天市场卖小百,一块钱三样。也是起早贪黑、顶着酷暑严寒赚点儿辛苦钱。

每年过年我回来那几天，去市场上看他，他和我嫂子都浑身裹个溜严，只留两只眼睛在外边，整个脑袋上都覆着一层厚厚的白霜。看到眼里，也很心疼，可那时我自己都自身难保，实在也是爱莫能助。后来我在长春旧货市场给他俩各买了一件羊皮里子的军大衣。

那天他来找我，进门见我俩要走，他也不拐弯，直截了当地说了他眼下的难处：德惠露天市场取消了，所有摊贩要么改行，要么投资二道街步行街的门市。他去看了那些门市，面积都太大，买不起。只有一个地方，是一个大三角截出去后留下的一个小三角，面积大约十几平方米。他想买，但没钱。

我看了看我大哥："缺多少啊？"

我哥说："亲戚朋友借一借，能凑个零头。"

我说："你也看到了，我本来打算装修完再走，现在都不得不走了，在人家剧场拿的钱，现在就去还，我也没办法啊！"

我哥说："那咋办，不然我和你嫂子就真的下岗了，露天市场取消，想摆摊都没地方。"

我爸说："老儿子，你要是能活动着，就先给你大哥借一借，你放心，将来你大哥还不起那天，爸还。"

我看了看我爸，心说：你拿啥还呢？唉！可怜天下父母心啊！儿女能把放在自己儿女身上的爱，回报给父母十分之一，父母也就知足了！

我看看我大哥，又看看我爸，然后对他们说："我试试看吧。"

但我这人脸特小，在此之前几乎没有向任何人开口借过钱，何况我这些年还很少或者说基本不交朋友。有小时候家庭变故的原因，也有自身性格的缺陷，另外跟我们随来随走的流动演出方式也有很大的关系。如今让我找朋友借，我还真的有些为难了。有没有真朋友？不确定。虽说这些年见人为难招灾没少江湖救急，但你也不得不承认，知恩图报的人少之又少。我曾替一个演员出头，事后他不但没感谢我，还一见我面就用一种调侃、讥讽、戏谑的口吻管我叫"孙大侠"。

我再次看看我大哥，不到四十，皱纹却早已爬上了眼角。因天天风吹日晒，脸上变成了永远的绛色。瘦弱的身体，好像随时都能被风刮倒一样。我咬咬牙，掏出了手机。

我先是给一个我自认为平时关系不错，以前也在我这儿借过钱的前辈打电话。电话接通后，我向她表达了借钱的想法，她二话没说，让我给她个卡号，告诉我明天就汇到。

看来我还行，朋友不交是不交，交一个还真交对了。

我又翻了翻电话本，找到另一个朋友的电话号。这个朋友更让我欣喜，电话打过去之后，还没等我开口，他倒先说了："你是不有事啊？要用钱啊？"

我笑着说："是啊，呵呵。"

他问："你用多少？"

我说了一个内心的极限，他说："行，我在德惠，你随时过来取吧。"

我放下电话那一刻，真的是眼泪马上就要掉下来的感觉。

我一直坚信，雪中送炭才是真朋友！我碰见过很多这样的人，平时喝酒聊天时那就别提多仗义了，一到真有事，马上就不是他了。

这两份钱借完，我心里琢磨还给哪个朋友打呢？电话本翻来覆去除了那俩，我还真就找不出第三个来了。

就在此时，我第一个朋友给我来电话了，她问我正月定没定地儿，我说没有，她说正好，她有个朋友在阿城开剧场，让我就定她那里，工资外边多少，她那儿也给多少。我一听就乐了，我说行是行，但有个条件，先给钱。我朋友说没问题，马上就给。

我放下电话，看着我大哥和我爸连带我妈那喜笑颜开的样子，我也乐得不知道说啥好了。

9. 张嘴失声：侯宝林抢去了我的饭碗

家庭琐事安排妥当之后，我与金玲当天就急匆匆地赶奔了黑龙江。

这个剧场我前几年来过，那时候我还是单身。这次故地重游，想着让老板老板娘看看我未来的妻子，见识一下我如今的演出风格，不敢说吹、打、弹、拉、唱样样精通，但哪样都会点儿也算个比较全面的演员了，心情格外兴奋。当年那些熟悉我的观众也会有此好奇心：前几年在这儿唱戏那小孩儿如今领着对象回来演出了，可得去看看。

另外还有一个原因使我兴奋：我已经是个住上楼房的人了。

到了剧场，老板与老板娘见到我俩还是很高兴的，尤其是那老板娘，她也是个演员，有一次她去长春演出，当时我正好在那个剧场，还一度把我的宿舍让给她住。

黑龙江省的二人转剧场，演出形式与以前相比一直没变，还是保持原有的风格：每天两场戏，每场三码。无论白天、晚上，开码、压轴必须唱正戏。

我个人至今比较认可这种表演形式：前边适当地说口、杂要调节一下气氛，进入正戏就严格遵照传统的表演要求。该要时放开了让观众乐，该唱的时候那就必须情真意切，把观众带入到剧情里需要的那种氛围。正戏之后，再演一些观众喜闻乐见的小曲小调。我觉得这才是一场纯正的、解渴解乏的民间二人转演出。

因老板老板娘听说我近几年业务上出息得还不错，所以去的当天晚上就给我出的最后一个。我也没推辞。这几年事实也的确是这样，到哪儿都压轴。

我在打板儿时捎带着看了一下前边两副架的表演，从中可以看出，北边的演员与辽宁的演员相比，无论是在演出风格上还是演员个人形象、装束上都要相差很多，节目也比辽宁落后。很多辽宁都已经流行过的歌曲，这边才开始有人唱。

这些现象可能不用我说，大家平时在看电视的时候，也会觉察出南北在节目内容上、思想上的差异。

到我的演出时间，我与金玲都运足了精神。在家忙装修大约有一个多月没登台了，临上场还有些紧张。但出去见到观众后，那紧张的感觉马上就消失了，随之而来的是流畅的说口、稳健的台风。

铺平垫稳之后，我把金玲请上来，简单地向观众介绍了一下我俩的名姓，说了几句客气的祝福语，之后开始进入小帽儿。

小帽儿一开唱，我接第一句就感觉情况不妙。不知道为什么，就感觉嗓子眼儿火辣辣的，没有高音。

我以前听老艺人说过，演员的嗓子唱出来之后怕歇，天天唱，只要不疲劳，那嗓子就永远保持在最好的状态。可一旦停几天不演，再唱的话，肯定要先哑一回，等哑完再恢复，方能回到先前的状态。我在辽源演出时就碰见过这么一位演员，剧场演员多的时候，谁歇他都不歇，老板不让他演都不行，他说他嗓子一歇就没声音了。

看来我在家休息这一个多月，把嗓子歇哑了。

我明白怎么回事之后，就不敢使劲唱了。在接下来的时间里，我随着金玲，能不唱尽量不唱。好在那天我俩唱的正戏是《马寡妇开店》，这戏女演员的戏份比较重，我靠说口、表演就把戏顺利地演了下来。戏后我唱了一首不要求嗓子好坏的歌曲，金玲卖弄了她的跟头，在融洽的气氛中结束了演出。

下戏后我可惨了，开始咳嗽，干咳，没痰，嗓子火辣辣地难受。

那天晚上，因惦记嗓子，总想小声试试哑没哑，我躺在床上翻来覆去，差不多到凌晨一点才睡着。

睡着后我做了个梦。梦中我正坐在一个长条桌子旁吃饭，桌上没有菜，我手里端着一个小铁饭碗。这种碗我小时候家里用过，铁质的外边烧上一层陶瓷，碗里大概有多半碗蛋炒饭。我捧着饭碗拿着筷子刚要往嘴里扒拉，一个熟悉的面孔出现在我面前：相声大师侯宝林。他表情严肃地来到我身边，没说话就伸手夺走了我手中的饭碗。当我站起来想追时，他已经瞬间消失得无影无踪了。我一着急，醒了。

此时演员都休息了，舞台后边带二层铺的简陋宿舍异常寂静。我还想小声地试试嗓子，但想了想，还是忍住了。脑海里胡思乱想了一些事情，慢慢地又进入了梦乡。

第二天上午十点左右，我睁开眼睛。清醒后的第一件事就是试嗓子，我一张嘴，完了，没音了，仅能说出话来而已。

老板见我起床，凑上来与我说话，我一开口，他也听出问题来了。虽说他嘴里说着没事，但从他脸上我分明看到了刹那间飘过的一丝忧虑。

中午我和金玲也是最后一个登台，这就等于一天俩轴了。

因嗓子哑了，只能勉强地唱几句，所以上台之后我先向观众道歉，希望以此来得到观众的谅解。观众大多以前见过我，依仗前几年在这儿打下的良好的观众基础，演出气氛还算过得去。

我唱不出来就要、说口，金玲多唱。正戏之后，我俩又像在辽阳北门时一样，拼命折腾了一回。当时心里不想别的，就想以另一种表演方式来报答观众的恩情。

没有宗教信仰的我也在心里暗暗祈祷，求神佛保佑，希望嗓子能尽快恢复到以前的状态。我甚至想给大师兄上炷香，又一想，别了，从打唱戏那天起就没给大师兄上过香，今天这冷不丁地抱佛脚上一次，大师兄也不可能庇护我。人家就缺我那一炷香啊？

只想嗓子是因为在家待生了，唱几天自然就会恢复过来，没想到一连过了四五天，声音仍然很沙哑，还是没有高音。

老板说："是不是感冒了嗓子有炎症啊？打几天吊瓶试试吧？"

就这么着，先打的双黄连。据医生介绍，这药专门治嗓子。不见效之后又打各种抗生素，打了几天还是一点儿起色都没有。接着又换成了激素类的各种名字里带"松"的药。这药打完之后不但不见效，反倒增加了我的饭量，一顿饭没个三碗四碗下不来。

我在营口的时候，因为每天养尊处优，所以身体开始发胖，但还处在正常范围之内。自从这顿吊瓶打上之后，身材就像吹气球似的，体重一度涨到一百三十多斤。我自己都不知道，我这是治嗓子呢，还是增肥呢？

老板又说："是不是声带上长小结了？"

他说的这病在演员身上很常见。演员因声带长年累月处在紧张疲劳状态，所以嗓子上长出了息肉白斑，学名叫"音带小结"，也称"歌唱者小结"，是慢性喉炎的一种。早期时发高音破裂，用声易疲劳而不持久，发低音无变化。以后逐渐加重。结节较大则难以歌唱，也不能高声说话。

老板说完，我觉得也不是没有可能，转过天，老板就起早把我领到了当地一家大医院。

那医生听了我对病情的陈述之后，先给我舌头根部打了一针麻醉剂，然后让我等着，等麻药发挥作用再进一步观看。我坐在医院走廊的凳子上，就觉得嗓子眼儿越来越粗，不大一会儿就感觉舌头根部把嗓子眼儿整个儿都堵死了。

医生把我叫进去，拿一个一头带着小圆镜子的用具，往我的嗓子眼儿里探。探得浅还没问题，探得深我就干呕，那探具不拿出来马上就要吐。

医生探了几次也没看到，没招又往我嗓子里打了一针麻醉剂。

我坐在走廊里又等了几分钟，等药力上来，医生还是先前那套程序。可探具一探到那个位置我还是干呕，医生一连试了几次都无功而返。

最后医生无奈地对我说："一般的患者，打一针麻醉剂就可以看到了。可你这两针了，还是干呕，我实在是无能为力了。具体什么病症，是不是音带小结，因为我看不到你的声带内侧，所以我无法下结论。"

从医院回来我就上火了。打针、吃药都不见效，医院也去了，还是不知道病症。虽然我嗓子自学戏时起就不是太好，可经过了几年的历练，我已经初步掌握了演唱的技巧，知道了怎么样去扬长避短，如今这突然的变故实在令我心急如焚啊！

嗓子是演员赖以生存的饭碗。从古至今，有多少艺术的好苗子，都因为倒仓坏嗓而不得不含泪舍弃自己热爱的职业。我突然想起了那个梦：不会吧？难道饭碗真的没了？

10. 痛并快乐：家人开心，再累也值了

嗓子刚哑那几天，一直是金玲带着我唱，我只负责说口、要相儿，入戏之后所有的唱段不说全是她包了，可也差不多。

金玲正式登台唱戏，也就是从本溪跟我出来之后，尚处在学徒阶段，自己的唱词唱腔都还很不成熟，如今兜着我唱更显得处处捉襟见肘。另外，每天白

天晚上两个小时，大部分时间都是她在唱，她嗓子也一直处在疲劳状态。在来到这个剧场的半个月之后，她嗓子也哑了。

她嗓子一哑，对我俩来说，那就犹如天塌下来一般。

有一天，老板娘给我俩白天出的《韩琦杀庙》。看见戏牌子之后，我就觉得够呛能唱下来，那里边都是上装大段的陈情、哭诉，最后见韩琦自杀庙内，还有一大段要功夫的唱腔。下装也有少量吃功夫的唱段。这出戏对好嗓子的演员来说唱着都有压力，更别说我俩这一对大哑脖子了。

我本想找老板换一出戏，但一想到老板老板娘的脸色，想想还是忍了。此一时彼一时啊！

那天白场人来得不少，弄了个大半堂座儿。我俩唱小帽儿时还好，说口也可以，一进入正戏，我俩就明显感觉到费劲了，高音上不去。我感觉那天的观众肯定都是这么想的：这哪是欣赏艺术来了，这不是看勒狗来了嘛。

剧情唱到“秦香莲苦苦哀求韩琦，要杀就杀她自己，留下不懂事的孩子性命”时，金玲已经是累得上气难接下气，等接下来唱到嘱托一双儿女的戏词时，嗓子已经基本没有声音了。女的唱腔本身就比男腔高八度，我嗓子好使时都够不到那么高，更别说现在还不好使了。

金玲后来自己说：“那时候我跪到台上可是真哭啊！”

舞台上我就站在她的身边，看着她干使劲唱不出声音来，我急得直跺脚也是无能为力。面对着如此窘境，我也禁不住泪挂腮边。

要不说那县城的观众我一辈子念他们的好。就我俩唱到那种程度，有几个老爷子还给我俩扔彩钱呢！有一个老爷子在台下还不住地鼓励金玲：“没事，孩子，唱！挺好的！”有的时候，想想观众对演员的那份感情，真是觉得如果不好好表演的话，自己都问心有愧。

转眼来到这个县城有将近一个月的时间了，我嗓子一点儿都不见好，金玲的嗓子跟我比也是半斤八两。

我看再这么下去，我俩都得黑到这儿。另外咱也不能在这儿硬挺着挣钱哪，虽说老板不好意思说话，咱也得有自知之明，就算大家都是朋友，但朋友更应该为朋友着想不是吗？

于是我对老板夫妻说：“这么下去也不是法子，你们找演员吧，我俩唱不了了。”

老板说：“先唱着吧，眼下还有一个月多点儿就过年了，座儿还算可以，年前就这么对付过去吧。”

我说：“我俩这嗓子也真是不能再唱了，一共就三副架，没有多余的演员，嗓子得不到休息。我想回家去先歇歇嗓子，再看看病，等嗓子歇过来之后，再出来唱。总这样疲劳下去，我怕嗓子唱坏啊！”

老板说：“那暂时找不到人啊，咋整？先唱着吧，年前就剩这几天了，怎么都对付过去了。”

我看老板态度很坚决，再说我也不能给朋友撂了啊，于是我提议：“那白天你换别人压轴吧，这样我能轻快点儿，白天唱头二码我俩还可以歇歇嗓子。”

老板说：“你就压吧，那两副架唱得都一般，再说人家来时我也没跟人家说压轴啊，人家没挣那个压轴钱！”

我想说：“我也没跟你说我压轴啊？我来之前价钱都没跟你谈，再者说，我在别的剧场每天只压晚上轴工资就已经很高了，我给你压俩轴你给我多少钱啊？”后来一想，中啊，都是朋友，别跟他斤斤计较了。

我最后还想努力一把，我说：“老板，那这样吧，晚上轴我压，白天轴我也照压。但金玲嗓子不行了，另外她唱的水平也的确有限，你能不能让你媳妇跟我压白天轴？我以前与她唱过，我会的几个大一点儿的戏她也都会。这样就当将就我了，也不用别人压轴了。”

我话音刚落，还没等老板回答，老板娘在边上说话了：“那可不行，我在这儿时间长，观众都看腻我了，我可压不了轴！”

我看了看他们夫妻俩，心里像打翻了五味瓶，啥滋味都有了。

走不行，不压轴不行，让老板娘救救急都不行。我再次看了看老板娘那张不苟言笑的脸……人家主意已定，我也不能反驳。能怎么办？扛着吧！

就这样，我和金玲中午晚上地俩轴扛着，嗓子不但得不到休息，还更加重了负担。白天唱大戏，晚上唱完戏还得加演小曲小调，另外还得时不时地翻跟头折腾一回。咱们简短截说，最后好赖算跟头把式、哭爹喊娘地把年前剩余的时间顶下来了。

腊月廿七，剧场停戏，我与金玲当天就登车返回了德惠。

下了火车，我俩打车直奔家里——这次不用往后弯子方向去了，而是直接来到七道街。

进了家门一看，嗬！家里已经与我走时大不一样了。

我俩离开家时，地面、墙面都弄完了，木匠活儿还差点儿，油工一点儿没干呢。此时屋里已经全部都完工了，就差进家具了。

我爸说："你留的钱搬完家之后一分没剩，我和你妈借钱买了一张床。"

当天下午，我与金玲开始买家具，买了一张床、一台电视。本来还想买冰箱、沙发，可一想兜里剩的钱，还是以后再说吧！

大年三十，我哥、嫂子、侄女都来到了我家。金玲与我嫂子做饭炒菜，我和我哥、我爸三个人贴对联、贴福字。

开席之前，我在家门口放了一挂"大地红"，之后一家人团团围坐在饭桌上，幸福洋溢在每个人的脸上，大家推杯换盏好不热闹。

我妈乐得脸上皱纹都见少了，每句话说完，后边必带一句："感谢神！"

我爸说："想不到啊！想不到我这辈子也能住上楼房！"

哥哥和嫂子新买的门市也已经收拾好，春节前就已经开始营业了。

我和金玲虽说嗓子都坏了，但看着自己的辛劳换来一家人的开心笑容，心里也感到无比满足。

我从十二岁那年冬天搬到德惠后弯子，买房那年我二十五岁，在德惠后弯子正好住了十三年。那十三年可以说是我生命中最困难的十三年，也是最难忘的十三年。那个父亲花六千七百元买的破草房，每年冬天都上着一层厚霜的北山墙，厨房里破烂的坛坛罐罐，还有那个小得不能再小的"小"卖店，一个人走都得侧着身子的过道，终日进不来阳光、潮湿黑暗的小屋，仅能勉强容下四口人睡觉的小炕，炕周围一家人的生活用具，以及我骑着一辆二八大自行车，驮着散装白酒桶在马路上离拉歪斜[1]、跟头把式的画面，将永久地停留在我的记忆中。

---

① 离拉歪斜：走路不稳，东倒西歪的样子。

第六章　水到渠成

就在我和金玲火得不得了的时候，我人生中第一个大的机遇降临了。此时离我开始学习二人转这门艺术，已经十年有余。

1. 十年江湖：我成了今天这副德行

2002年正月，我与金玲按计划来到了黑龙江阿城。

剧场老板是个女的，那年三十岁左右。剧场就是普通的街边门市改的，很典型的东北二人转小剧场。演出场次、方式与年前那个剧场相同。

我和金玲在这儿白天头二码，晚上压个轴，可能是因为剧场的舞台离观众近，适合我的表演，没过几天，我俩一对大哑脖子晚场居然红了。从正月初三开始，到我离开，几乎每天晚场都满员，有时候还加座儿。

女老板见业务挺好，每次见到我都眉开眼笑的。也有可能是因为朋友介绍的关系，女老板基本每天晚上都请我俩出去吃饭。那女老板一看就是个实在人，每次相约都是真情实意又拉又扯的。但她总这么请我吃饭，我也真的是很不好意思。因此后来她请我吃饭我大多都找借口不去，就算去的话，也是我自己掏钱埋单。

就因为吃饭的事，还让我又添了“毛病”。

有一次，女老板朋友的朋友请吃饭，我因为当时在卸装洗脸，所以让他们等我的时间可能就有点儿长。到了酒桌上，那个朋友鼻子不是鼻子脸不是脸的，很生气的样子，意思说我“腕大狂傲”。

我至今不知道别人说我狂傲都是从哪儿看出来的！

我觉得人与人之间交往，我不俯视你，我也不仰视你，平视就可以了。再者说，咱们素昧平生，也就是一起吃个饭，能吃就吃，不能吃就散，何必要此一套呢？

女老板赶紧中间打圆场，那厮还是一副不依不饶的架势，后来居然从自己的夹包里拿出了很多与明星的合照给大家看，那意思是：“我跟名人都照过相，何况你个唱二人转的了。”

我瞅他那趾高气扬的样儿，起身领着金玲就走了。

也是从这件事开始，我排斥与陌生人吃饭。

如今出去参加活动，我从来不用主办方安排食宿，我就自己吃饭休息。实在推脱不掉的，就事先与主办方签上合同：在演出期间不参加任何与演出无关的应酬、饭局。就连我非常要好的朋友找我吃饭，我都得事先问问另外还有谁。

一位著名制片人曾向我转述过一个二人转演员对我的评价：“格色[①]，不合群，和人不一样！”

一位演出商也曾这样说过我：“孙小宝和其他二人转演员不一样，台上台下都不一样。”

写到此，我很感慨。在我小时候、未学戏之前，我绝对是个爱说爱笑爱疯爱闹的孩子，身前身后总嘻嘻哈哈围着一群小伙伴。没想到，没想到十年江湖路，让我变成了今天这副德行！

岁月改变了我的容颜，经历改变了我的性格。

话说回来。我和金玲在阿城晚场挺火，白天演出却很不受欢迎。

因为晚上要卖力气，白天就得悠着点儿唱。我让老板每天都给我出第一个，出的也都是小戏，打打闹闹，游游逛逛就唱下来了。

白天老年观众多，我总这么演出就引起了他们的不满。还有几个常看戏的老爷子去找老板，强烈要求把我换掉。

其实我白天也不是不想为老爷子们好好演，只是这嗓子实在哑得厉害，心有余而力不足。有几次我也试着让老板给我出的唱功戏，可一唱上，别说观众，自己都不愿意听。

女老板听说我的嗓子不是原来就这样，而是两个月前才哑，她就跟我说：“你是不是压住一股火啊？”

我一想，别说，也搭点儿边。那时我因为装修钱不够，再加上还得帮我哥借钱，火上大了。

听完老板娘的话，我当天就去药店买来了牛黄解毒丸之类的泻火药，一连吃了好几天，可除了总上厕所以外，没有任何治疗效果。

在阿城那段时间，我还用过一种喷剂，据说是进口的。虽说每次喷上嗓子眼儿都冒凉风，的确是很舒服，但对治疗嗓子沙哑却一点儿帮助都没有。后来

① 格色：性格古怪，与众不同。

金玲嗓子缓过来了，而我还是不见有什么起色。

在阿城演了大约一个半月左右，我与金玲离开了阿城剧场。后来那女老板当很多人面都说过，孙小宝在这个剧场给她赚了不少钱。我知道，她那是捧我说。那时候她是挣了些钱，但没有她说的那么多。

2. 婚礼流程：这不就是自己玩自己嘛！

时光荏苒，岁月如梭，一晃，我与金玲相处两年多了。

在这两年多的时间里，我们彼此关爱，相互扶持着一路走了过来。在如胶似漆、谁也离不开谁的时候，金玲决定委身下嫁于我，而我也下定决心，“委屈”一下我自己，走进婚姻围城，让她伺候我一辈子。

于是，我俩就在 2002 年中秋过后，从鞍山下地儿，直接回到德惠，准备结婚。

我爸找人定好了日子，之后又给亲戚朋友挨家都送了信儿。

我与金玲拿出一天的时间拍了婚纱照。化妆，换衣服，摆姿势，没有金玲高还得给我脚底下垫起来，没笑还得硬挤笑，从早晨一直拍到晚上，把我俩累的，站都站不起来了。我就纳闷儿，这不是花钱找罪受吗？遭这罪干啥啊？直接入洞房就得了呗！人啊，就是自己玩自己！

之后是订饭店，还得给参加婚礼的客人安排住的旅店。

饭店就近，我订了我家门口的“大清花饺子”。旅店我预订的是我们德惠最好的酒店。

因为我多年不在德惠生活，所以等完事我才知道，我订的那个酒店是我离开德惠时德惠最好的，而那时已经是比较次的了。

我又去雇了婚车，一辆凯迪拉克，五辆奥迪。金玲又订了几套婚纱，我买了一套西服。

结婚那天，早晨五点多就起床了。

我穿好衣服，坐在床上等着他们给钱，你一块，他两块，我一一地在红本子上记录下来——这钱只是暂时存在我这儿，将来还是要连本带利还给人家的。你说，你给我随礼，将来我再给你还回去，我给你还回去，然后有机会你再还给我，这么翻来覆去的有意思吗？一次不还对方还生气！

然后出了家门上了车，开始往酒店开。

到了酒店，我手捧鲜花，房间门口站定得先呐喊一声“妈”！然后给钱才开门——到哪儿都是钱好使啊！

进屋给金玲穿鞋——鞋还没一只，这又满房间里找鞋。

好不容易把鞋找到了，给她穿上之后，她们说我还得把她背出酒店她才能上车。于是我又像猪八戒似的背着金玲，踉踉跄跄地下了楼出了酒店，费劲巴力地打开车门把她“塞”了进去。

我以为这就完事了，直接去饭店吃饭呗！上车以后我一看路线，不对啊，不是饭店的方向啊！我还以为这是被劫持了就赶紧问司机，司机说得围着德惠主要街道走几圈。

——这不有病嘛！直道不走，绕远走！

绕了半天还是没去饭店，直接拉我家去了。

到了我家楼门口，金玲刚一下车，这劈头盖脸就是一顿五谷杂粮，一个个亲朋好友、直近亲属就好像与金玲有仇似的，多亏有一块红布挡着脸，要不这娘儿们等结完婚之后还能要了吗？

我俩往楼上走，门外叮咣开始放炮。到了楼上，又是一顿狂折腾。细节我就不写了，就是结婚那点儿事。我估计这风俗哪儿都一样，差也差不到哪儿去。

楼上折腾完，众人下楼还要我上车，说往饭店去。我说拉倒吧！出了门过了马路就是饭店，还坐哪门子车啊？

我领着这一大帮人出了我家楼门，直奔马路对面的饭店。

到了饭店我都饿了，我吩咐服务员：“开席！”

我姐夫说：“早着呢，先典礼！”

这还让不让人活了？这哪是结婚呢，这不是发昏嘛，饿也饿昏了！

主持人那嗓子，还不如我呢，他一说话我听着都牙碜。我看着他男不男女不女那严肃的表情，故意学习电视台播音员拿腔拿调说话的样子，乐得我都不知道咋乐好了。

就那小样儿还搞笑呢，我一想，好赖不济，这也算同行，配合他一下吧。

没想到，这一配合不要紧，这小子还来情绪了，一项接着一项地玩游戏。我心里不由得恨恨地埋怨他：你真是戴草帽子啃猪鼻子——看不出眉眼高低。我都饿这样了，你还嗨起来了！

在我即将要虚脱的时候，他终于“良心发现”地结束了他的主持表演。一声“开吃”，我就好像迎来了1949年解放，人民终于当家做主了。

我找了一张就近的桌子，坐下刚拿起筷子，有人叫我：“先别吃，赶紧敬酒去啊！”

我随手拿起一只鸡腿，刚要往嘴里送，被金玲一把夺下。

我瞪着眼睛问：“敬谁啊？”

我姐夫说：“都得敬！”

我恋恋不舍地撂下了我心爱的鸡腿，咽了口吐沫，站起来与又换了一套衣服的金玲端着酒杯开始了漫长的敬酒游戏。

我忘记了是谁领着我敬的酒，只记得我就是一个字“干”，俩字“谢谢”，仨字“慢慢喝”，四个字“吃好喝好”，五个字——别忘了随礼！

这边刚敬完酒，门口开始招呼我照相。我这脸哪，从早晨到现在已经都笑木了。

开席不大一会儿，宾客陆陆续续就有离开的了。然后娘家客人也走了，最后家里直近亲属也都走了。

这时候我倒不饿了！

下午一点多，我们从饭店回到了家里，众人正在谈论婚礼今天进行的如何顺利，我姐夫说，婚车一路上一个红灯都没赶上的时候，外边突然乌云密布，没超过十分钟，就听咔嚓一个炸雷，瓢泼大雨从天而降。

我趴着窗户看着大雨，心里说话：这才是真的顺利呢！这要是早晨就开始下，那麻烦可就大了！

城里结婚就这样好，结也快，散得也快——我说宾客。已经没有了早些年农村结婚时的热闹劲，闹洞房的环节都取消了。

对了，下边该讲入洞房了，哈哈，以前净听别人说了，这回终于轮到哥们儿我了。

来，各位看官，鼓鼓掌，我好好给你们加加细。整点儿电视台不让播的，出版社不让写的，有呐喊声吗？

……

不好意思，我与金玲在没结婚之前就享受了已婚待遇，所以入洞房啥也没干就睡觉了。哈哈，真抱歉让你们空欢喜一场。

3. 珍惜成功：亡羊补牢，为时已晚

2002年秋，我与金铃在家结完婚之后，来到了沈阳周边的一个小城市。

在唱到大雪纷飞的季节时，我接连收到长春剧场打来的电话，目的是催促我在此演完之后，无论如何要回到长春给演几个月。

说实话，我对长春还是很有感情的。

从十八岁从家出来，就断断续续地在这座城市演出。这里有我一大批的拥趸，在这儿演出我就如同脱缰的野马，纵情驰骋在广阔的草原上，可以尽情发挥。

喜欢这里的另一个原因是离家近。我父母当时年纪也都五十出头了，如果我在长春演出的话，万一老人有个身体不适我也可以及时赶到他们身边。

但令我担心的是，我听到了不少传言，说这个曾经无比辉煌的剧场，如今已然走向没落。当年那几个在此比较火爆的演员，也已经相继离开了此地，剧场业务也是大不如前，售票额累累下降。甚至还有传言说，老板和媳妇都沾上了某种嗜好，导致夫妻俩的心都已经不在经营剧场上了，倒闭是迟早的事，只是早晚的问题。

我犹犹豫豫不想回去，担心工资出问题。而且回去万一叫不上座儿，脸面上不好看。要是在我演出期间剧场黄了，那传出去就更难堪了。

再说，我在这小县城下来，换一个地儿，一直就可以唱到过年了。倘若我回长春没干几天剧场黄了，我还得再找地方，挪来挪去我嫌麻烦。

随着生活的好转，我现在也有点儿挑肥拣瘦的了。

可一想到当初在那时的那些老感情，老板这么多电话的央求，最后我决定，还是回去给唱一个头年吧！没黄算我捡着，黄了我再找地方。

在小城市剧场下来之后，我与金玲就返回了长春。

那剧场的确已经没落了。往日的辉煌已经一去不复返，取而代之的是死寂的萧条，整个屋里每一处都显得破落陈旧。

老板老板娘脸上已经没有了往日的欢笑，即使见我回来强作欢颜，也掩饰不住内心对未来的忧虑。我到的当日，老板在他的办公室里还在与人研究晚上出去取胜的方法——那时两口子都已经住办公室了。

板报上写出我的名去，观众还算给我面子，开戏之前就有六七分座儿了。

把门的说："已经好久没这么多观众了。"

晚上演出一开始，我在剧场台下看戏，怎么听这音响怎么不舒服。我赶紧跑到后台，音响师告诉我，音响已经坏了挺长时间了，麦克风也不好使了。跟老板提过几次，老板也不换，现在就是在对付。

我看了看麦克风，还是多年前的有线麦克，演员唱歌音响连混响都给不出来了，音箱发出的就是农村大队用的广播喇叭声音。

我心里不由暗叫一声：坏了！

我第四码压轴出场，观众还是认识我，一露面就有掌声。可这掌声却随着我演出的行进变得越来越少。

因为我嗓子已经坏了，声音沙哑，还不亮堂，如今音响再不好使，感觉说起话来很费劲。我怕观众听不见，就使劲地大声说，越用力嗓音就越沙哑，越沙哑越使劲，等到最后，我的嗓子说都说不出来了，更别说唱了。

第二天我赶紧找老板，这音响、麦克必须得换，不然的话，这剧场就快了。

老板没在家，老板娘说："音响太贵了，眼下也换不起啊，不行就换一对麦克吧。"

当天下午，我去音响器材商店花八百块钱买了两支无线麦克，回到剧场安上以后，别说，还挺好使。

我让老板娘出来听一下，结果老板娘听完说："太贵了，退了吧。"

我一听当时就火了，这还贵？别的剧场一支麦克都得一千块钱以上，这两只八百块钱还贵？我心中突然有种不祥之兆：这剧场完了。

接下来的日子，业务就是好一天坏一天。今天挣点儿，明天赔点儿，挣还挣不着，赔还赔不多少，关门还可惜，不关门有时还赔不少——这就如同鸡肋了！我这些年经历的每一个倒闭的剧场，之前都是这种状态。

音响不好使，我就把所有精力全部都放在说口上。虽说这次回来让我很后悔，可无意中却弄出了我的另一段拿手节目——春节晚会上，主持人李咏为我打板儿那段。那就是我在这个剧场演出时，无意中话赶话赶出来的。

在眼瞅着差一个月就过年了的时候，我找到了老板娘，此时老板已经很少能见到面了。

我说："这也快到年底了，我与金玲今年想早点儿回家歇歇嗓子，你找演员吧。"

老板娘说："咋的呀？怕黄了你钱呢？"

我说："不是，你这业务不好，而且我感觉我在这儿和不在这儿业务是一样的。有我五八，没我四十。正月我俩定阿城了，那地方黑天白天都唱正戏，我俩回家歇歇嗓子，要不怕年后顶不下来。"

老板娘虽说心有不甘，但见我走意已决，就给我俩结了账。

转过年后不久，这剧场就倒闭了。听说之后，包括我在内很多当年在那里唱过的演员都很感慨。

记得我第一次来这个剧场的时候，那老板站在门口是何等风光。那时的老板，穿着西服，腆着肚子，皮鞋锃亮，腋下夹着皮包。一般级别的演员，这剧场都不用。

东北第一剧场，当年那么辉煌，今日却落得如此凄凉，真是让人不胜惋惜啊！

人啊！为什么就不能好好珍惜这得来不易的成功呢？非得等到落魄了，才想起后悔来，可这时的后悔，又有什么用呢？亡羊补牢，为时晚矣！

这件事，我们每一个人都应该引以为戒。

4. 一炮而红：马三立给了我一碗方便面

2003 年正月，我再一次来到阿城演出。

剧场内没有任何变化，舞台也还保持原样，我俩住的地方也没换，还是在门口走廊的上方，二层铺。我恍惚有一种感觉，好像我从没离开过一样。

要说变化，可能是我们的容颜和心境都改变了，每个人都又长了一岁。

这个剧场是我行走江湖的最后一个长时间演出的剧场，从这儿离开以后，我就再也没有在东北的任何剧场长时间坐地儿演出了，所以我对这个剧场印象极深。

在这里，我把我所有的拿手节目都进行了一番修整，使它们在艺术上尽量趋于完美。因为在年前我就已经接到了约请，正月二十，我会返回长春，进入当时在二人转界乃至全国都声名远播的剧场——长春大剧院。

年前我从长春回家，我哥们儿给我打电话。他当时已经是明星了，商演的出场费已然达到五位数。

他给我打电话说他要到辽宁去参加一个电视剧的拍摄，历时大约两个月，因大剧院还有另一伙演员势力，一直在虎视眈眈地觊觎他的位置，所以他想让我暂时去替代他，以免在他离开这两个月期间，对方势力乘虚而入，日后他拍完戏回来，没有他的位置。他说，工资待遇方面不用我担心，一切按我现在在外边剧场的最高工资给。

长春大剧院，创立于 1997 年。

这里一开始业务并不好，据说当中几个老板都赔跑了，最后仅剩下一位，执着地坚守着这块奄奄一息的阵地。

没承想，在几个合伙人撤出去后不久，大剧院的买卖突然好转了。

那一年我的哥们儿进驻大剧院，之后没多久，他表演的一个小品在长春莫名地火了。后来他自己说："我都不知道因为啥！"

他火了以后，剧场业务累累攀升。据说每晚七点开戏之前，"座满"的牌子就早早挂出去了。

后来老板不但在长春市内经营了三家剧场，还外派演员。剧场、洗浴、夜场、生日宴会、企业年会等演出，只要你需要，不论在哪个城市，打个电话谈好价钱马上就给你派，俨然一个专门经营二人转的经纪公司。演员最多时号称有上百对，当时东北三省的二人转演员除了一部分投奔辽宁以外，这里占了相当大的一部分。

当然有人的地方就有江湖，有江湖就会有矛盾，从而也就会不自主地分出帮派。

古训有云："木秀于林风必摧之。"我这哥们儿火了以后，在大剧院有另一伙势力对他的成功产生了妒忌。据说对方曾动用各种势力打压他，说白了就是欺负他。在艺术上我不如你，但在别的方面我要压制你。说来极尽讽刺，这情形往往被孤立的都是受欺一方。所以，在这时候进大剧院，还真得仔细考虑一下。

金玲说："就咱俩这性格，进去怕不行啊！如今那里的演员，说全是'人精'一点儿都不为过，长上尾巴比猴都尖，我觉得咱还是在外边挣点儿小钱得了。"

我说："你说得对，咱俩性格不合群，特别是我。但话又说回来，咱进去也就是唱戏呗，与在外边时一样。进去之前就先谈好条件，业务上不如人咱就服气，生活上谁欺负咱，咱就找老板。再不行，咱就走人，反正到哪儿都是唱戏吃饭。再说我那哥们儿在长春这么火，他找咱去，还能让咱俩受欺负啊？"

金玲说："你想，他要是有那么大能耐，他就放心拍戏去呗，何必让你去顶他的位置呢？"

我一想也对。后来我与我哥们儿还有剧场老板，三方面把我担心的事和具体的条件都谈好了，这才定下：正月十九，大剧院老板和我哥们儿来阿城接我。

长春大剧院白天没有演出，晚上三个剧场的演员在此轮番表演。

每副架每天两场，在一个剧场唱一码，再转到另一个剧场唱一码。有的演员除了这三个剧场以外，还外派到别的演出场所，比如洗浴、夜场等。但不论在哪里演出，每副架保证平均每天两场。每多演一场，多挣一场的场费。所以这里的演员都要和经理搞好关系，多给你排一场就多挣一份钱。

我来之前就事先讲好，每天两场戏，压一个轴。多一场不演，少一场还不行。而且我只在三个剧场内演出，夜场、外场一概不演。

我到的第二天下午，老板在总院召集全体演员开了一次会，算是对我的欢迎。我看着这些热烈鼓掌的演员，当中有认识的，也有不认识的，不怪金玲说，真是牛鬼蛇神各路大仙齐聚一堂啊！

散会之后，我到经理室看了我的场次——经理要在每晚六点之前把当天的演出场次排出来，以便演员们安排个人行程——分院第三码，总院压轴。

到了化装室，我和金玲开始化装。此时一些熟悉或不熟悉的演员，开始在我身边晃悠，有的打招呼，有的小声议论。我穿彩衣的时候，几位不知是何用意的演员还不时地对我点评：

你怎么还穿这衣服啊？——当时大剧院的演员已经没有再穿传统二人转演员服装的了，他们上台都是歌星、夜总会嘉宾的穿着。

这都多少年的东西了？——在他们眼里我就好像一个刚刚出土的文物。

我去！你还扎板带啊？——板带是武术、杂技、戏曲演员练功、表演时必须扎的一种腰带。那时的大剧院已经普遍不唱正戏了，他们每场上去也就是唱几首歌曲，所以他们根本也用不着扎板带。

我怎么看你像“滚地包子”呢？——“滚地包子”前文说过，指的是在农村唱红白喜事演出的民间艺人。

你是“靠炕沿帮”的吧？——比“滚地包子”还低一等。

……

我看着他们每一个评论我的演员，不还嘴，不生气，就是像傻子一样呵呵笑。

我和金玲化完装，穿上彩衣，外边再穿上一层厚棉衣，拎着服装道具出了剧场的后门，打车去了分院。演员去其他剧场的往返车费由剧场报销。

到了分院，前边的二码刚上去不久。这剧场每码三十五分钟，所以很快就轮到我俩了。

我俩上去，有惊无险地演满了三十五分钟，在观众的呼喊声中结束了演出。

我俩出了分院再打车原路返回。

在总院化装室刚歇了一会儿，台上第四码下来了。

我随着锣鼓声走上舞台，出乎我意料竟然有掌声，虽然不是很多人很大声的鼓掌，但无疑也给我增添了莫大的鼓舞。

我站在舞台上说了两个笑话，观众非常买账。我把金玲请上来，把我俩已经磨合得相当默契的说口往出一放，观众就像瞬间被点燃的烟花，掌声、笑声连绵不断，一发而不可收，一个观众居然还点出了我的拿手歌曲:《不老的爸爸》。

一首歌过后，我马上接着唱了一首当时非常流行的歌曲:《向天再借五百年》。我嗓子坏了，没有高音，但却比原来嗓音宽了，这首歌我每次唱完效果都非常好。

这首歌唱完之后，不出我所料，剧场里的气氛瞬间达到了白热化。

不瞒大家说，上台之前我也有所担心，谁知居然火到这种程度，我那狂傲劲不自觉地又上来了。

在台下，每个人都是我的老师，但上了台之后，我觉得演员有时候也需要一股傲气，这也是自信心的一种表现。

我拿眼一扫我左手边挨着演员化装室的观众席，那里坐着很多看我戏的演员，我站在麦克跟前说了一句话："大剧院的戏太好唱了，就这轴，我捏着半边嘴都能压！"

一位相声演员有一句名言："只有同行之间才是赤裸裸的仇恨！"

有位相声大师也曾经说过："我非常喜欢相声这门艺术，但我却极不喜欢说相声的人！"

一位记者采访一位探险家："在荒野中最怕遇见什么？"探险家回答："人！"

我清晰地记得我那场演出的穿着打扮。我穿的是粉色的彩衣，彩裤，大袜配打鞋。

晚上回到宿舍，我与金玲都很高兴，这第一脚踢得不错。但我俩也看清了大剧院目前的形势，我俩一致决定，只管唱戏，不参与任何与演出无关的事，包括饭局。除了老板与我哥们儿，谁请也不去。每天到点上班，下班就回家。

带着第一天演出成功的微笑，我睡了。

在梦中，天空很暗，像是要下雨，也像是傍晚天没全黑之前。大街上一个人都没有，我低着头蹲在剧场门口的路边。突然我的眼前出现了一只脚，接着是另一只，这双脚都穿着老北京布鞋。我顺着脚抬头往上看，灰布大褂，消瘦的身材，瘦瘦的脸，一对大耳朵——马三立！

我刚要站起来说话，他在我的面前随手扔下了一碗方便面，是老式白碗的康师傅大碗面。我再抬头看时，老先生已经瞬间消失，连个影子都没有了，就像从没出现过一样。

我想起了侯宝林抢我饭碗的梦，不知道此梦与彼梦有何联系？方便面与蛋炒饭哪个更好一些？我不知道。我只知道：都顶饿。

我挣扎着想醒过来，可心里明白身体却动不了。

5. 执着追求：二手电脑让我如虎添翼

接下来的日子，顺利得我自己都惊讶。

观众就好像突然对我俩产生了兴趣，甚至有观众跟着我看的情况发生，在这个剧场看完我的演出，我下场他就走，我到下一个剧场，他也马上跟着就进了屋。

当时大剧院的各院经理说："孙小宝在哪个剧场演出，哪个剧场业务就好。"

我的拿手节目每天都不重样地为观众表演，这还不算一些歌曲和不常演的节目。因每天都有一个第三码，很多演员都不愿意在我俩后边演，所以到后来演员找经理以各种理由要求换场次的情况时有发生。

戏唱好了就什么都来了。老板隔三岔五地请我俩出去吃饭，好像都不是隔三岔五，有一个时期差不多每天都请。中午睁开眼睛那老板就打电话，然后司机拉着我们满大街找好吃的。

那时候，老板非常有钱，他这人还好脸儿。有时没有司机，他自己开车拉着我俩，不知道他是有意还是无意，就一个接一个地闯红灯。一边闯一边回头跟我说："这一个二百，哈哈，我不就有钱吗？"

有一天，一个演员和我聊天。

这演员思想比较新潮，喜欢鼓捣电子器材这方面的东西，他那时自己就有手提电脑。闲聊中他说："网络上有你浏览不尽的东西，可以说是包罗万象，应有尽有。"

说者无意，听者有心。

我以前只知道不少演员每天下戏之后都去网吧打游戏，据说还能通过这玩意儿聊天交友。我在鞍山时去过一次网吧，在里边睡了一宿觉。那时我不会打字，就用那个手写板，那时还有什么语音聊天室之类的，但这些对我来说一点儿吸引力都没有。说出来都不怕大家笑话，别说聊天，如今我连微博都没有。

这次听完他的介绍，我就上心了。

有一天无意中听老板说他有个开网吧的朋友，网吧里换机器，退下来一批旧电脑，大甩卖，一千二一台。我赶紧让老板请他的朋友给我留了一台。

这台电脑安上之后可不要紧，我可真是大开了眼界。那个演员说得没错，网络的确是包罗万象。

我平时就经常听相声，这次在网上又听到了很多以前没听过的段子。

除了听相声，就是看笑话贴吧，再不就逛笑话论坛。不白看也不白逛，在里边找到了很多我拿过来马上就能在台上用的笑话。

自从有了这台电脑，我可真是有些如虎添翼的意思了。以前自己找个好笑话，在演出时生怕别人学去。自从我学会了上网，我把在网上找到的笑话源源不断地在舞台上使用。记得有一段时间，我平均每两天就换一茬新笑话。都说受欢迎，你说观众天天看你，你每天都能给他不一样的感觉，他能不喜欢吗？

但什么事情都是有利有弊，从那时候开始，因为整夜整夜地上网，我的视力越来越差了——现在我已经戴眼镜了。

2003年3月开始，“非典”肆虐全国。娱乐场所纷纷关闭，大剧院也不例外。5月初老板宣布，演员全体放假一个月。

6月份回来之后，不知道是观众憋了一个多月没看到我，还是真的到了我该苦尽甘来的时候。开业第一天，我在分院唱第四个，总院最后一个。唱完第四个，在我后边压轴的演员，也是位东北名声很大的演员，上台没到十分钟，观众就像散场了似的。到了总院，我一出场就十分火爆，说啥观众都笑，演啥都火，我自己都有点儿蒙了。

又过了几天，老板让我去电视剧组给演一个角色。当时我哥们儿拍的这个电视剧，里边龙套角色都是大剧院给派。

听到信儿的第二天，我搭其他演员的顺风车来到了剧组的所在地——沈阳周边一个旅游区。

到那儿我一看，这哪是剧组啊，这不草台班子吗？

演员也不行，我们大剧院一个演员居然把剧组里所有的服装都穿遍了，你说他得演了多少个角色吧？

我去的时候，那演员还偷偷摸摸像怕被人听到似的，一本正经地小声跟我说：“没事你就上呗，露一脸是一脸，没准儿哪个角色就火了呢！”

我看看他心想：你想出名想疯了吧？

后来我就拍了一小段，等待的时间就在那旅游区游山玩水了。

我回来后不久，老板派我去录制辽宁电视台的节目。我说："我不去，咱俩来之前讲的明白，我不演外场。"

——这也是为什么那个老板接受采访时总说"孙小宝两口子淡泊名利，给出名的机会都不要"的出处。

说实话，那时我的确不想出名，包括现在，我就想谁都不牵扯、平平淡淡地挣俩钱，养家糊口。

我有自知之明，我的性格不适合出名，我本身也不具备驾驭名利的能力。再说我对上电视台演节目很排斥，此前参加过一次，我觉得在电视台演出拘谨，不如我在二人转舞台上放松。我演出需要的是真实的笑声和掌声，我会根据观众的情绪安排接下来的节目顺序，而电视台给不了我这些。

老板见我不去就开始琢磨，最后想了个办法把我弄去了，演的就是熟悉我的观众基本都看过的那个《笑口麻辣烫》。

在我演完回来没多久，市场就有卖这次演出光盘的了。别人告诉我之后，我拿着光盘去找老板。我那时候还就没录制过光盘。

1998 年，二人转演员开始录制第一批光盘，其中有一次也找到我了，但我没答应。我那时的想法，不是不录，是不能不经过编排就录。二人转剧场演出，即兴成分比较大，节目中精华与糟粕并存，不适合直接录制成光盘发行。虽然艺术总是要留有遗憾的，但不能拿我自己的光盘打开一看：全是遗憾！而且我别的不要求，至少我录制的光盘节目，得大人、小孩儿都能看，一家人男女老幼坐在一起看我的光盘不至于脸红。

虽说这次到电视台演的节目也还算可以，但没经过我的同意就发行光盘，这件事至今让我心里很不舒服。因为那光盘是全国发行的，会借助如今的网络千秋万代地传播下去，我没准备让全国观众观看的节目，他们却让看了，本身对我就是不尊重，何况还是在我完全不知情、没收到酬劳的情况之下。

6. 机遇降临：命中注定的事，推都推不了

2003年末。就在我和金玲火得不得了的时候，我人生中第一个大的机遇降临了。

说起来你们可能都不相信，当一个人运气来临的时候，想躲都躲不了。

那天我在分院压轴，老板陪着一个矮胖的男人坐在第一排看戏。演出中，那矮胖的男人乐得拍手打掌、前仰后合，中间剧场老板几次招呼他走，他都没动地方。就那样一直把我的戏看完。

下了戏我就回总院了。卸完装准备回家之际，老板派经理来叫我，让我到他办公室去一趟。

我与金玲刚一进演员开会那大厅，就看里边老板办公室门口人声鼎沸。我还纳闷儿，大半夜的都不回家，在这儿闹哄啥啊？

我进到办公室，看见老板陪着看戏那个矮胖子，正笑嘻嘻地坐在办公室的沙发上。

看我进屋，那胖子急忙站起来，那人说："我是北京的演出商，这次东北二人转进京演出，想邀请你去，你看行吗？"

我脑袋一转马上就明白了。这场演出在剧场里已经嚷嚷了有将近一个月的时间了，老板也几次在大会上提过了。据说一共去八副架，演员也都选好了。而且我还知道，这八副架当中没有我。因为从定下来那天开始，那八副架就天天下午去吉剧团排练。眼看着演出日子就要到了，矮胖男人这么一说，还把我弄蒙了。

老板见我不说话就赶紧跟我解释说："情况是这样的。这位演出商想请咱们剧场演员去北京民族文化宫演出，一开始我选了八副架，因为咱俩有言在先，你不参加外场演出，所以这八副架当中就没有你。今天晚上他本来要坐十点四十分的火车回北京，在等车这机会，闲极无聊我就领他去分院看戏。谁知他看了你的戏，说啥也不走了。还说那些架哪个拿掉都行，但你必须得去！你听明白了吗？"

我听完点点头，原来是这么回事。

我看看老板，心里琢磨，这人怎么就这么虚伪呢！我来这剧场之前与他之间的确有协议，外场我一场都不演，可从打我来，他们外场有时候排不过来，他们经理求到我的时候我也没少给他演呢，包括那次去辽宁电视台的《笑口麻辣烫》。不想让我去就说不想让我去，何必来此一套！

何况，这样的演出我还真就不想去。我对老板说："我不去。"转身我领着金玲就要走。

老板看我要走，想拦我，但他只是身子动了动，刚要有个拦的架势，但他没拦。倒是那个演出商上前伸手把我拦住了："别走啊，呵呵，再研究研究。"

我说："没啥研究的，肯定不去。"我拉着金玲走出了老板办公室，到了大厅门口，又被经理拦住了。

经理没说啥，示意我坐一会儿再说。我看走不了，那就坐一会儿再说吧。

我俩坐在大厅的沙发上，就听办公室里边老板的声音："我可不去，那小子，就那熊色，杵橛横丧[①]的，谁爱去谁去，反正我不去。"

我知道他这是在说我，而且我不止一次听他这么说过我，当然他原话要比我描述的下流、低级很多。

他这人性格比较直，他当很多人包括记者面都这么说过我。他这句话的意思是说我性格古怪、倔强，而且有点儿不合群，基本谁面子都不给。

不怪他说我，我也的确是这样。那时候我每天到点上班，下班就回家，跟任何人都不接触，如同闭关修炼一样。有的时候，老板请我吃饭我都不去。

现在有人说我出名后骄傲了，说这话的一看就是不熟悉我的人，熟悉我的人现在一般都这样评价：小宝子出名以后好像变得不那么傲了！

呵呵，人言可畏啊！

老板办公室里还是在嘁嘁喳喳地说话，声音时大时小。过了大约五六分钟后，老板手下的"幕僚"出来了。

他走到我跟前说："宝啊，这样吧，不行你就给走一趟吧，啊！"

我说："我真不去，也去不了，我媳妇怀孕了，受不了折腾。"我说的是实话，当时金玲已经怀孕两个多月了。

---

① 杵橛横丧：性格古怪，态度不好。

那“幕僚”说：“这样，不行你就喊个价，让他知难而退也就得了。要不大家这样耗下去也没意思，你说呢？”

我一琢磨，也是。我跟金玲合计了一下，给他报了一个高于我俩平时工资好几倍的价，并且也学人家明星的口吻要求“税后”，还要求往返都坐飞机。

那“幕僚”听完转身就进老板办公室了，没超过两分钟，老板和那演出商就从办公室出来了。

那演出商笑呵呵地走到我跟前一拍我肩膀，说：“就照你说的意思办。”

命中注定的事，推都推不了！

定下之后，原定的演员拿掉了几副架，这可能无意中又得罪人了吧？

从那日开始每天下午都去吉剧团排练。

排练时，导演让我们演员开演前都到剧场两侧的通道门口等候。听台上三遍演出铃过后，台上就放小帽儿《小拜年》的前奏，我们演员这时候再由两侧的门外扭东北大秧歌入场。之后，就在两边的观众席过道上一字排开，一边唱一边扭，等到小帽儿将要结束的时候再一起扭上舞台。

排了几次之后，导演想找一副架，在唱小帽儿的时候单独到台上，与台上的舞蹈队配合边唱边舞。他把所有的演员看了一遍，就把我和金玲单独叫了出来，安排到了台上，其他人都在台下扭。所以后来大家看到的画面就是其他演员在台下扭，只有我与金玲被舞蹈队像众星捧月似的围在了舞台中间，无意中又一次抬高了我的身价。

后来我问那导演：“为什么单独把我俩放在了舞台中间？”

导演说：“‘二人转’进京大拜年，我当然要找一副能代表二人转的演员放在中间了。我看了一圈，他们穿的衣服都离二人转太远，唯有你俩，你穿着红色的小衣服，大红彩裤，显得非常喜庆。还有你的下身白大袜，看着非常干净。另外还有戴的帽子，综合到一起，就是二人转艺术中的丑。艺谚有云：千生易得，一丑难求！你爱人一身紫粉色的裙裤，上边还点缀着大朵的花蕾，与你一搭配，更是珠联璧合，一丑一旦齐了。你说我不把你俩放中间把谁放中间？”

7. 一战成名：孙小宝把民族宫演炸了！

到了北京，主办方派人把我们安置到了北京民族文化宫剧场附近的酒店。

刚进酒店我们就听到了一个惊人的消息：昨天晚上，一名二人转演员在中央电视台王牌栏目上因表演内容低俗，节目演到一半被主持人拽下了舞台。因受此次事件的影响，本次“二人转进京大拜年”演出主办方怕出事，决定演出照常，但演出票却不再继续出售了。

下午三点，演员们开始扮上，像真正演出那样，接受台下三两个人的审查。我前后的演员表演得都不错，唯有到我这儿出问题了。

我这人有个毛病，没有观众我不会演。

我与金玲上去之后，面对着台下空空如也的剧场，我是说也不会说了，唱也不会唱了。

下边审查领导对我们领队说：“这副架不行就拿下来吧！这水平能行吗？”

我们领队的解释说：“没事，这副架现场演出我看过，还是不错的。”那领导半信半疑地点了点头。

妈呀！差一点儿啊！

五点吃饭，地点在剧场里，人手一份盒饭。

吃完饭，矮胖的演出商来找我。他说：“你今天晚上就演那天我看戏时你演的那段吃西瓜。”

我说：“这又不是剧场，没有果盘，上哪儿吃西瓜去？”

他说：“我派人在台下放一张茶几，在上边给你切几块西瓜放在盘子里。”

我说：“观众席第一排那么多人，孤零零地放张桌子，上边还放个果盘，观众一看不就知道是托儿了吗？这节目是即兴的，现挂的，观众明白了就不好笑了。”

他低头琢磨了一下，说：“那这样，我派人在第一排拿一塑料袋苹果，你就下去吃苹果吧。反正你的演出词是一样的，就是把西瓜改成苹果呗。”

我一看他是真的看好这一段了，我说：“行，那你就派人在第一排拿着苹果等我吧。”

晚上六点半，所有演职人员都化好了装，早早地就开始候场了。

演出前十分钟，主办方那个矮胖子满头大汗、气喘吁吁、一路小跑地又进了演员化装室。

进来就向我们所有演员作揖拱手，“兄弟们呢！今天晚上下边至少有三百多个记者，你们可千万管住自己的嘴啊！千万别给我惹事啊！我先感谢你们了！”

还差五分钟到点，民族宫剧场早已人满为患。很多记者都没有座位，就坐在观众席两边的过道上，手里端着“长枪短炮”，把目标一齐都对准了舞台——就想看看东北二人转到底是个什么玩意儿——这句话是当年一个记者说的。

一遍铃结束，我们所有演员一起来到剧场两边的侧门候场。

大家谁也不说话，那一刻仿佛掉根针都有如炸雷般的声响。

第二遍演出铃渐起，我的心稍微有些不平静。

第三遍演出铃随着剧场内的灯光一起熄灭，伴随着极具东北风情的二人转小帽儿《小拜年》的喜庆音乐，我们演员穿红挂绿地挥舞着彩扇由两边的侧门一拥而入，犹如一股春风瞬间点燃了首都观众的热情。

他们哪见过这样的出场方式啊？他们无论如何也想不到，正当他们把所有目光聚集在台上的时候，我们会从侧门突然间冒出来，而且还扭着代表过年的大秧歌。

当我们在过道两边一字排开的时候，有的观众甚至兴高采烈地挥舞着双手和我们一起摆动。

开场气氛就已经爆棚。

接下来，我和金玲随着音乐“浪”上舞台，我们俩边扭边逗，那个感觉，那个场面，最后一个造型定格到台上的时候，掌声、呐喊声响成一片，不绝于耳。

主持人走上舞台，几句拜年吉庆的话语过后，请出了我们的第一对演员。

我与其他演员随后下场，我换上了一套当年东北二人转演员中“只有我有”的帽子和彩衣，默默地来到舞台的一侧，一边观看台上的演出，一边酝酿自己一会儿的表演内容和流程。

我平时上台从来没有这么紧张过，也从来没有先把节目编排一遍的习惯，都是即兴的。今天因为下午彩排时我表演得最不好，有的演员言谈中已经带出来不屑，所以压力陡增啊！我自己暗下决心：就算为了那演出商的赏识，我这场演出也决不能放松。不求大火，但求别掉链子！

那场的演员也的确是真都不错，应该说是会聚了当年东北二人转界的舞台精英。要说有说，要唱有唱，演员们基本也都是第一次来北京演出，也都拿出了各自的看家本领。

台下的北京观众看得是如醉如痴，掌声、欢笑声、呐喊声一浪高过一浪，连绵不断，此起彼伏。

我在台下此时更加紧张，一遍又一遍地想着自己的拿手节目。心里不住地合计，先演啥，后演啥。当前边的演员下场的时候，我扛着麦克风架就出去了。

我满脸严肃，像和谁生气了似的，眼睛不住地蔑视着台下的观众——这是我的演出风格。

看着观众的神情，内心在暗暗捕捉着他们的内心感受。按心理学的说法，这些都能通过我自己的言谈、动作、表情，让他们自然流露出来。

我把麦克风架往台上一放，麦克放在上边，用我这双“迷人”的小眼睛一扫观众——掌声立时就上来了。

谢谢大家稀拉吧唧的掌声。

哗——

还有不少没拍的啊！

哗——

钱都花了，不会交人呢！

哗——

告诉你没啥，鼓掌钱你也花了，不鼓掌你也要不回去了，何乐而不为呢？（眼眉上下移动）

哗——好！——好！好！

一个个包袱甩出去，剧场里立时就像被连环地扔了几颗手榴弹，我一看连叫好声都上来了，顿时，先前所有的担心、紧张都一扫而光，干脆，哈哈，撒开了演吧！

我讲笑话，打板儿，玩面部表情，哭，笑，吃苹果，唱歌，演小品，我还在歌曲《这一拜》当中翻了一个跟头。

观众看我卖力气演出，他们也卖力气鼓掌，我看到他们卖力气鼓掌，我就更加卖力气演出；我给他们包袱，他们返给我掌声，见他们返回掌声，我再给他们包袱……

这场戏把我火的，特别是我下台去吃观众苹果，然后上来被金玲一脚“踹”倒，北京的观众都看呆了。他们想不到演员还能下台，他们想不到演员在演出当中还能和观众聊天，还敢吃观众苹果，他们想不到女人还能“踹”男人，他们想不到我“借力打力”会飞出那么远——我也没想到苹果飞出去落在舞台旁边的音箱上会摔个粉碎。

所有的没想到聚在一起，那就是整场演出中最大的包袱。观众的掌声何止是爆炸啊！从我出场到下台，掌声基本就没停过！

……

那天晚上，北京民族宫的舞台被观众的热情鼓舞了，观众也被演员的精彩演出征服了。整场演出结束之后，演员在台上长时间谢幕，观众全体起立长时间鼓掌，大剧院老板在台下激动得热泪横流。

一位在现场观看的二人转演员事后回忆说：“整场演出，就把孙小宝‘露’出去了！”

后来在无数次访谈中，这场演出都被当作我演艺生涯中的典型提起。这场演出我也的确是超常发挥了我的演艺水平，把我从学戏以来所学到的舞台经验，积累的拿手节目，毫无保留地奉献给了北京观众。

要说东北大部分观众是从《笑口麻辣烫》知道了东北有我这么一个演员，那么民族文化宫这场演出就是老百姓喜欢我的源头，有很多观众就是通过观看这场演出的光盘才喜欢上我。

后来我能上央视春晚，和这场演出也是分不开的——据说导演组就是看了我这场演出的实况光盘才决定让我进组。而这时候，离我开始学习二人转这门艺术，已经十年有余了。这一路走来，我没有辜负父亲的引路、母亲的付出、恩师的带领、亲人的期待，也算上演出商的赏识！

第二天早晨，我们起床收拾行李准备退房奔机场。刚到酒店大厅，大剧院老板随手递给我一张报纸。我接过来，一个醒目的标题当时就把我吓傻了：

《二人转演员当众下跪》。我脑袋嗡一下子就大了——整场演出，只有我这个小品《这一拜》中有下跪动作。我惹祸了？

我感觉昨晚我演得不错啊？老板、演出商也都夸我演得好，怎么刚过了一宿就出事了？记者这是啥欣赏水平啊？

我一边想着，一边忐忑地打开报纸看内容——哈哈，原来是正面报道！里边不但单独写到了我表演的单元，还抓拍了两张我演出时的照片配在了版面上。

里边有一句对我褒扬的话让我一直受用至今：“孙小宝把北京民族宫都演炸了！”

这帮标题党啊！吓死我了！

……

飞机即将要起飞了，我与金玲坐在座位上，透过舷窗向下张望，心脏在不知不觉间加速。这一刻，多么像我小时候，在襁褓中，面对眼前的一切，对每一样事物都是那么陌生，好奇。飞机离开了登机通道，我上小学了；飞机转过了几个弯，我中学毕业了；飞机停在跑道上，等待着起飞的命令，好比我已经进入了小科班，学习了基础知识，为人生的起飞紧张地做着准备；飞机驶出了跑道，我离开了德惠；飞机在加速，我眼前闪现着我一路走过的城市、剧场；飞机顶风而驰，我想起了这一路的艰辛；飞机轮轧过看似平整实则凸凹的跑道，这多么像越过生命中的一个个障碍啊；飞机起飞了，我进入了大剧院；飞机在冲刺攀升，我仿佛看见了观众们的一张张笑脸，飞机的轰鸣就像观众给我的热烈掌声……

飞行已经平稳了，我再次将目光投向了机外。一朵朵白云在我身边环绕，所有的过去都被我甩在了身后。我从一个不名一文的穷小子，成长为一名二人转演员，如今我居然也有了属于自己的楼房、漂亮的娇妻，而且再过几个月，我就有下一代了……我闭上眼憧憬着，仿佛做着一个很长很长的梦。

写在后面的话

本书接下来的内容，我想熟悉我的观众、读者都不会陌生。那是我三十九年世俗人生至此最精彩的几年，拍电视剧，上春晚，参加综艺节目……我原本也非常希望把我那最辉煌的时刻介绍给你们，下一段也的确比这一段精彩、好玩。可我想了又想，算了，还是先写到这里吧！

在本书中，那些于我有恩的人，我没有写出你们的名字。因为你们的恩情已经深深地刻在了我的心上，我不需要告诉任何人。当你们需要我的时候，我会毫不迟疑地出现在你们面前。你们也都知道，我能做到。

那些当年我认为于我有愧的人，我也没写出你们的名字。因为我早已经忘记了你们的名字，我甚至混淆了你们的容貌、性别、年龄以及事情发生地。昨天的太阳，晒不干今天的衣裳，今天过后，这些事在我的嘴里也不会再被提起。我会把它从我的记忆中永远抹去，不留一丝痕迹！不过，假如您哪位非得要翻开此书，指着某一章节对人说："看看，这篇写的就是我！"那样我是既不承认也不反对，这只能证明一件事——你又升级了！

至于那些有名字的人物，是因为假如不给这个角色安个名字的话，我实在是不知道怎么往下讲那段故事。所以你们千万不要以此为傲而自作多情，以为我对你们特殊眷爱。

在此我郑重声明：整本书中，有名字的，除了我与金玲，还有我师傅、师娘，其他一概都是化名。如有雷同，纯属巧合。

想起我刚一提笔时的踌躇满志，我甚至想把隐私都一个不落详详细细地写出来。但现在看来，我还是没能逃脱世俗的羁绊。每个人在面对自己和自己历史的时候，都有一种本能的胆怯和躲闪。

在此，我要特别感谢时代文艺出版社的社长陈琛先生，感谢您对我的赏识、提携。更要感谢著名导演、制片人阚小龙先生。没有龙哥，就不会得识陈琛社长。也感谢为此书出版付出劳动的所有人。——恩不言谢，容当后报。

最后还要声明一下，本书中所涉及的专业知识，包括二人转的行话、文辞术语、表演方法等，均系我一家之言，在此不作定论。因学艺年浅，难免挂一漏万，有不妥之处，还望有识之士海涵指正，不吝赐教，兄弟拱手致谢。

众位看官，小书至此就要告一段落了。因文学功底有限，污眼之处，还望多多包容。不敢奢望让您满意，只求能为您茶余饭后稍添些许生活佐料，当然，如果书中内容再能对您的生活、工作有所借鉴启迪的话，那是我最愿意看到的。

假如您哪位看到此还是觉得本书一无是处，那您就想想，一个连初中都没毕业的傻小子，自以为是地秉烛擎笔，伏案疾书，想象他累得弯腰弓背，兔眼微醺的那个孙子样儿，不是也挺可乐的吗？呵呵。

下笔千言，终有一止，欲知后事如何，有缘下次再说！